# 経済学で考える

THE ECONOMICS OF

# 制度会計

FINANCIAL ACCOUNITING

上枝正幸【著】

UEEDA MASAYUKI

中央経済社

# はじめに
## ―会計や関連する諸制度の本質とはどのようなものだろうか―

## 本書の内容

　本書は，制度会計，とりわけ法制度に基づく会社（営利法人）の会計を対象にしています。簿記や財務会計の基礎的な学習に続く段階のテキストを第1に想定していますが，会計と周辺制度の社会・経済的な役割を教養として学びたい一般のかたにも，手に取っていただきたいと考えています。

　制度会計（論）のテキストというと，関連諸「法令」にしたがい「強制的」になされる会計行為の解説書がまずは思い浮かぶかもしれません。本書が取り扱うのは，そうしたあるべき「規範的な（normative）」内容とは異なり，よって具体的な仕訳法すなわち取引の情報処理や財務諸表の作成の仕方，さらに個別の会計基準の詳細などに関しては，それ自体が論点となる場面を除き，議論の俎上に載せられることはありません。その代わりに，経済学（economics）の視点を取り入れ，「実証的な，言い換えれば事実解明的な（positive）」議論を展開しようと目論むものです。たとえば，情報開示（ディスクロージャー）や監査，税務などの会計関連の法制度の必要性，法制度や会計情報のありかたが関係者の行動に及ぼす影響について，本書では考えることになります。

　そのさい，読者のかたにも経済社会を構成する関係者の一員として問題をできる限り身近なものとして捉えてもらうべく，2，3の章末の補遺においては経済実験を配しました。経済実験は，現実の経済社会のルールとインセンティブを模したゲームと言い換えても差支えはありません。経済実験の収録は，現実世界の会計関連制度の機能・運用にとって不可欠な仕組みやルールのもとで，どのような選択がヒトによって実際になされうるのかを体感してもらおうという，本書の特徴の1つといえます。

　本書でなされる議論の内容は，会計関連制度の詳細や機微を対象とするものではなく，最新の学術研究に基づくものでもないことは，断っておかねばなりません。しかしながら，経済学の考え方や経済実験の援用という特徴は，枝葉末節を刈り込んだうえで制度会計の基本的な構造や関連する論点へとアプローチし，事実や実態に関する理解を深めるには役立つものであると考えます。

## 本書のなりたち

　本書の内容や構成は，良きにせよ悪しきにせよ，筆者自身の実務・教育経験の産物といえます。いまから10年前の2011年，東日本大震災の発生により記録と記憶に留めおかれるこの年の4月，筆者は，現在の本務校に職を得て，学部の中・上級生向けの専門科目「制度会計論Ⅰ」・「制度会計論Ⅱ」―現在は「制度会計論A」・「制度会計論B」へと改称―を担当することになりました。それから2，3年間，優秀な学生さんを前にして，当初は勢い込んで，制度や基準の解説など会計学の規範的な論点を懸命に講義しました。

　しかしながら，捗々しい成果が挙がっていたとはいえません。推測の域を出ませんが，理由の1つは，現実世界に存在する会計制度・基準の複雑さや移り変わりの速度の急激さにあったかもしれません。複雑であるがゆえに，十分な理解には相当の事前知識や努力の傾注が求められます。さらに，企業会計のグローバル化のため1990年代後半から行われた大きな制度改革，いわゆる会計ビッグバンに付随する動きは，2010年代に入っても歩みを止める気配がありません。これに伴う会計制度・基準の制改訂の速さは，最新のものを最新であるという理由により，実務上の細かな知識を素早い時の流れで古くて使えないものとします。現に，現行の，すなわち最新の会計制度や会計基準を解説するテキストのなかには，本書の執筆期間である2019年春から2021年夏までの2年間余に改訂されたものも少なくありません。会計（学）の専門家になろうというのなら話は別ですが，その手前の相応の水準に達するべく学習をするには，平成の半ばから令和に至る現代は，相当に厳しい時期であるといわざるをえません。とすれば，「その手前の相応の水準」に該当する大学の講義において，どのような内容を扱うのがよいのだろうか。数年間かけて筆者が捻り出したのが，本書で採用した経済学の視点を取り入れた実証的な，あるいは事実解明的なアプローチにより，会計関連制度の基本的な構造を問うものであったというわけです。制度の詳細は日進月歩であり，不断に変わりゆきますが，基本的な構造についてはそうそう変わるものではありません。

　ところで，個人的な経験といえば，もう1つ挙げられます。筆者は，いまから30年前の1991年春に大学生となり，ほどなくして将来は会計専門職に就こうと公認会計士試験の勉強を始めました。数年の学習期間を経て実務現場に赴いたさいに第1に感じさせられたのは，会計関連制度に関して根本的なところが理解できていないという厳然たる事実でした。なるほど，受験勉強によって知識は身に付

いた，定型的な会計処理作業も素早くこなせる。しかしながら，会計の世界の本質については蒙いままであり，表層的な理解に留まっているのではないだろうか。こうした思いは，大学で教えるようになってから強まりました。一般の学生さんはもとより，公認会計士や税理士さんなどの会計専門職を目指して日夜頑張っている学生さんでも，会計関連制度の経済的な大元の仕組みについては，概して完全には理解できていないようでした。ある意味では，これは当然のことといえるかもしれません。ここまで，「基本的な構造」，「会計の世界の本質」，さらに「経済的な大元の仕組み」など言い換えてきましたが，これらは，一般的な財務会計の教科書において紙幅を割いて説明されるものではないからです。ならば，これらを主として取り扱うような講義科目や書籍があればよいのではないだろうかと考えました。

　そうなると，大学院生以降に読んだ文献や自身の書いた原稿を引っ張り出してくることが，執筆のための準備作業の取っ掛かりとなります。当初は，ビーバー（Beaver 1998）やスコットとオブライエン（Scott and O'Brien 2019）の旧版を参考にして「制度会計論I」の講義計画を組みました。大学・大学院の先輩にあたる田村威文先生（中央大学経済学部）の著作（田村 2011）も，会計関連制度の要点を的確にとらえた優れた文献であり，読み手に求める計算のレベルも高度過ぎないことから用いさせていただいた時期があります。筆者にはまた，経済実験を通して会計・監査に関わる制度上の論点の教育を扱った論文（上枝 2010）の執筆経験がありました。監査制度は，必要性や社会的な意義に関して，一般には，十分に理解されていないものといえます。しかし，たとえば第8章でみるように，経済取引に必要な情報の「信頼性」が問題となる環境に自らが身をおかれる経験があると，実験という仮想の場であったとしても，ことばによる説明よりも監査制度に関する理解が進むようでした。2010年代半ばから数年かけて，自らが伝えたい，あるいは伝えなければならないと考える論点，加えて自分なりに最善と思しき教示方法が次第に定まってきました。このため，作成した講義資料を見返しながら，2019年の春から本書の原稿を書き進め始めました。

　本文をみれば分かる通り，真にオリジナルな内容は極少であり，大部分は先人の議論・知見をまとめたものといえます。それでもなお，情報開示（ディスクロージャー）や監査・税務など会計と周辺の諸制度の社会・経済的な役割や基本的な構造を理解するにあたり，経済学のシンプルな分析モデルや経済実験を通じた説明は，どこかふっと腑に落ちるところがあると感じますが，いかがでしょうか。

ぜひとも読者諸賢の感想を聞いてみたいところです。

## 本書の構成

　最後に，本書の構成を述べておきましょう。第1章は，会計，財務会計および制度会計などの用語を定義づけし，本書が援用する視角・アプローチについて説明します。第2章は，現行のわが国の企業会計制度ないし財務報告規制の概説を供するものです。本書全体からすると異色の内容であり，細かい記述もなされますが，現代社会で企業会計が法的に規制される場面に関して知っていただければと考えています。第3章は，本論の導入部となり，企業会計や財務報告に対する制度・法規制が必要とされる理由・根拠に関し，経済学的な観点からなされるさまざまな議論について検討しています。さらに補論では，「経済学（的思考）とは何か」と題し，他の学問・学科（ディシプリン）と峻別される経済学（的思考）の特徴を説明しています。第4章においては，会計情報を一般的な財と仮定してとらえる場合，独占や公共財の供給という問題ゆえにいわゆる市場の失敗が生起しうることにつき，図表を用いて簡単に説明しています。第4章は，第3章における制度・法規制の必要性の議論を受けて，そこでみた理由・根拠の1つを掘り下げてみたものです。仮定に基づく議論であり，他の諸章と比べて「会計」色は薄めですが，順を追って読み進めていただければと考えています。第5章は，今日の財務報告の第1の目的である「経済的意思決定に有用な会計情報」について，規制者側から出された資料の読解および情報の一般的なモデル化を通じて考察し，さらに会計情報や株価のデータを用いる会計学の古典的な実証研究を紹介します。第5章にも補論が存在し，情報のモデル化に付随する3つの論点を扱っています。第6章も，第3章の議論との関連性があり，会社・経営者による自発的な情報開示（ディスクロージャー）をテーマとし，特定の条件のもとでは，意思決定に必要な情報は自発的に提供され，よって情報開示を強制する法規制は必要がないという主張の背後にあるメカニズムを説明しています。第6章末の補遺には，論点の説明のために，経済実験の教示書（インストラクション）やマテリアルを収録しました。補遺を先に読んで考えたのち，第6章へと進むという方向の学習もお勧めです。第7章と第8章は，開示される情報の信頼性を主題とし，第7章は会計情報の作成・提供者たる会社・経営者による利益マネジメント，すなわち情報内容の意図的な操作を，また第8章は開示情報の信頼性の程度を調べて投資家を始めとする社会一般の公衆に対して報告する監査をそれぞれ取り扱っています。

監査上の諸論点を経済実験の実施と解説に大きく依存してみた第8章の補遺には，関連する経済実験の教示書（インストラクション）とマテリアルを収録しています。第9章は，法人税を巡る会社の行動に関する論点として，いわゆる逆基準性の問題，さらに過少申告と当局による税務調査の経済ゲームをみます。後者の経済ゲームの分析モデルを用いた説明は，読者にとって難しいものではないでしょうが，一部においては数式の展開や計算を伴います。第10章は，会計基準のコンバージェンス，すなわち世界各国・法域の間で相違している会計基準につき，それら複数の基準に準拠して作成される会計情報が相互に比較可能なものとなるよう調整していこうとする世界的な動きについてみます。ここでは，各国・法域間で会計基準に差異がある事実や歴史，および影響を説明したあと，現状と将来の帰結に関する1つの説明を供するべく簡単な分析モデルを提示しました。第11章は，会計の契約支援機能ないし利害調整機能を取り上げ，たとえば会社の所有者である株主が，会社の経営者に対し，自らの利益となる行動をとるよう動機づけるための契約の設計，さらにそのさいの会計情報の役立ちなどについて数値例を交えつつ説明します。第12章は，経済的な分析を核としている他の諸章とは趣を変えて，制度会計の政治的な側面を取り扱うことになります。会計関連の制度や基準の制改訂は経済的な利害を必然的に伴うことから，政治的な色彩を帯びることは不可避であるという実情，また実際にあったとされる「会計の政治化」の事例2つを紹介します。

　本書の第1章から第12章までの内容は，**図表0**のようにまとめられます。もっとも，図表0は，本書の執筆後に著者の頭のなかで成形した構造図に過ぎませんから，どこから読んでいただいても問題ないようになっています。しかしながら，第1章は本書全体の内容と深く関連することから最初に読んでいただければと考えますし，第2章→第5章→第7章→第8章へと至るラインおよび第3章→第4章→第6章というラインには，それぞれ「関係者の経済的意思決定に資する会計情報の提供」および「会計関連制度の必要性とその論拠」というように一定のつながりがあります。

　ところで，本書執筆の契機となった大学の講義「制度会計論A」においては，半期の90分・15回の授業において，本書でいえば6つないし7つの章を選んで講義してきました。1つの章に2回（約3時間）かけて講義すると，大学生（2年次以降）にとっては過不足のないペースであるようです。

　章末には，「● **確認クイズ（考えてみよう／調べてみよう）**」と銘打ち，演習

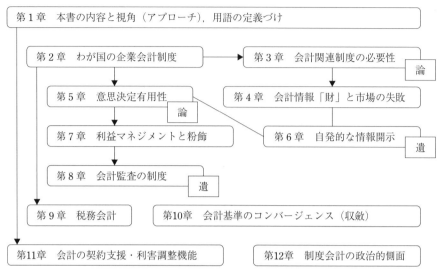

図表0 ■本書の第1章から第12章までの構成（概要図）

第1章　本書の内容と視角（アプローチ），用語の定義づけ

第2章　わが国の企業会計制度

第3章　会計関連制度の必要性　論

第5章　意思決定有用性　論

第4章　会計情報「財」と市場の失敗

第7章　利益マネジメントと粉飾

第6章　自発的な情報開示　遺

第8章　会計監査の制度　遺

第9章　税務会計

第10章　会計基準のコンバージェンス（収斂）

第11章　会計の契約支援・利害調整機能

第12章　制度会計の政治的側面

\* 「論」は**補論**，「遺」は**補遺**｛ **補論**は，該当章の「後」で，追加的な内容を述べたもの。
**補遺**は，章の「末尾」で当該章の補足的な説明をしたもの。

用の問題および調査・研究や議論の素材を収録しています。適宜ご利用いただければ幸いです。

　なお，本書に収録しきれなかった論点や内容の補足，出版後に発見された誤植や説明上の間違い，さらに講義資料などについては，筆者個人のホームページ（http://mueeda.info）において公表することにしています。

# 目　次

---

第3章
## 企業会計制度ないし財務報告規制の必要性に関する議論
### —経済学的検討 ―――――――――――――――――――― 35

## 第4章　「市場の失敗」がもたらす会計情報の過少供給 ───── 57

第 5 章　経済的意思決定に有用な会計情報 ——————————————— 77

第 **8** 章
## 公認会計士・監査法人による監査
### ―経済実験による説明 ―――――――――――――――――――― 149

第9章 法人税を巡る会社の行動 ——————————————— 175

## 第10章　会計基準のコンバージェンスの諸問題 ──────── 195

**第11章　業績評価と経営者の動機づけの装置としての会計**──── 217

## 第12章　制度会計の政治的側面 ——————————— 241

# 第1章 経済学的・実証的な視角・アプローチとは

**■本章の目的■**

　本章は，本テキストの導入部であり，本書で取り扱う会計，財務会計および制度会計などについて定義づけし，さらに議論のさいに援用する視角・アプローチについて説明します。

　ブランダイスは，「日光は最高の消毒薬とされる」と述べました（Brandeis 1914）。本章の目的はまさに日光の照射であり，なにをどのように解説するのか，それらは類書と比べてどのような異同があるのかなどを明らかにすることにあります。それにより，読者に対して情報を提供し，今後読み進めるのかどうかという判断や意思決定に役立ち，貴重な時間と労力とを節約できればと願います。なお，会計の情報開示（ディスクロージャー）にも，企業の実態を白日のもとに晒し，その後の社会関係を公正なものとするという重要な側面があります。

## 1　会計とは

### 会計とは

　**会計**（accounting）とは，経済主体の活動と関連する経済事象とを，一定の手法を用い，認識，測定，記録[1]，分類および集計することにより，主として貨幣単位で情報化して伝達，報告し，解釈や分析などを通じて利用する，一連の手続や技法をいいます（**図表1-1**）。図表1-1からわかるように，会計を学ぶ場合（会

**図表1-1 ■会計情報の作成と伝播**

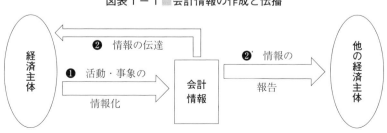

計学）には，❶経済主体の活動や経済事象をどのように情報化するのか，さらに，❷・❷'自らおよび他の経済主体に対してどのように情報を伝播するのかが相互に関連する論点として存在することになります。

　❶情報を作成する<u>経済主体</u>には，第2節の冒頭でみるように個人や国・地方公共団体なども含まれますが，本書が対象とするのは営利組織である企業であり，その会計は特に**企業会計**（business accounting）」といわれます。上記の定義中にある<u>一定の手法</u>に関していえば，会計は，「事業（ビジネス）の言語（language of business）」ともよばれ，日本語や英語のような自然言語と同じように固有の語彙や文法を有し，経済主体に関する何らかの情報を表現することが意図されます。企業会計に即するならば，会計の用語や勘定科目は語彙に，複式簿記，会計処理の原則やルール，また表示にかかる諸規則は文法に，それぞれ相当するかもしれません。ところで，「事業（ビジネス）の言語」というのはまさに言い得て妙であり，ある経済主体の活動や関連する経済事象を描写するさい，会計による表現方法には相当の多様性があり，かつ「物は言いよう（で角が立つ）」という慣用句もあるように，微妙な差異が大きな経済的影響（economic effects or impacts）を有することさえあり，個人的には，会計学という学問にとって興味深い論点を提供していると考えています。さらに，貨幣単位の利用ないし貨幣的測定の公準も，会計の一般的な特徴の1つですが，何個とか何m²などの物量単位ではなく，何「円」や「＄」など貨幣単位によって会計情報が作成・報告されることのみここでは確認しておくことにしましょう。

### 会計情報の伝播と利害関係者

　会計情報は，❷作成する経済主体内部の構成員に伝達されたり，❷'他の経済主体に対して報告されたりし，続いて，それぞれの経済主体の判断や意思決定に資することになります。❷作成する経済主体内部の構成員に向けて報告された会計情報は，経営管理者層による戦略立案とプロジェクト実行中の管理活動，予算配分や業績評価などに利用されるでしょう。❷'他の経済主体には，さきに定義した企業会計を念頭におくと，潜在的な株主である投資家（investors，投資者）を含む株主，社債権者，銀行，証券アナリスト，格付機関，仕入先，得意先，競合他社，買収会社，税務当局，中央監督官庁，従業員・労働組合，学生，および地域住民等の一般公衆などが含まれ，それらは企業のステークホルダー（stakeholder）あるいは利害関係者（interested party）とよばれます。

　図表 1 − 2 は，企業を中心に据え，実質的な所有者である株主を12時（零時）の位置に配し，反時計回りに利害関係者を放射状に図示したものです。利害関係者の間のさらなる関係，たとえば，株主と銀行を結ぶ線については省略していますが，当該図からだけでも企業をめぐる利害関係の多種多様さが感じられるでしょう。このうち，たとえば株主を取り上げると，ある会社の株式を購入することにより投資するかどうか，投資額はいくらにするのかを，さらにまたいったん投資した後には株式を買い増すのか，株式を売却・譲渡して投資を清算するのかなどを，会計情報に基づいて意思決定します。なお，株式投資の見返り（リターン）の 1 つである配当は，利益などの会計情報に基づいて決定されます。社債権者や銀行の意思決定は，社債の購入や資金の貸付けを通じた会社への事業資金の提供ということになります。証券アナリストや格付機関などは，収益性や安全性，さらに将来性を会計情報をもとに分析し，会社の株式の適正価格を算定し，あるいはその債務の安全性を格付けします。仕入先や得意先は，相手先企業の製品・サービスの供給能力や債務の支払能力などを判断し，取引関係に入ってもよいか，取引条件はどのようにすべきか，あるいは取引を継続するかどうかなどを会計情報から判断します。競合会社は，ライバル会社の会計情報から各社の収益性や経営上の施策を把握し，所属業界の現況や業界内の自社の立ち位置を知ったり，将来的に経営資源を重点的に投下すべき領域を特定したりします。税務当局や中央監督官庁は，関連する諸法規が遵守され，税務報告や会計報告が適正になされているか，徴税額，許認可料金や補助金などの金額はいくらにすべきかに関し，会計情報を判断材料にしています。さらに，従業員・労働組合の関心事は，経営の健全さや賃金や経済的待遇面の余力などでしょうし，就職活動中の学生の関心事は，会社の収益性，安全性と成長性など就職先としての魅力度といえるでしょう

**図表 1 − 2　企業会計の他の経済主体（利害関係者）**

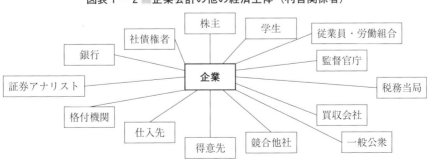

が，会計情報はそれらすべてに対応できる重要な判断材料の1つといえるでしょう。最後に，一般公衆は，会社とさまざまなかたちで関与するでしょうが，たとえば地域貢献や環境保全などへの取組みを判断するさいにも，会計情報を用いることが想定されます。

　以上，多種多様な利害関係者の存在とその情報利用の一面をみました。会計情報がある経済主体の判断や経済的意思決定に影響するのが事実ならば，ヒト，モノおよびカネといった社会において希少な経済資源の流れを変える働きをしているとしても過言ではなく，会計学を学習する意味もそこに見出されるといえます。

## 会計情報の作成および伝播の相互関連性

　本節でなされる最後の指摘になりますが，❶情報化，および❷・❷'会計情報の伝播・帰結のそれぞれは，「相互に関連する」ものです。ここで「相互に関連する」という文言には，複数の意味内容があると考えられ，たとえば，(A)必要とされる会計情報が経済主体ごとに異なり，よって情報化や伝播の過程のありかたも経済主体によって異なるという当然の関連もあるでしょうし，他にも，(B)ある経済主体に伝播し，判断や意思決定に用いられるがゆえに情報化や伝播の方法が遡って影響を受けるというかたちで「相互に関連する」こともあるでしょう。たとえば，財務情報の開示と投資意思決定との関係を例にとって説明するならば，これは**図表1－3**のように示されるかもしれません。

　すなわち，会社の経営者が作成・開示する会計情報は，利害関係者の投融資の意思決定に用いられ，翻ってそれは，会社の財政状態と業績さらには経営者自身の経済厚生に影響を及ぼすことになりうるのです（Pratt and Peters 2017, 3）。この

**図表1－3　財務情報の開示と投資意思決定**

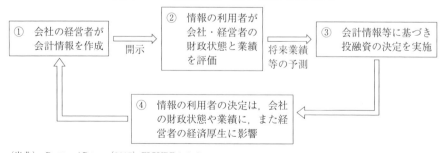

（出典）　Pratt and Peters（2017），FIGURE 1-1, 3

とき，自らが属する経済主体（集団・組織）の別の構成員や他の経済主体による情報利用が情報の送り手側の利害に影響を及ぼすならば，情報の作成方法が変更される，ある特定の情報が歪曲ないし隠蔽されることが起こりえないとはいえません。これは，**情報インダクタンス**[2]とか**ブーメラン効果**（岡部2009，8頁）とも言及される現象です。こうした関連性は，会計かくあるべし，すなわち会計は経済主体の実態を適切に描写すべきであるという規範的な（normative）思考からは導き難いものです。しかしながら，各々が独自のインセンティブ（incentive，誘因）や感情をもって生活している，生身のヒトやその集団が関与する会計実務の現状を適切に把握しかつその将来の帰結を予測するためには，とりわけ重要な特徴であると考えられます。したがって，かような実証的な（positive）視点は，本書を通じて訴えたい根幹となるものです。ところで，ここでいう実証的な視点とは，正確には，「事実解明的な」あるいは「規範的判断を廃した」視点と表したほうがよいものといえ，価値判断はひとまずさておき，眼前にある現象を注意深く吟味し，その成り立ちやメカニズムをどうにかこうにか苦心して説明しようとするものとして定義されるかもしれません。

### 第1節のまとめ─本書が扱う制度会計とは

　以上，本書が取り扱う**会計（学）**の定義をしながら，**企業会計**を対象とし，「事業（ビジネス）の言語」として多様性や繊細さなどの特徴をもつ会計コミュニケーション行為，企業会計にまつわる多様な利害関係者とその情報利用の諸相，および会計情報の作成と伝播の相互の関連性などにかかわる論点に関し，実証的なアプローチから議論を進めていくという本書の基本的な立場を示しました。ところで，制度会計とはなにか，その定義がまだ終わっていませんでした。**制度会計**とは，一般に，会計がその役割・機能（第3節参照）を有効かつ適切に遂行しうるように存在する，いわゆる**会計規範**（norms of accounting）とよばれる社会的ルールのうち，法制度ないし法規制の枠組みに組み込まれ，よっていわゆるハード・ロー（hard law）により強制的になされる会計をいいます。

　たとえば，わが国では，企業会計に関する法律（企業会計法）として，会社法，金融商品取引法および法人税法の3つが存在（第2章参照）しており，かつてはそれらにはトライアングル体制と称される相互の結びつきがありました。しかし，実証的なアプローチを採る本書においては，制度会計と表現していても，法制度ないし法規制の枠組みにおいてなされる法的会計（legal accounting）には限定さ

れません。理由は2つあります。第1に，会計が法制度に組み込まれ法的な規制によって強制されるのは，現実世界にみられる状況そのものであるとはいえ，決して当然のことではありません。このため，会計に対する規制の根拠や是非，また目的自体が本書の議論の対象となるからです。第2に，「制度」という言葉は，「institution」のほかに，「システム（system）」とも一般的に英訳されることになるでしょう。そうであるならば，関係者に対して特定の行為を強制する制度としての会計を考えるよりも，さまざまな社会的目的をもって生まれた人為的な計算のシステムとしての会計というより拡がりのある対象を考察したほうが，より発展性のある議論を展開できるように考えられるからです。このため，本書で制度会計とよぶものは，一般にとらえられているそれ，すなわち法制度ないし法規制の枠組みにおいて強制的になされる法的会計よりも広い概念であることに注意してください。

## 2 会計の種類・タイプ

### 財務会計と管理会計

　第1節において，利益の獲得すなわち営利目的で運営される組織体である企業を対象とする**企業会計**について主として扱うと述べました。会計の対象となる経済主体によるこうした方法にしたがうと，企業会計以外にも，家計，公会計および非営利法人会計をいうミクロ会計，さらに社会会計や国民経済計算をいうマクロ会計などが，会計のタイプとして分類されます。

　しかしながら，以降の議論にとってもう一つ重要な分類方法があり，それは「誰のために会計情報が作成されるか，その報告対象」，あるいは「作成される会計情報の利用者は誰なのか」という視角によるものです。

　ここで図表1－1の**❷**のように，企業でいえば経営者など上級管理者層（トップマネジメント）あるいは事業部長や工場長などの中間管理者層（ミドルマネジメント）に対し，業績評価や経営意思決定に役立つ情報を提供するものは，**管理会計**（managerial accounting）とよばれます。管理会計はまた，図表1－1からも明らかなように，ある経済主体の「内部の」利害関係者に対する報告を目的とすることから，**内部報告会計**（accounting for internal reporting）ともいわれます。これに対し，図表1－1の**❷**'のように，株主や銀行さらに仕入先や得意先など企業からみて「外部の」利害関係者に対し，ある企業の経済活動や関連する経済事象

を報告することを目的とする会計は，**財務会計**（financial accounting）ないし**外部報告会計**（accounting for external reporting）とよばれることになります。

## 財務会計と管理会計の異同

　**図表1−4**に示したように，会計情報の(1)報告対象が企業にとって「内部の」利害関係者なのか，それとも「外部の」利害関係者なのかは，大きな差異をもたらします。すなわち，「内部の」利害関係者のみが対象である管理会計は，一般に，(4)制度・法的規制の対象「外」の行為であり，(2)会計システムの設計にあたって自社・自組織内の利用者の都合・便宜のみを考えればよく，また，会計情報作成時に利用可能な基礎データへのアクセスは一般に容易であり，かつ会計情報の「内部の」利害関係者への報告に伴うマイナスの影響は存在しないか，あったとしても比較的は小さいと考えられることから，(3)会計システム設計の自由度は比較的高く，オーダーメイドできるものといえます。これに対して，「外部の」利害関係者を対象とする財務会計は，一般に，(4)制度・法的規制の対象「内」とされ，このとき(2)会計システムの設計は規制目的に沿い，社会的選択を経て決定した「制度」に準拠していなければならず，したがって「強制的な」色合いを帯びることから，会計情報を作成する側にとって，(3)会計システム設計の自由度は比較的「低い」といえるでしょう。さらに，財務会計システムから産出される会計情報は，第1節でみたように，多様かつ多数の「外部の」利害関係者による利用が想定されることから，その情報利用が及ぼす影響について会計情報を報告する企業は考える必要があるでしょう。「外部の」利害関係者とっては，反対に，希望する会計情報すべてが入手できるわけではありませんし，不足する会計情報があったとしても自らの手で作成することは一般に困難といえます。

　以上，管理会計と財務会計の違いに焦点を当ててみてきました。会計制度の本質を実証的にとらえたいと意気込む本書にとって，会計システムの最終産出物である会計情報が誰に報告・利用され，さらにそれと関連して制度設計のさいに考慮すべき事項が管理会計と財務会計では明確に異なるという事実は，議論をこのさき進めていくにあたって重要です。本書では，経営管理や利益最大化といった企業独自の目的により，比較的自由に設計される管理会計システムよりもむしろ，資本市場や社会全体の経済厚生を考慮してなされる財務会計のシステムないし制度を主たる検討対象とします。

**図表1－4 ■管理会計と財務会計の異同**

|  | 管理会計 | 財務会計 |
|---|---|---|
| (1) 報告対象 | 「内部の」利害関係者 | 「外部の」利害関係者 |
| (2) 会計システム設計時の考慮事項 | 自社の都合・便宜 | 規制目的・社会的選択 |
| (3) 会計システム設計の自由度 | 比較的「高い」 | 比較的「低い」 |
| (4) 制度・法的規制の対象 | 対象「外」 | 対象「内」 |
| (5) 会計情報の利用法 | 業績評価・経済的意思決定（第3節参照） ||

　とはいえ他方で，(5)会計情報の利用法に関していえば，管理会計と財務会計とで本質的な違いがあるとはいえません。会社の「内部の」利害関係者にしても，会社の「外部の」利害関係者にしても，会計情報を入手して読み解くことにより，当該会社の業績評価をし，さらに経済的意思決定につなげることには変わりがないからです。たとえば，**図表1－5**のような状況を考えてみます。図表1－5の左側の企業内部においては，経営管理者が従業員の業績を評価し，職務執行を統制（コントロール）するために会計情報を利用します。しかしながら，図表1－5の全体をみれば，経営管理者と従業員とは企業という単一の経済主体の構成員であり，会計情報等にもとづき，法制度上の会社の所有者である株主から業績や経済状況を評価され，活動を統制（コントロール）されているという構図があるのです。こうした「（企業「従業員←経営管理者」）←株主」という「入れ子」のような構造の一例を考えれば，報告対象となる利害関係者が経済主体からみて内部者なのか外部者なのかの違いに端を発する管理会計と財務会計の違いも，会計情報の利用法としては共通する部分を有していることがわかります。

**図表1－5 ■会計情報の利用法の一例**

## 3　会計の役割・機能

　第2節の最後にみたように，種類やタイプこそ違えども，会計情報の利用方法（図表1-4参照），言い換えれば受け手の利用を通じて会計が一般的に果たしている役割・機能については，相当程度の共通点があるといえます。制度会計を考えるという本書の特性上，財務会計ないし外部報告会計に軸足を置いた説明になりますが，本節では，会計情報の役割・機能について確認しておくことにしましょう。

### 会計責任の履行

　会計の役割・機能として第1に挙げておくべきなのは，会計責任の履行でしょう。会計責任の（英）原語である「アカウンタビリティ（accountability）」は，会計学以外では，説明責任と訳出されるのが普通かもしれません。たとえば，**図表1-6**で示されるように，企業の経営者は，株主から出資された財産の運用を委託されています。このとき，受託者としての経営者は，委託者たる株主からの出資財産の管理・運用に関して誠実かつ懸命に取り組む責任（受託責任，stewardship）のほか，管理・運用の結果を株主に対して報告する責任があり，これを会計責任とよびます。希少な私有財産の預託に対し，その管理・運用結果を委託者に報告する責任を受託者が負うのは当然ともいえます。このため，解散が予定されていないゴーイングコンサーン（going concern，継続企業）である現代の株式会社の場合，四半期や1年間といった時間単位で定期的になされる株主への会計情報の報告が会計責任の履行の役割・機能を主として担っているのです。会計責任の履行は，会計責任の解明あるいは解除などとも言い換えられ，報告された会計情報がどのように使われ，いかなる経済的帰結をもたらすのかはさておき，当然の義務としてなされ，責任は適切な報告（行為）によって解明ないし解除されることになるのです。なお，企業の「内部の」利害関係者への会計報告である管理会計を考えるさいには，組織内で上位の経営管理者に対し，下位にあたる従業員が自らの行動と結果を報告する場面を想定すればいいでしょう。

　ところで，上記の理由づけによるのならば，株主や債権者等であって会社と利害関係を有する経済主体が責任の主たる履行対象となるのはいうまでもありません。しかしながら，近年においては，大規模化した企業の活動の社会的影響の大

きさに鑑み，責任の対象範囲を拡大し，潜在的な株主や社債権者ともいえる一般の投資家，さらには地域住民や社会全体に対しても，会計責任が存在するという考え方もあり，その論理展開には注意が必要といえます。たとえば，社会生活においてわれわれは，どのような場合に自分に関する情報を他者に提示するべきでしょうか。特段の関係のない他者，あるいは社会全体に対しても，自己開示を行うでしょうか。後者の問いに対する答えは，通常は「否」でしょう。このとき，一部の大企業のみが対象となるとはいえ，一般の投資家，地域住民や社会全体に対して会計責任を履行する義務が当然にあるとはいえず，それは学問上の論点の1つであるからです。

**図表 1 － 6 ■会計責任の履行**

以上，自らの行動の結果を適切に報告すること「自体」が，会計責任の履行という会計の第 1 の基本的な役割・機能となることを説明してきました。それでは，会計情報が報告されることにより，受け手による利用と判断や意思決定には，さらに会計責任を履行した情報の送り手の側には，どのような影響がそれぞれ及ぼされると想定されるでしょうか。かような視点から，会計の第 2 ・第 3 の役割・機能である，会計の**利害調整機能**および**情報提供機能**が見出されることになります。


## 利害調整機能

　**利害調整機能**とは，契約支援機能[3]ともよばれ，多数かつ多様な関係者の間にある潜在的な相互の利益・損失の対立・相反の可能性の仲裁にかかわる役割・機能となります。たとえば，株主と銀行等の金融機関（債権者）は，株式会社の活動資金を拠出している点ではなんら変わりありません。簿記の心得があるかたは，かような状況は，**図表 1 － 7** におけるように，会社の財政状態を示す財務表である貸借対照表の貸方に，資本と負債が同じように表示されることを思い起こされるかもしれません。しかし，資金拠出後の両者の立場には，相当の差異があります。一般に，株主は株式会社の所有者として，株主総会における議決権の行使を

通じて間接的に経営に参画し，会社の儲け（利益）が出た場合には配当を受け取る権利を有する反面，自らの出資すなわち株式購入額を超えて会社や債権者等の第三者に責任を負うことはなく（**株主有限責任**），さらに公開会社では株式を譲渡することにより会社との関係を清算することができます（**株式の自由譲渡性**）。これに対し，会社の債権者は，自らの債権に関して利息の支払いと元本の返済については，会社の儲け（利益）とは関係なく，取引時点での契約にしたがい優先的に受領できますが，株主がもつ上記の権利は付与されていません。このとき，株主が結託して，自らの持分の額を超えるような配当を支払うような議案を株主総会において決議したとしたらどうでしょうか。再び図表1－7を見てください。貸借対照表の借方（左側）には，株主や債権者が拠出した活動資金の具体的な運用形態として資産が記載されます。貸方（右側）にある資本を超える額の金銭（資産）が，配当として株主に支払われた場合，図表1－7からも明らかなように，「残り」の資産だけでは「債権者持分」ともよばれる負債を完済できないことがわかります。もっとも，こうした状況が放置されることは，株主にとっても決して有利なものではありません。

　なぜなら，貸倒れのリスクを負うことになる債権者は資金提供を当初から渋ることになるでしょうし，そのとき株主は不足する資金の額を自分たちだけで負担しなければならず，結果的に会社が資金不足となれば成長機会が限定されることになるからです。しかしながら，利益のうち株主に配当が可能な金額（配当可能限度額）が財務会計のシステムから産出される会計情報に基づき算定され，さらに両関係者が当該算定ルールの内容に合意できるならば，会計の利害調整機能の発現により両者の利害が円滑に調整され，よって利害対立が減殺されることになるのです。ここでみた株主と債権者の間のほか，たとえば株主と経営者の間あるいは会社と取引先の間など，会計情報はさまざまな関係者間の利害を調整するために利用され，法制度・システムを補完しかつ維持したり，契約の締結を支援し

図表1－7 ▓貸借対照表の構造

たりする働きをしているといえるでしょう。

## 情報提供機能

**情報提供機能**は，意思決定支援機能ともよばれます。さきに第1節でみたように，多種かつ多数の利害関係者は，それぞれ会社に経済的帰結をもたらすことになる判断や意思決定を行います。たとえば，会社の株式や債券に投資しようとする経済主体を一般に投資家といいますが，彼ら（彼女たち）は，自らの投資に対するリスクと見返り（リターン）を合理的に予測するために会計情報を参考にすると考えられます。銀行等の金融機関は，自らの融資の可否と融資金額の妥当性を判断するため，会計情報を判断材料の1つにするでしょう。このように，会計報告により，当該会社の事業活動と関連する経済事象に関する情報が利害関係者らに伝達され，その後の判断や意思決定のありかたを支援することから，会計は情報提供機能を果たしているというのです。

なお，会計情報が適時に報告されない，あるいは不正や誤謬のある会計情報が提供される場合，会計の情報提供機能は適切に働きません。このとき，利害関係者たちの合理的な経済的意思決定は妨げられ，彼ら（彼女たち）は大きな損害を被るかもしれません。投資家を例にとると，会計情報がないことによって最適な投資意思決定ができないとすれば，いくらかの機会損失[4]が当該投資家にとっては発生していることになります。さらに想像力を働かせ，ある特定の個人ではなく数多くの投資家が同様の境遇に陥るとするならば，合計の機会損失，すなわち社会的損失は莫大なものとなるかもしれないのです。さらにもう一段進めて深読みすると，不測の損害を被るかもしれないリスクのある証券市場に対して投資家が当初から参入しないことも予測され，事業活動に充てる資金の不足から，会社は存続や成長の機会を阻害されることになるかもしれません。このように社会全体に対する影響のことを考えてみると，会計情報の公表により証券市場が円滑に機能し，希少な経済資源たる投資資金が「将来性があるという意味において」適切な産業や企業に投下されるか否かは，ある国全体の未来を左右するといっても過言ではありません。企業情報の伝播を学習するさい，社会全体にまで波及する経済的帰結にまで考察の範囲を拡張してみると，学びはより一層興味深いものとなるでしょう。

### 第3節のまとめ―会計の3つの役割・機能

　以上，会計の役割・機能として，会計責任の履行，利害調整機能，および情報提供機能の3つをみてきました。会計責任の履行を会計の基本的な役割・機能とし，それにより株主や債権者などの会社の利害関係者に対して提供された会計情報は，関係者間の利害の対立を調整する（利害調整機能）とともに，利害関係者の合理的な経済的意思決定のために役立つ（情報提供機能）という具体的な役割・機能を果たしているのです[5]。もっとも，会計情報が存在しなかったらどうなるのかという視点も，忘れずにどこかに持ち合わせておく必要があるかもしれません。そのときわれわれの世界の何かがガラガラと音を立てて瓦解し，膨大な社会的損失が発生するのか，それともいまある会計情報よりも有用な別の情報が創出され，むしろ社会がよりいっそう繁栄するのか，経済的帰結のいかんは決して自明ではないためです。

## 4　本書の視角・アプローチのまとめ

### 本章のまとめ

　本章は，本書の導入部として，全体を通じて扱う議論の対象を定義・特徴づけ，さらに本書が援用するアプローチの方法をみてきました。冒頭の第1節は，ある経済主体の活動と関連事象を一定の手法により情報化し，報告するという一連のプロセスをとる行為として会計を定義し，経済主体としては営利組織たる企業を主に扱うという本書の議論の対象を述べ，企業の多様なステークホルダーないし利害関係者の存在と情報要求の一端をみました。第2節は，会計の種類・タイプに関し，作成された会計情報の報告対象が企業「内部の」利害関係者なのか，あるいは企業「外部の」利害関係者なのかの違いにもとづく，管理会計および財務会計への分類の仕方を扱いました。図表1－4で確認されたように，両者には明確な差異が存在するものの，作成・報告される会計情報が業績評価や経済的意思決定に用いられることに関しては，差がないと考えられました。したがって本書では，財務会計を主として扱うことになるとはいえ，管理会計にかかわる議論に関してもこれを排除することはありません。経済的な設定やメカニズムが類似するものであれば，議論からもたらされる知見はより広い領域に適用可能であると考えるからです。第3節では，会計の役割・機能に関してみました。当該論点に関しては，論者により分類や用語法における多少の違いがありますが，本章では，

会計責任の履行を会計の基本的機能として第1に挙げ，利害調整機能および情報提供機能の2つを会計の具体的な機能として副次的に説明しました。

## 本書の視角とアプローチ

　第1節の最後に，実証的な視角ないしアプローチを採るという本書のスタンスを明示しました。ところで，一般的には，制度会計論といえば，本章でなしたのと同様の議論を一部では行ったとしても，大部分においては，わが国の財務会計の法制度の歴史的経緯や現状を読み解き，会計制度のある・・・べき姿や企業が遵守す・・べき会計関連の法規制を述べるものです。これに対し，本書では，ある特定の国に当初から限定することなく，会計と関連諸制度をあるがままにとらえ，どうなっているのだろう，またなぜそうなっているのだろうというように，背後にあるメカニズムを解明することに力を注ぐことになります。

　さらに，ある特定の利害関係者や社会全体のことを考えた場合，どのような会計と関連諸制度が経済厚生を高めるのだろうか，もっといえば解答が大変難しいものですが，どのような会計と関連諸制度のありかたがある特定の価値判断基準に照らせば最適なのだろうかという問いも，本書の関心事となります。さらに，会計と関連諸制度の現在の状況は将来的にはどこに行きつくのかという，将来予測に関する問いもここには関連してくるでしょう。また，第1節の最後に述べたように，制度会計といっても一般的な定義づけである法的会計に限定されないことも，再び指摘しておく必要があるかもしれません。これらに対して，現在の財務会計の法制度や会計処理・表示に関する規則がどのようなものとなっており，会計情報の作成者はどのように行為しなければならないかという，規範や当為の法則を説く制度会計（論）の一般的な重要論点に関しては，主たる議論の対象とはなりません。

　企業活動や関連事象の認識，測定，記録および報告等の会計行為，および作成・報告された会計情報の利用には，多種かつ多数の利害関係者が関与することになります。利害関係者は，各自が固有の目的やインセンティブを有する生身のヒトそのものです。その重層的な利害関係のすべてを俎上に載せて同時に議論することは，筆者の能力の及ぶところではありません。しかしながら，会計と関連諸制度のある特定の限定された側面をとらえた議論は可能でしょう。そうした細部の努力の積み重ねは，数多のパズルのピースが組み合わさって意味のある画像を構成するように，現実世界の会計事象のより深みのある理解につながると信じ

ています。いずれにせよ，会計と関連諸制度の存在自体や改善によって個々の利害関係者の経済厚生が高まり，よって彼ら（彼女たち）がより幸せになり，ひいては社会全体の経済厚生が高まるということにまで思いを馳せれば，制度会計に関する議論は本腰を入れて取り組むべき課題を含んだやりがいのあるものとなるでしょう。

 **確認クイズ（考えてみよう／調べてみよう）**

1．会計，企業会計，財務会計，および管理会計と財務会計に関し，それぞれ定義づけてみよう。
2．会計の役割・機能を3つ挙げ，それぞれを簡単に説明してみよう。
3．企業を取り巻くステークホルダーないし利害関係者のうち1つを取り上げ，彼ら（彼女たち）がどのような経済主体であり，いかなる目的のためにどのような会計情報を要求することになるか，考えてみよう。
4．規範的な視角・アプローチと実証的な視角・アプローチとは，それぞれどのようなものでしょうか。また，本書はこれら2つのうち，どちらを採ることになるでしょうか。

■注
1　会計行為のうち，認識とは，経済主体の経済活動・事象から，以降の測定・記録の対象となるものを識別することです。また測定とは，認識された経済活動・事象に関し，記録するさいの金額を決定することです。さらに，記録とは，認識と測定に引き続き，経済活動・事象を帳簿等に記載することをいい，企業会計においては一般的に，複式簿記のシステムが用いられます。
2　情報インダクタンス（information inductance）は，プラカシュとラパポート（Prakash and Rappaport 1977）において提唱された考え方であり，情報の送り手の行動が情報の送り手自らが出す情報によって影響を受けることをいいます。
3　藤井（2021，第2章）では，利害調整機能と契約支援機能は明確に区別されています。前者は，(1)会計のマクロ経済的機能，換言すれば法制度的観点から見た機能あるいは企業横断的機能であり，後者は，(2)会計のミクロ経済的機能，すなわち経済学的観点から見た機能あるいは企業特殊的機能であるとするのです。こうした区別は，情報利用者について，(1)その利害に沿って画一的に行動するある特定の利害関係者の「集団」として捉えるか，(2)各自の利益最大化を追求する個々人と考えるかによってもたらされるともいえます。制度会計を考察するうえで示唆に富む区分法ではありますが，本書においては，両者を明確に区別することなく相互に交換可能なかたちで用いています。
4　もちろん投資家は，会計以外の他の情報源にアクセスし，最善とはいえないまでも次善の投資意思決定をし，投資額（元手）「100」を「110」にすることができたかもしれません。しかしながら，最善の投資意思決定であれば「100」の投資額（元手）が「120」まで増大していたならば，「10（120−110）」の利得が失われているのと同じであり，これを機会損失とよ

びます。

5 　須田（2000）では，利害調整機能を「契約支援機能」，情報提供機能を「意思決定支援機能」とよんだうえで，情報の非対称から生じる問題解決に役立つという共通性を指摘しつつ，両者は会計情報の活用の時点と方法とで相違すると指摘しています（22-24頁）。すなわち，財務会計のシステムは，情報提供ないし意思決定支援が意思決定の事前情報（pre-decision information）を提供するのに対し，利害調整ないし契約支援に関しては契約後に関係者の行動を制約するための意思決定の事後情報（post-decision information）を提供するという，会計情報の活用の時点が異なります。さらに，会計上の活用の方法については，情報提供ないし意思決定支援の機能に対応する会計情報が，当該会社の将来のリスクとリターンの予測のために用いられるのに対して，利害調整ないし契約支援の機能のために供される会計情報は，契約当事者の行動を監視したり業績を評価したりするのに用いられます。

# 第2章 わが国の企業会計制度ないし財務報告規制

■本章の目的■

　本章では，以降の議論のための準備段階として，わが国の企業会計制度や財務報告規制が現在どのようなものとなっているのかについて「概説」していきます。

　ところで，はじめにと第1章第4節において，財務会計の法制度の現状に関しては断片的に扱い，主たる議論の対象としない旨を断ったばかりです。しかしながら，この後の議論は，「現に存在している」という事実を無視したままでは，机上の空論となってしまうきらいがあるでしょう。また，現行の財務会計制度や財務報告規制をたどるのならば，日本以外の別の国のものよりも，われわれにとって身近なわが国の制度や法規制を取り上げるのが適切でしょう。もっとも，歴史的経緯や制度・法規制の詳細の解説に関しては，他のテクストに譲ることから，「概説」と表現しました。それでもなお，本章の記述が相当の分量になったという事実は，現代社会において企業会計が法的に規制される局面の多さを物語るものであるといえます。

## 1　はじめに

### 会計責任と制度会計

　第1章でみたように，会計のもっとも基本的な役割・機能は，**会計責任**の履行ないし解明であるといえます。このとき経営者は，会社の運営に必要な資金拠出の見返りとして，あるいは「経営者であることからもたらされる」特権的な地位を将来にわたっても維持あるいは向上するべく，管理・事業活動の結果に関して，株主や債権者，さらには証券市場に対して自ら進んで会計情報を公表すると考えることもできます。したがって，本質的には，会計なかんずく財務会計は，法制度による強制がなくとも，自発的にあるいは自然になされるものかもしれません。さらに，財産の管理や事業活動の状況を把握し，内外の関係者に知らしめるという意味においては，経済事象の貨幣的表現たる「会計」という行為は，事業主や時の為政者の命により古くから当然に実施されてきたものであるともいえましょう。

しかしながら，現実問題として，会計，特に財務会計には法律によって行われるものが少なからず存在しており，それら法規制主導型の会計は制度会計ともよばれます。会計規制の論拠，換言すれば，会計を法律で規制することの是非に関する議論は次の第3章でなすものとし，本章においては，わが国の現行の制度会計の内容を「概説」しておくことにしましょう。こうした制度会計が現実にいま存在することをまずは確認にしていただければと考えます。制度化や法規制の趣旨，すなわちある制度や法規制が存在する目的や理由にも触れますが，それでもなお頭の片隅に，「なぜこういう制度や法規制が存在するのだろうか」という疑問をもっていただければ，第3章以降の議論に対する円滑な移行のための導入部として本章が機能すると期待しています。

## わが国の3つの制度会計

わが国の制度会計は，企業会計法ともよばれる根拠となる法律の違いにより，(1)**会社法**による会計，(2)**金融商品取引法**による会計，および(3)**法人税法**による会計の3つに大別されます。前2者の(1)会社法および(2)金融商品取引法による会計制度は，企業の会計情報の開示（ディスクロージャー）にかかわるものであることから，課税所得の算定という別個の役割・機能を果たす(3)法人税法による会計，すなわち税務会計とは異なる点があることには，注意が必要となるでしょう。したがって，財務会計を主題とする教科書では，税務会計は，(1)会社法と(2)金融商品取引法による会計との関連においてのみ，副次的に扱われることがあります。しかしながら，これら3つは，法規制の対象となる会計，すなわち制度会計であることには変わりがなく，制度会計（論）を標榜する本書においては，第2節から第4節までの3つの節を通してみていくことにします（**図表2－1**参照）。

**図表2－1 ■ わが国の制度会計**

(1) 会社法による会計（第2節）
(2) 金融商品取引法による会計（第3節）
(3) 法人税法による会計（第4節）

# 2　会社法による会計

## 会社法と関連諸法規

　会社法は，株式会社をめぐる個々の経済主体相互間の利益の調整を規律する私法です。会社法上の会計報告書は，「計算書類」とよばれ，「貸借対照表」，「損益計算書」，「株主資本等変動計算書」，「個別注記表」から構成されています。計算書類の作成と報告は，会社法の第2編「株式会社」第5章の「計算等」と題された第431条から第465条までの関連条文のほか，「会社法施行規則」，「会社計算規則」，「電子公告規則」という関連する3つの法務省令に準拠してなされます。

## 会社法による会計の概要

　株式会社は，適時に，正確な会計帳簿を作成しかつ相当期間，具体的には会計帳簿の閉鎖から10年間にわたり保存し（会社法第432条），各事業年度に係る計算書類と事業報告，さらに両者の附属明細書を作成しかつ相当期間，具体的には作成時から10年間にわたり保存する義務があります（会社法第435条，会社法施行規則第118条・第128条，会社計算規則第117条）。なお，下線を付した3つはまとめて計算書類等とよばれ，決算期ごとに株式会社の種類と統治制度に応じて必要な**監査**と承認とを適切な機関により受けたあと，定時株主総会の招集通知に一部が添付されます（会社法第436条・第437条，会社計算規則第133条）。第1章でみたように，株式会社の所有者たる株主から事業資金の委託を受けた経営者は，当該資金の管理・運用状況について株主に対して説明する義務，すなわち会計責任があります。こうした義務や責任の履行の制度的具体化の1つが，株主総会に先立ってなされる上記の会計報告であるといえるのです。かような法制度の存在により，株主は，定時株主総会出席前に経営者の業務執行の内容と結果を評価でき，株主総会における経営者に対する質問や議決権の行使にあたり自らの意思を適切に反映させられるのです。

　なお，実際に日常業務にあたる経営者と，株式所有の分散が高度化し所有と経営の分離が高度に進展した現代の株式会社の株主では，保有する情報の質・量ともに差は歴然としています。もちろん，経営者のもつ情報の質・量は，株主のそれらを圧倒しているはずです。このとき，経営者が株主に対して虚偽の報告をなし，自らの利益となるように企てる可能性がないとはいいきれません。また，そ

うした議論を展開する以前の原理・原則的な問題として，「自己監査は監査にあらず」という言葉もあります。すなわち，事実はどうあれ，関係者自らそれを証明しようとしたとしても，利害が一致しない他者に対しては訴求力が弱く，よって自己監査ないし自己証明には一般的に意味がないのです。このため，計算書類等は，必要な監査，すなわち記載情報の適法性の程度の第三者による検証を受ける必要があるのです。会社法によれば，たとえば，大会社，すなわち資本金5億円以上，または負債200億円以上の株式会社（会社法第2条第6号）においては，計算書類等は，会計監査人（公認会計士または監査法人）による監査を受けることになります（会社法第328条・第337条・第436条第2項）[1]。定時株主総会終了後には，株式会社は，一般に，定款所定の方法により，貸借対照表（大会社は貸借対照表と損益計算書）やその要旨を公告するか，あるいはホームページにおいて掲載するかしなければなりません（会社法第440条第1項から第3項まで，第939条）。さらに，大会社であることに加え，第3節でみる金融商品取引法による有価証券報告書も提出する会社などに対しては，計算書類等のほか，「連結計算書類」，すなわち「連結貸借対照表」，「連結損益計算書」，「連結株主資本等変動計算書」，および「連結注記表」の作成・報告と会計監査人による監査にかかわる規定も追加的に置かれています（会社法第444条）。このほか，会社法は臨時決算の規定を設け，事業年度に属する一定の日を臨時決算日として決算を行い，「臨時計算書類」，すなわち「臨時決算日における貸借対照表」，および「臨時決算日の属する事業年度の初日から臨時決算日までの期間に係る損益計算書」を作成することを許容しています（会社法第441条）。

## 会社法による決算の日程

　多くの会社の定款では，事業年度末日が定時株主総会における議決権行使と期末配当に関する基準日とされています。当該基準日の株主が行使できる権利は，3か月以内のものに限られる（会社法第124条）ことから，会社は通常の場合，事業年度末日から3か月以内に定時株主総会を開催・終結するべく日程を組むこととなります。これら日程は，3月末を事業年度末とし，監査役会[2]を設置する上場会社を例にとると，**図表2-2**のように示されます。すなわち，計算書類等には法令による作成期限はありませんが，株主総会までの日程を考慮すると，事業年度が終了したら遅滞なく作成し，監査役と会計監査人に対して提出する必要があります。3月末を事業年度末とする会社であれば，4月中旬頃には概要を固め，

その後並行して実施される会計監査人による監査からの指摘等を受けて5月中旬頃までには決算の内容を確定させ，上場会社については，直ちにそれを開示することが義務づけられています（上場規程第404条）。その後，会計監査人は5月第3週頃までには監査手続を完了させて特定監査役等に内容を通知し（会社計算規則第130条），それを受けて，特定監査役は5月末頃までに監査報告を特定取締役等に通知し（会社計算規則第132条），計算書類等は取締役会の承認を受けることになります（会社法第436条・第444条）。株主総会の招集通知は，開催の2週間前までに発送する必要があり，そこには株主総会参考資料，議決権行使書面および計算書類等，さらに監査役と会計監査人の監査報告書が添付されることになります（会社法第299条・第301条・第437条・第444条）。

図表2－2　定時株主総会までの日程（3月末決算の場合）

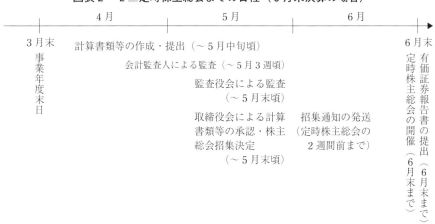

## 会社法による会計の利害調整機能

　以上みてきた会計責任の履行や解明のための報告に加え，会社法は，株主に向けた配当の財源としての剰余金の範囲を定め，分配可能額の上限を算定させています（会社法第445条・第446条・第461条，会社計算規則第22条・第156条から第161条まで）。すなわち，第1章第3節において確認したように，株主に対する剰余金の分配は，会社の債権者にとって債権回収に充てるための同額の担保財産の社外流出を意味することから，株主・債権者の間の利害の衝突をもたらすことになります。さらに，株式会社は，(i)株主の間接有限責任制度および(ii)株式の自由譲渡性を一般的な特徴とします。すなわち株主は，(i)原則として，株式購入資金を支

払った後はそれ以上の責任を負うことはなく，かつ公開会社では(ii)株式持分を他者に譲渡することにより投下資金を自由に回収することができます。したがって，分配可能額に対して法規制による上限を設けることにより，会社財産を保全し，もって株主と比べて弱い立場にある債権者を保護しようという考え方が根底にあるのです。第1章第3節での指摘をもう一度繰り返しておくと，かような形による債権者保護は，会社の事業資金の確保，ひいては会社の成長，すなわち株主自身の利益の向上に貢献しているとも考えられます。というのも，自らが貸し付けた資金が，株主に無制限に分配されてしまう可能性があるとしたら，潜在的な債権者にとっては資金拠出に対して二の足を踏むのに十分な理由となるためです。

　このほか，経営者報酬の金額が株主総会の決議によって決められるという現行の制度（会社法第361条）は，株主の意向に沿う事業活動を行うように経営者を動機づけることにより，あり得る利害の対立のいくらかを緩和しているという指摘があります（桜井2019，6-7頁）。たとえば，会社の売上高の成長の追求こそが株主の総意，あるいは少なくとも多数派の意見である場合，売上高の成長に応じて報酬を支払う旨を事前に決めておくことにより，経営者は会計上の売上高を増加させるように努力をするものと考えられるのです。

## 会社法による会計にかかわる罰則

　最後に，会社法による会計にかかわる罰則を簡単にみておきましょう。たとえば，(i)必要な情報の提供や開示を怠る，(ii)虚偽の情報開示があった，あるいは(iii)会計監査人の選任に適切な手続がなされないなどの法令違反があった場合，行政罰として100万円以下の過料に処せられます（会社法第976条）。これと関連して，虚偽の公告や計算書類等における虚偽の記載・記録などにより第三者に損害が生じた場合には，役員（経営者）等は，連帯して当該損害を賠償すべき民事責任を負う可能性があります（民法第709条，会社法第350条・第429条・第430条）。さらに，剰余金の違法な配当を行った取締役（経営者）等は違法配当分の支払い義務（会社法第462条）という民事責任を負う以外に，5年以下の懲役もしくは500万円以下の罰金を科せられる可能性があります（会社法第963条第5項第2号）。このほか，株主に対して負う責任としては，任務懈怠責任（会社法第423条第1項）やそれに伴う株主代表訴訟の提起（会社法第847条），さらに自己・第三者の利益のために任務に背き会社に損害を与えたことが疑われる場合には，いわゆる特別背任罪の規定も関連してくるものと考えられます（会社法第960条から第962条まで）。

## 会社法による会計のまとめ

　要約すれば，会社法は，(1)株主および債権者に対して会社の財務の状況に関する情報を提供し，さらに(2)会社経営者と株主との間さらに株主と債権者との間の利害対立を解消し，または利害を調整するべく，会社財産の社外への不当な流出を抑制することを目的として，株式会社の会計行為に対して法規制を課しているのです。

# 3　金融商品取引法による会計

## 金融商品取引法の目的

　金融商品取引法の目的は，第1条に明記されるように，「有価証券の発行及び金融商品等の取引等を公正にし，有価証券の流通を円滑にするほか，資本市場の機能の十全な発揮による金融商品等の公正な価格形成等を図り，もって国民経済の健全な発展及び投資者の保護に資すること」となります。このため，金融商品取引法は，会社法の特別法であり，会社法とは異なる公法，すなわち社会全体の経済厚生の増進と各個別の経済主体の全体的な利害の調整を図るものであることが理解されるでしょう。

## 金融商品取引法による開示制度

　金融商品取引法による企業内容開示制度ないしディスクロージャー（disclosure）制度は，(1)発行市場における開示制度，および(2)流通市場における開示制度に区分されます。なお，発行市場とは，国や企業が新規に発行する株式や債券を投資者[3]が購入する市場であり，一次市場（プライマリーマーケット）ともよばれます。これに対して，流通市場とは，発行済の株式や債券が投資者の間で取引される市場であり，二次市場（セカンダリーマーケット）ともよばれます（**図表2－3**参照）。

**図表2－3 ■発行市場と流通市場**

(1)発行市場における開示制度として，金融商品取引法（第4条，第5条）は，一般に，企業が一定種類・金額（1億円）以上の有価証券を募集しまたは売り出す場合には，有価証券届出書および目論見書を公表しなければならないと規定しています[4]。有価証券届出書は，内閣総理大臣に宛てて提出[5]されたのち誰もが自由に閲覧できる書類であるのに対し，目論見書は，証券を取得しようとする投資者に対して直接に交付される書類です。これらの書類には，一般に，有価証券の募集や売出し条件や手続の詳細のほか，発行企業の事業の内容や経理の状況などが記載されることになります。

続いて，(2)流通市場における開示制度は，証券取引所に有価証券を上場している企業など（金融商品取引法第24条第1項・第24条の4の7第1項など）に情報公開を求めるものであり，一般的には，決算期ごとに有価証券報告書，3か月ごとに四半期報告書などを定期的に，さらに他の企業との合併や災害による損失の発生など同法が特に定める重要な事項・事実が発生したさいには臨時報告書を適時に，それぞれ作成しなければならないとしています。

有価証券報告書および四半期報告書の記載事項は，「企業内容等の開示に関する内閣府令」，「財務諸表等の用語，様式及び作成方法に関する規則（財務諸表等規則）」，および「連結財務諸表の用語，様式及び作成方法に関する規則（連結財務諸表規則）」などにより規定されており，その大見出しを中心として取り出して図表化したものが**図表2－4**です。なお，図表2－4では「経理の状況」の箇所のみ詳しく記載しています。

金融商品取引法についても，本節冒頭でみたような投資者の自己責任に基づく合理的意思決定と証券市場の適切な機能のためには，会社法と同様に，開示される情報の信頼性の程度が知られていなければなりません。このため，原則的に，有価証券報告書には連結財務諸表等・財務諸表等に関する公認会計士または監査法人の監査報告書が，四半期報告書には四半期連結（なければ個別）財務諸表に関するレビュー報告書が，それぞれ含められます（金融商品取引法第193条の2第1項，財務諸表等の監査証明に関する内閣府令第1条）。有価証券報告書は決算日から3か月以内，四半期報告書は四半期末から45日以内に内閣総理大臣に宛てて提出することが一般に求められます（金融商品取引法第24条第1項・第24条の4の7第1項）。さらに，開示書類は証券取引所などに備置され一定期間にわたり公衆の縦覧に供される（金融商品取引法第25条）ほか，2000年代半ばからは，以前の紙ベースの情報開示に代わり，金融庁が管理・運営するEDINET（Electronic Dis-

図表2－4 ■有価証券報告書および四半期報告書の記載事項

| 有価証券報告書（第三号様式） | 四半期報告書（第四号の三様式） |
|---|---|
| 第一部　企業情報<br>第1　企業の概況<br>第2　事業の状況<br>第3　設備の状況<br>第4　提出会社の状況<br>第5　経理の状況<br>　1．連結財務諸表等<br>　（1）連結財務諸表<br>　　①　連結貸借対照表<br>　　②　連結損益計算書（注1）<br>　　③　連結包括利益計算書（注1）<br>　　④　連結株主資本等変動計算書<br>　　⑤　連結キャッシュ・フロー計算書<br>　　⑥　連結附属明細表<br>　（2）その他<br>　2．財務諸表等<br>　（1）財務諸表<br>　　①　貸借対照表<br>　　②　損益計算書<br>　　③　株主資本等変動計算書<br>　　④　キャッシュ・フロー計算書（注2）<br>　　⑤　附属明細表<br>　（2）主な資産及び負債の内容<br>　（3）その他<br>第6　提出会社の株式事務の概要<br>第7　提出会社の参考情報<br>第二部　提出会社の保証会社等の情報 | 第一部　企業情報<br>第1　企業の概況<br>第2　事業の状況<br>第3　提出会社の状況<br>第4　経理の状況<br>　1．四半期連結財務諸表<br>　　①　四半期連結貸借対照表<br>　　②　四半期連結損益計算書（注3）<br>　　③　四半期連結包括利益計算書（注3）<br>　　④　四半期連結キャッシュ・フロー計算書<br>　2．その他<br>四半期連結財務諸表を作成しない場合<br>四半期財務諸表を作成し，以下を記載する。<br>　　①　四半期貸借対照表<br>　　②　四半期損益計算書<br>　　③　四半期キャッシュ・フロー計算書<br><br>第二部　提出会社の保証会社等の情報 |

（注1/3）②と③をまとめ，「連結損益及び包括利益計算書」と「四半期連結損益及び包括利益計算書」
　　　　　としても可。
（注2）④キャッシュ・フロー計算書の作成は，連結キャッシュ・フロー計算書を開示していない場合
　　　　のみ。

closure for Investors' NETwork）という電子開示システムが利用され，インターネッ
ト上で閲覧可能となっています。

## 金融商品取引法による会計にかかわる罰則

　金融商品取引法による会計についても，第2節における会社法の場合と同じよ
うに，違反した場合の罰則を簡単にみておきましょう。有価証券届出書や目論見
書，有価証券報告書などの提出書類の重要な虚偽記載等[6]により損害が生じた場
合，提出会社の役員（経営者）等の関係者は，賠償する責任を負わねばなりませ

ん（金融商品取引法第17条・第18条・第21条・第21条の2・第22条・第24条の4など）。これに関連して，金融商品取引法は，賠償責任額の算定や損害賠償権の時効に関する規定も設けています。加えて，行為者と会社に対する刑事罰（金融商品取引法第197条第1項第1号・第207条）や課徴金の納付（金融商品取引法第172条の2・第172条の4）などの可能性もあります。

## 金融商品取引法による会計のまとめ

　要約すると，金融商品取引法は，証券投資の意思決定に有用な情報を提供して投資者を保護することにより，究極的には，証券市場の機能を強化することを目的として，発行市場および流通市場の双方において必要な情報を適時に開示するよう規制しているといえるでしょう。

# 4　法人税法による会計

## 法人税法による会計の目的と特徴

　第1節の最後で述べたように，法人税法による会計，すなわち税務会計の目的は，企業にとっては**課税所得**（taxable income）の計算であり，また立法者側からすれば課税の公平や国家の租税政策の具現化となることから，税務会計は，会社外部の利害関係者への会計情報の作成・報告を規制する会社法（第2節）・金融商品取引法（第3節）とは性格を異にします。しかし，法規制に準拠してなされる会計という意味では3者は共通し，さらに，わが国の法人税制の特徴ゆえに，税務会計は，情報開示に関わる会計実務にも大きな影響を及ぼしています。よって，その特徴と影響について，以下ではみていくことにしましょう。なお，税務会計を規制する法律には，「法人税法」，「法人税法施行令」，および「法人税法施行規則」などが存在します。

## 法人税額の算定法の概要

　議論の大前提として，法人たる会社は，法人税，すなわち企業の所得に対して課される国税を納める義務があります。法人税額は，

　　　課税所得　×　税率　　　　　　　　　　　　　　　　　…①

のように，ある事業年度の課税所得の額に税率を乗じて計算されます。たとえば，

ある普通法人の課税所得が1億円と算定され，税率が23.2%[7]であるならば，2,320万円（＝100,000,000円×23.2%）が当該事業年度の法人税額となります。税率は前もって決まっていることから，課税所得の計算が重要となり，それは以下の式②にしたがいます（法人税法第22条第1項）。

$$課税所得 \quad = \quad 益金 \quad - \quad 損金 \qquad \cdots ②$$

式②にある益金および損金は，財務会計上の損益計算書における当期純利益の計算式である以下の式③にある収益および費用とは，計算のさいに利用する概念が異なることに注意が必要です。

$$当期純利益 \quad = \quad 収益 \quad - \quad 費用 \qquad \cdots ③$$

## 確定決算主義と税務上の調整

わが国の法人税法は，いわゆる確定決算主義ないし確定決算基準を採用しています（法人税法第22条第4項・第74条第1項）。確定決算主義ないし確定決算基準とは，法人税額の計算は，原則として，会社法により作成され，株主総会における報告・承認を経て「確定した」計算書類に記載された当期利益に基づき，法人税法の規定による必要な調整が施されることを通じてなされるものです。さらに，法人税法第22条第4項は，「別段の定めのあるもの」を除くほかは，「一般に公正妥当と認められる会計処理の基準」にしたがい益金と損金の額を計算するよう要求しています。すなわち，原則として，益金と損金の額は，損益計算書の収益と費用の額と一致することになるのですが，両者が相違する項目については，税法の「別段の定め」にしたがい追加的に調整しなければならないという仕組みになっているのです。

## 確定決算主義と課税所得の計算

上記のような課税所得の算定上の特徴ゆえに，わが国の会社は，**図表2-5**に示すように，損益計算書上の税引前の当期利益（たとえば，400，以下すべて例示用の数値）を開始点として，税法特有の「別段の定め」に基づく加算（30）・減算（80）項目を調整することで，課税所得（400＋30-80＝350）を算定することになります。たとえば，税法特有の加算項目には，会計上の費用には該当するものの，法人税の損金にはあたらないものとして，交際費等が含まれます。交際費等は，

「法人が，その得意先，仕入先その他事業に関係のある者等に対する接待，供応，慰安，贈答その他これらに類する行為のために支出するもの」（租税特別措置法第61条の4第3項）をいいます。よって，会社の事業活動にとって必要な支出であれば，販売費として会計上の費用として取り扱うべき項目といえるでしょう。しかしながら，法人税法は，冗費すなわち無駄遣いによる節税を抑制するなどの目的から，税務上損金として処理できるものを制限していると考えられます。このように，たとえば，損益計算書で費用処理したものの，法人税法上の損金にならないものが「30」ある場合，図表2－5の右側の法人税申告書（別表4）にあるように，同額の費用を減少させ，よって同じことですが会計上の利益を増加させるよう，税引前当期利益に対して加算する調整を行っているのです。

### 図表2－5 ■課税所得の計算

| 損益計算書 | | 法人税申告書（別表4） | |
|---|---|---|---|
| 収益 | 1,000 | 税引前当期利益 | 400 |
| 費用 | 600 | （＋）税法特有の加算項目 | 30 |
| 税引前当期利益 | 400 | （－）税法特有の減算項目 | 80 |
| | | 課税所得の額 | 350 |

　また，税法特有の減算項目としては，会計上の収益には該当するものの，法人税の益金にはあたらないものとして，受取配当金があります。配当は，法人税等を支払った後の利益からなされることから，受取配当金を収益に算入したままであると，すなわち益金として取り扱い課税所得に含めると，さらにもう一度徴税されてしまい，二重課税となってしまいます。このため，たとえば，ある事業年度内の受取配当金が「80」ある場合，図表2－5の右側の法人税申告書（別表4）にあるように，同額の収益を減少させ，よって会計上の利益を減少させるよう，税引前当期利益から減算する調整を行っているのです。これらのほか，会計上の収益ではないものの法人税法の益金である場合（たとえば，特定外国子会社などの留保金額）には加算調整が，会計上の費用ではないものの法人税法上の費用である場合（たとえば，特別償却）には減算調整がなされることになります。

## 法人税法による会計のまとめと逆基準性
　以上，法人税法による会計は，課税の公平や国家の租税政策の具現化を目的とすることから，利害関係者に対する会計情報の開示などを規定する金融商品取引

法や会社法による会計とは，その性格が異なる部分があります。しかし，会社の会計行為が法律により規制されるという意味では，3者は共通します。また，わが国は確定決算主義ないし確定決算基準を採用し，またいわゆる損金経理要件を設け，多くの項目について，損益計算書における費用・損失計上を税務会計上の損金計上の条件としています。加えて，法人税法は，益金と損金の額の計算時に適用すべき機械的な算式を提示しているという事実があります。このため，企業にとっては，(1)情報開示（ディスクロージャー）と税務申告の2つの目的による別個の会計の実施に伴う計算費用の負担増を回避し，(2)法人税額を節減するため，法人税法の規定になるべく準拠した会計処理をするインセンティブを惹起させられるかもしれません。ここで，(2)法人税額の節減に関して解説しておくならば，納税額は低いほうが望ましいと考えるならば，課税所得を低くするよう，損金算入可能な費用・損失であれば，損益計算書においてできる限り多額かつ網羅的に計上しておこうということになるのです。かような状況は，確定した決算に基づき遂行される法人税法による会計がもともとの決算に反対ないし逆の方向に影響を及ぼすという意味において，税務会計の**逆基準性**とよばれています。すなわち，「会計上の利益計算 $\Rightarrow$ 税務調整」という流れが想定されていたところ，「税務調整がある事実 $\Rightarrow$ 会計上の利益計算」という逆の方向の流れの影響が起こっているのです（第9章第1節参照）。とはいえ，確定決算主義ないし確定決算基準という税制の方式の採用は，会計情報の開示と開示所得の算定を結びつけることにより，採用しない場合に追加的に発生する社会的なコストを縮減できる可能性があるともいえます[8]。

## 5　わが国の3つの制度会計の関係

　本章では，第2節から第4節にかけて，わが国の3つの制度会計をみてきました（**図表2-1再掲**参照）。なお，図表2-1再掲は，さきの図表2-1に対して，わが国の制度会計の主たる目的を点線の右側に追加しています。

### 図表2-1（再掲）■わが国の制度会計

(1)　会社法による会計（第2節）……………株主および債権者の保護
(2)　金融商品取引法による会計（第3節）…投資者保護・証券市場の機能
(3)　法人税法による会計（第4節）…………課税の公平・国の租税政策

　これらのうち, ⑶法人税法による会計は, 第4節の最終段落において, 会計情報の作成・報告を規制する他の2つの制度会計とは目的や役割の相違があること, しかしながら, 確定決算主義ないし確定決算基準というわが国の法人税の算定方法の特徴ゆえに, 会計上の利益と法人税の課税所得の両者に関連性が見出されることを解説しました。

## 会社法による会計と金融商品取引法による会計の関係

　それでは, 残るもう1つ, すなわち⑴会社法による会計と⑵金融商品取引法による会計の間の関係とはどのようなものでしょうか。これらはともに会計情報の「開示（ディスクロージャー）」に関わる制度会計であることから, 一般的には, ①企業の活動と経済事象をどのようにして認識し, 測定しかつ記録するかという会計処理の方法, および②何をどのようにして開示するかという会計報告のありかたや記載内容において異同の存在が想定されます。

　第1に, ⑴会社法による会計に関しては, 株式会社の会計は, 会社法および会社計算規則に規定される以外の事項は, 「一般に公正妥当と認められる企業会計の慣行」にしたがうよう会社法第431条が定めています。ここで, 公正なる企業会計の慣行とは, 企業会計審議会および企業会計基準委員会（ASBJ）から公表された会計基準や日本公認会計士協会から公表された実務指針などが, これに該当すると解釈されています。また, 中小企業, すなわち金融商品取引法の規制の適用対象会社または会社法上の会計監査人設置会社を除く, 存在しているうちの圧倒的に大部分の会社にとっては, 日本税理士会連合会, 日本公認会計士協会, 日本商工会議所および企業会計基準委員会の4団体が2005年8月に連名で公表し, 以降十数回の改正を経ている「中小企業の会計に関する指針」, および中小企業団体等で構成される中小企業の会計に関する検討会による「中小企業の会計に関する基本要領」が該当することになるでしょう。さらに, 会社計算規則第3条においても, 当該省令内の用語の解釈と規定の適用に際し, 「一般に公正妥当と認められる企業会計の基準その他の企業会計の慣行」を斟酌することを重ねて要求しているのです。

　続いて, ⑵金融商品取引法による会計に関しては, 当該法律の規定による貸借対照表, 損益計算書その他の財務計算に関する書類の作成は, 「内閣総理大臣が一般に公正妥当と認められるところに従って内閣府令で定める用語, 様式及び作成方法」, すなわち財務諸表等規則や連結財務諸表規則などにしたがわなければならないとしています（金融商品取引法第193条）。しかしながら, これら内閣府

令が規定するのは，主として財務諸表等の表示方法となっています。このため，「財務諸表等の用語，様式及び作成方法に関する規則（財務諸表等規則）」第1条第1項，および「連結財務諸表の用語，様式及び作成方法に関する規則（連結財務諸表規則）」第1条第1項などにおいて，原則として，「この規則において定めのない事項については，一般に公正妥当と認められる企業会計の基準に従うものとする」とし，具体的な作成方法については，一般に公正妥当と認められる会計基準に委ねるかたちがとられているのです。これに関連して，同規則第1条第2項は，「企業会計審議会により公表された企業会計の基準は，…一般に公正妥当と認められる企業会計の基準に該当する」としています。さらに，同規則第1条第3項および同規則ガイドライン9（1－3・1－3－1・1－3－2）において，基準を作成・公表する団体に求められる要件が定められ，それら要件すべてを満たす特定団体が公正かつ適正な手続を経て作成・公表した会計基準についても，一般に公正妥当と認められる企業会計の基準に該当する旨が明記されています。当該団体には，さきに挙げた企業会計基準委員会（ASBJ）が含まれます。

　以上，⑴会社法による会計，および⑵金融商品取引法による会計の異同を考えるため，両者が作成・公表のさいに依拠する基準・規則を簡単にみました。結果的に，さきに挙げた①会計処理の方法については，同様の基準・規則にしたがっているといえるのです。

図表2－6 ■会社法・金融商品取引法に基づく会計・財務報告書の体系

| 計算書類（会社法） | | 財務諸表（金融商品取引法） | |
|---|---|---|---|
| 個別 | 連結 | 個別 | 連結 |
| 貸借対照表 | 連結貸借対照表 | 貸借対照表 | 連結貸借対照表 |
| 損益計算書 | 連結損益計算書 | 損益計算書 | 連結損益計算書・連結包括利益計算書* |
| — | — | キャッシュ・フロー計算書 | 連結キャッシュ・フロー計算書 |
| 株主資本等変動計算書　個別注記表 | 連結株主資本等変動計算書　連結注記表 | 株主資本等変動計算書　附属明細表 | 連結株主資本等変動計算書　附属明細表 |

＊上記（2計算書方式）のほか「連結損益及び包括利益計算書」（1計算書方式）も可。
（出典）　田中（2021），図表2－1，21頁を一部調整

　このように，両者の差異は，一般に，②会計報告のありかたや記載内容にあるといえ，たとえば，**図表2－6**のように会計・財務報告書の体系は異なり，またここで個別に指摘することはしませんが，具体的な記載内容の差異も相当数存在しています。もっとも，両法が有する目的の相違や会計・財務報告書を作成・公

表すべき会社の特性に鑑みれば、両者間の②会計報告のありかたや記載内容に相応の差異がみられるのは、当然のことといえるかもしれません。

# 6　本章のまとめ

　本章では、制度会計に関する以降の議論の土台とするべく、現在のわが国の財務会計制度ないし財務報告規制をみてきました。具体的には、会社の会計行為を規制する根拠となる法律に基づき、(1)会社法による会計（第2節）、(2)金融商品取引法による会計（第3節）、および(3)法人税法による会計（第4節）とに分け、法律の目的やそのもとでの会計制度や会社による会計行為に対してなされる規制の概要を確認しました。

　第1に、利害関係者に対する情報開示（ディスクロージャー）の面からは、(1)会社法による会計制度、および(2)金融商品取引法による会計制度の2つが併存していることを解説しました。両制度は、①会計処理の方法については実質的に一元化され同等とされます（桜井 2019、8-9頁）が、法律の目的や規制対象となる企業の特性の違いなどを反映し、②会計報告のありかたや記載内容に関しては、それぞれ固有の、したがって互いに相違する点を有します。ここで、一般的には、(1)会社法による会計は、株主に対する会計責任の履行や株主・債権者間の利害調整を目的にする一方で、(2)金融商品取引法による会計は、投資者の証券取引の意思決定に対する役立ちが重視されることになります。さらに指摘するならば、上場企業等のたかだか数千社が対象となる有価証券報告書の作成・提出と比較して、会社法による計算書類を作成・公表すべき会社は数百万社にも上るのです[10]。両者に相応の違いが存在するのは、ある意味では当然のことかもしれません。

　残る1つである、(3)法人税法による会計制度においては、法律の目的である課税の公平や国家の租税政策の具現化を念頭にした、課税所得の算定方法が規定されています。よって、外部利害関係者に向けた会計すなわち財務会計の法規制ではありません。しかしながら、わが国が採用する確定決算主義ないし確定決算基準という税制上の特徴ゆえに、会計情報の開示（ディスクロージャー）と課税所得の算定との間にどのような関連性が存在し、また当該関連性がいかなる経済的帰結をもたらすかに関して、適切に認識しておく必要があると考えられます。

### 第3章の予告―経済学的な観点の導入

　第3章では、経済学的な観点から、財務会計制度ないし財務報告規制の必要性

に関してみていくことになります。ところで，現行の制度会計の「概要」の説明と冒頭で断って始めながらも，本章は相当の分量となりました。これは，現代において，法規制される会計行為が決して少なくないことを物語っており，財務会計や財務報告に対する法規制が必要な理由・根拠とはどのようなものだろうかと疑問をもっていただければ，第3章の議論に首尾よくつながります。

 **確認クイズ（考えてみよう／調べてみよう）**

1．会社法，金融商品取引法，および法人税法による会計に関し，法律の目的，および会社の会計行為に対する規制についてそれぞれまとめるとともに，これら3つの会計規制間の関連について述べてください。

2．会社法による会計，および金融商品取引法による会計からのアウトプットに関し，同一の会社の財務報告書にみられる差異を調べ，それら相違点が両法規の立法目的や趣旨とどのように関連しているかを考えてみよう。

3．わが国以外の諸外国の会計制度の内容を調べ，わが国との異同やなぜそのような制度になっているのかという観点からまとめてみよう。国や法域については，自由に選んでください。

**■注**

1　正確には，事業報告とその附属明細書については，監査役会設置会社においては監査役監査を，監査等委員会設置会社においては監査等委員会による監査，さらに指名委員会等設置会社においては監査委員会による監査を受けることになります（会社法第436条第2項，会社法施行規則第129条から第132条まで，会社計算規則第127条から第129条まで）。なお，株式会社が採用可能な機関構造の類型に関しては，桜井（2021，13-16頁）に詳しくまとめられています。なお，公開会社である大会社が選択可能な機関設計は，**図表2−7**のように要約できます。

**図表2−7 ■ 公開会社である大会社が選択可能な機関設計**

| 監査役会設置会社 | 監査等委員会設置会社 | 指名委員会等設置会社 |
|---|---|---|
| 株主総会 | | |
| 取締役会（第327条第1項） | | |
| 監査役会<br>（3人以上の監査役で構成，半数以上は社外監査役）[*1] | 監査等委員会<br>（3人以上の取締役で構成，過半数は社外取締役）[*2] | 監査委員会<br>（3人以上の取締役で構成，過半数は社外取締役）[*3] |
| 会計監査人（会社法第327条第5項，第328条第1項） | | |

＊1　会社法第328条第1項，第335条第3項
＊2　会社法第331条第6項
＊3　会社法第400条第1項・第3項

2　監査等委員会設置会社と指名委員会等設置会社については，監査役や監査役会の役割は，監査等委員会と監査委員会がそれぞれ担うことになります（図表2－7参照）。

3　以下，本章内および金融商品取引法の目的を述べる場合のみ，投資家ではなく投資**者**という用語を使うものとします。

4　なお，1998年の証券取引法（当時）の改正により導入された発行登録制度による場合には，発行登録書および発行登録追補書類を提出することになります（金融商品取引法第5条第4項・第23条の3・第23条の8）。

5　具体的には，有価証券報告書を含め，金融商品取引法が定める開示書類を受理する権限は，内閣総理大臣から金融庁長官に委任され，さらに金融庁長官から財務局長や財務（支）局長への委任がなされています（金融商品取引法194条の7第1項・第5項，金融商品取引法施行令第39条第2項等）。

6　金融商品取引法上の責任といった場合，(1)「重要な事項」に関する虚偽の記載，(2)記載すべき「重要な事項」（法定事項）の記載の欠如，および(3)誤解を生じさせないために必要となる「重要な事実」の記載の欠如，換言すれば誤導的な不記載の3つが問題となるでしょう。また，ここで「重要な事項」や「重要な事実」とは，投資者の投資判断に，究極的には証券市場での当該株式の価格形成に重要な影響を与えるものをいいます。

7　平成30（2018）年4月1日以降に開始する事業年度から適用されている，中小法人等以外の普通法人の現行の法人税率が23.20%となっています。

8　たとえば，斎藤（2010，13頁）は，課税所得の計算を税法で詳細に定めると，基準を設定し，それを順守させるのに膨大なコストがかかるとし，利益を高くしたい情報開示の局面と利益を低くしたい課税所得算定の局面の逆方向の誘因（インセンティブ）がバランスされる結果として，合理的な計算が一般にはなされる可能性を指摘しています。さらに，桜井（2019，7－8頁）は，確定決算に基づく課税所得の調整計算の制度は，財務会計の契約支援機能や利害調整機能（第1章第3節参照）を活用するものであり，適切な企業会計の基準に準拠して作成され必要な監査を受けた会計数値の利用は課税当局のモニタリング・コストを節減することに加え，斎藤先生のご指摘と同じく，企業による過度な節税の可能性を低める働きがあるとしています。

9　「財務諸表等規則ガイドライン」および「連結財務諸表規則ガイドライン」の正式名称は，それぞれ「「財務諸表等の用語，様式及び作成方法に関する規則」の取扱いに関する留意事項について」，および「「連結財務諸表の用語，様式及び作成方法に関する規則」の取扱いに関する留意事項について」となっています。

10　日本取引所グループ（JPX）のホームページ（https://www.jpx.co.jp）によると，2022年1月18日現在の上場会社数が3,822社（うち外国会社6社）となっています。これに対し，令和3（2021）年3月26日公表の国税庁（https://www.nta.go.jp）の統計資料によれば，令和元（2019）年度の普通法人数（申告法人数）は2,767,336社となっています。

# 企業会計制度ないし財務報告規制の必要性に関する議論—経済学的検討

■**本章の目的**■

　本章では，企業会計や財務報告に対する制度・法規制が必要とされる理由・根拠に関し，経済学的な観点から考察していきます。そのさい，制度・法規制の要否いずれかに偏らない議論を展開するよう心がけたいと考えています。すなわち，第2章でみたような相当量の会計の制度・法規制が現に存在しているという事実があり，かつ「必要とされる理由・根拠」と表現しているとはいえ，本書の採用する実証的なアプローチによれば，その必要性は自明ではありません。このため，制度・法規制が「不要であるとする理由・根拠」を掲げる議論も，紙幅を割いて紹介することになります。さらに，会計の制度・法規制が必要であるとしても，いかなる制度・法規制にするのかという<u>類型</u>，および程度・水準の問題が新たに現出することになるという指摘も重要です。

　会計の制度・法規制の①必要性，および②最適な類型と程度・水準ともに，一意の解答が簡単に与えられる論点ではありません。したがって，本章の第1の目的は，会計の制度・法規制の必要性や不必要性などに関してなされるさまざまな議論について，頭のなかで整理するとともに，議論の土台となる経済学的な考え方やアプローチ法についても知っていただくことにあります。

　ところで，経済学（的思考）とは何かに関し，他の学問・学科（discipline）と一線を画する弁別的な特徴を挙げるのは容易ではありません。このため，本章に続き，それを取り扱うための**補論**を設けました。

## 1　はじめに

　第2章でみたように，わが国の**制度会計**，すなわち**法規制主導型の会計**としては，根拠となる法律の違いにより，(1)**会社法**による会計，(2)**金融商品取引法**による会計，および(3)**法人税法**による会計の3つが存在しています。このうち，(2)金融商品取引法による会計では，国民経済の健全な発展および投資者の保護（第1条）を目的として，証券市場を通じて事業資金を調達する企業の情報開示（ディスクロージャー）行動を規制しています。規制対象となる企業は，資金調達すな

わち証券発行の時点だけでなく，その後も定期的に，事業活動の結果を事後的に
まとめた決算書，具体的には（連結）財務諸表や附属明細書などを作成しかつ報
告しなければなりません。さらに，その信頼性の程度を明らかにすべく，監査人
すなわち公認会計士や監査法人による監査・レビュー報告書の添付が決算書には
要求されるほか，法規制の実効性確保のため，違反した場合の罰則も定められて
いました。会計情報の作成，監査・レビュー実施のさいの判断にあたってしたが
うべき基準は，法律が特に定めるもの以外は，一般に公正妥当と認められる企業
会計の基準によることが要求されています。

## 日米の会計基準等の設定機関の概要

　会計情報の開示制度は，太平洋戦争後に，主として米国の制度をモデルとして
日本に導入されました。本家の米国では，1930年代[1]から上場企業の財務報告が
規制されており，現在は，連邦政府関連機関である**証券取引委員会**（SEC, Securities and Exchange Commission），および具体的な政策策定の権限を証券取引委員会
（SEC）から委譲された民間団体である**財務会計基準審議会**（FASB, Financial Ac-

**図表 3 − 1 ■財務会計基準機構（FASF）および企業会計基準委員会（ASBJ）の機構**

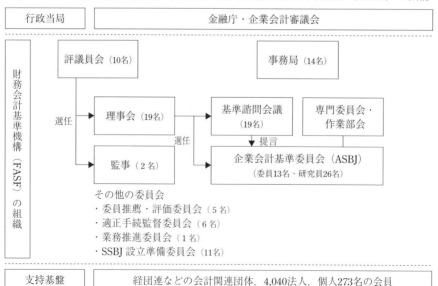

（出典）　企業会計基準委員会・財務会計基準機構の HP（https://www.asb.or.jp/jp/）掲載の組織図等（2022
　　　年 1 月21日現在）

counting Standards Board）が財務報告規制の役割・責任を担うという構造になっています。なお，わが国においても，2001年7月以降は，公的な規制当局である金融庁とその諮問機関である**企業会計審議会**に代わり，あるいはそれに加え，民間団体（2009年11月以降は公益財団法人）である**財務会計基準機構**（FASF, Financial Accounting Standards Foundation）の**企業会計基準委員会**（ASBJ, Accounting Standards Board of Japan）が企業会計に関する基準を主として議論し，開発・設定することになっており，**国際会計基準審議会**（IASB, International Accounting Standards Board）などの海外の基準設定団体と連携しながら活動しています（**図表3－1**参照）。

## 制度・規制の必要性に関する議論

　(A)　以前にはなかった会計情報の開示（ディスクロージャー）にかかわる制度
　　　や規制が新たに設定され，

　(B)　それ以降，制度・法規制が継続的に増設・改訂されてきている，

という事実は，それら自体が当該制度・法規制の必要性を示唆するものといえるかもしれません。なぜなら，(A)必要であるがゆえに制度や法規制が新設され，(B)必要性が認識され続けているがゆえに制度・法規制の増設・改訂が継続的になされていると推論することは，ある意味では自然な思考法であるからです。しかしながら，別の見方をすれば，現に存在し，かつ存在し続けるからすなわち必要であると決めつけるのも，ナイーブかつ性急に過ぎる議論であるとされるかもしれません。ある制度・法規制に関しては，場合によっては，(i)費用・負担（コスト）に見合わない社会的便益（ベネフィット）しかもたらさない，(ii)本来の制定趣旨から逸れるような意図せざる帰結を導く，あるいは(iii)年月を経るうちに時代遅れのものになるなどの可能性も否定できないからです。さらに，会計情報の開示（ディスクロージャー）に限られませんが，たとえ制度・法規制が必要であると判明しても，それに引き続いて，どのようなかたちの，またいかなる程度・水準のものとするかという，無数の選択肢から何らかの基準によってどれか1つに決定しなければならないという，適切性の問題も新たに出てくるでしょう。

## 本章の議論の構成・論点

　とはいえ，最初に断っておきますが，制度・法規制の必要性および適切性はともに，経済的影響の認識・測定が非常に難しいことから，正確な解答が与えられる論点ではありません。しかしながら，これら論点に関して存在する主張につい

ての知識を得ることは，決定的に重要であると筆者は考えます。このため本章では，企業会計制度ないし財務報告規制の必要性に関するさまざまな議論を紹介していきます。そのさい，首尾一貫した議論の筋道を示しつつもできる限り網羅的な議論とするよう，ウォークら（Wolk, Dodd, and Rozycki 2016）の記述を主として参照し，他の論者や筆者独自の指摘や解説を付記するようにしました。ウォークら（2016, 99）によれば，財務報告規制の要否の議論のさいに考慮すべき事項は，「なぜ規制するのか，だれが便益を得るのか，いつコストが発生するのか（現在なのか将来なのか），さらにだれがコストを負担するのか」であるとされています。本章は，これら論点を扱いながら，第1に，会計情報の開示（ディスクロージャー）に関する制度・法規制はなくともよい，すなわち不要であるとする議論（第2節）を，続いて，制度・法規制はないと困る，すなわち必要であるという議論（第3節）をみていきます。さらに，制度化や法規制のプロセスにまつわる問題（第4節），経済的影響（第5節）の議論へと続きます。

## 2　企業会計制度ないし財務報告規制の「不」必要性に関する議論

### 制度・規制不要論の核心

　企業会計ないし財務報告に関する制度・規制が「不」必要であるとする議論の核心は，それら制度・規制が存在しない状況に思考を巡らせることといえるかもしれません。このとき目の前に広がる景色は，企業会計の制度・規制が存在する場合と比べてどのようなものでしょうか。状況が悪化する場合はもちろんのこと，状況が変わらない場合についても，制度・規制の「不」必要性を後押しする根拠となります。制度・規制の設定と施行にかかるさまざまな費用・負担（コスト）に鑑みれば，その存在により状況が改善する場合でさえ，得られる社会的便益（ベネフィット）との比較衡量が要求されることになるでしょう。以下，かような視点をもちつつ，「不」必要論3つを紹介していきます。

### 資本市場における資金獲得競争

　第1に，資本市場における資金調達をめぐる競争は，制度・規制がなくても，会社が自ら進んで必要な会計情報を開示（ディスクロージャー）する誘因（インセンティブ）をもたらすかもしれません。すなわち，資本市場においてそれぞれの会社は，希少な資源である事業資金の獲得を目指して競合する関係にあります。

このとき，他社に比べて経営が順調であり，将来の成長機会に富む会社—たとえば，Ａ社（上）—は，投資家の関心を惹き付けて有利な条件で資金を調達できるように，必要な会計情報を自発的に開示（インセンティブ）したいと望むでしょう。このとき，Ａ社に比べれば業績や将来の成長機会が劣るＢ社（中），さらにＢ社よりもさらに業績・将来性において劣位にあるＣ社（下）は，どのような開示（ディスクロージャー）戦略を用いるでしょうか。自社の業績や将来性について沈黙を守っているべきなのでしょうか。いや，そうではありません。事業資金を拠出する投資家は，それぞれの会社からすれば外部の利害関係者ですから，会社の状況を詳しく知りえる立場にありません。

　このように，会社と投資家の間には，**情報の非対称性**（information asymmetry）が明確にあるのです。このとき，信憑性のある企業情報が得られない場合，投資家は，それをバッド・ニュースと捉え，投資リスクを高く見積もって会社に要求する見返り（リターン）を高く設定するか，あるいは資金拠出自体を取りやめてしまうかもしれません。したがって，一般的には，事業資金の逼迫や資本コスト上昇といった資金調達条件の悪化という状況に陥るのを回避するため[2]，信憑性のある必要な情報を自発的に開示することが最善の策となります。

　このため，先の例でいえば，Ｂ社（中）には情報を開示する誘因（インセンティブ）がありそうです。ところで，「一般的には」と２つ前の文で表現しましたが，たとえばＣ社（下）にとっては，状況は異なりうることを指摘しておかなければなりません。すなわち，Ｃ社（下）の現在の業績と将来の見通しは，市場が想定しうる限りで最悪のものであると仮定しましょう。この場合，Ｃ社（下＝最悪）にとっては，❶自社の状況が最悪であることを伝達するのも，❷情報を開示しないで市場からバッド・ニュースの存在を推論されるのも，非常に低い評価を市場から受けることに変わりありません。よって，企業情報の自発的な情報開示は起こらないといえます。もっとも，❶・❷いずれの場合も，情報の非対称性は結果的に減殺されており，企業外部の利害関係者に損害が発生するわけではないため，議論の結論を覆すものではありません。また，現在の状況がどうあれ，「信憑性のある情報を適時に開示する会社である」という評判を構築・維持することが資本市場における将来的なネットの便益をもたらす可能性があるとすれば，Ｃ社（下＝最悪）のように非常に厳しい経営状況にある会社でさえ，当該事実を市場に対して自発的に伝達するように強いられるかもしれません。

## 自発的な情報開示とシグナリング

　このように，資本市場における競争の圧力の存在は，会計情報の開示（ディスクロージャー）に関する制度・法規制が不要であるという第1の根拠となります。現実にも，制度・法規制で強制されていない種類（タイプ）の，あるいは制度・法規制が要求する水準を超える会計情報を自発的に開示する企業も存在しており，ここでの議論の妥当性を裏付けているかもしれません。なお，他社とは異なる優良な会社であるというメッセージを市場に伝達するには，複数個が容認される会計処理方法のうちから会計上の利益がより低く計算されるものを敢えて選択して現在の経営状況にはまだ余裕があることを示すことや，会社の実態に関する有用性の高い情報を作成・報告しうる新たな会計基準をより早期に適用することなどの**シグナリング**（signaling）の行動を選択することも考えられます。監査サービスの購入，すなわち会計情報の開示（ディスクロージャー）の正しさを保証してもらうこともまた，重要な財務情報の隠蔽や虚偽のある会社にとっては一般に困難な行為となることから，それが自発的なものである限りにおいてシグナルとなりえます。

## エージェンシー・コストの低減

　第2に，経営者が法的・経済的に置かれた立場は，企業会計の制度・法規制の必要性を減殺するかもしれません。経営者は，企業の所有者（株主）に雇用され，経営を委任されています。このため，受託者（agent，エージェント）たる経営者は，委託者（principal，プリンシパル）たる所有者（株主）の利益を第一に考えて経営活動を遂行しなければなりません。しかしながら，所有と経営の分離（separation of ownership and control）が進んだ現代の企業にあっては，経営者および所有者（株主）双方の目的・動機は，完全には一致しない可能性があります。すなわち，所有者（株主）は配当や株価の最大化を望むのに対して，経営者は自らの報酬や待遇・評判などに関心があるかもしれません。目的・動機のかような不一致は，両者の間の利害対立（conflict of interests）をもたらし，その緩和・解消を企図した所有者（株主）側の対応を招来することがありえます。たとえば，経営者の行動を監視（モニタリング）し，また所有者（株主）の利害と一致するような契約を経営者との間で結ぶなどの行為です。こうした行為には費用・負担（コスト）の発生が必然的に伴い，経営者の利得を直接的に減少することになるでしょう。したがって，経営者側には，それらエージェンシー・コスト（agency costs）を低め

る誘因（インセンティブ）がもとより存在し，その具体化策が信憑性のある会計情報の適時な開示（ディスクロージャー）であるというのです。すなわち，経営者が自らの経営・管理活動の結果に関する会計報告書を定期的に作成し，独立の専門家の手による監査報告書を添付したうえで所有者（株主）に報告することは，受託責任ないし会計責任の履行・解除につながり，会計数値によるその後の業績評価が利害調整に役立つことから，エージェンシー・コストを低める，すなわち，経営者自身の利得を高めるというメカニズムが想定されます。かようなメカニズムが適切に機能するならば，会計情報の開示（ディスクロージャー）に関する制度・法規制の必要性は大きく減じられることになるのです。

　上記のようなプリンシパルとエージェントの関係，すなわちエージェンシー関係（agency relationship）は，企業をめぐる利害関係としては至る所にみられるものです。実際に，企業の本質は**契約の束**（nexus of contracts）であるともいわれ，たとえば，従業員とは雇用契約，生産要素の提供者とは購買（仕入）契約，製品の顧客とは販売契約といったように多くの契約が結ばれています。そうであるならば，企業情報の開示（ディスクロージャー）に関しては，契約当事者間にある誘因（インセンティブ）に任せておけば最適な形態と水準に到達するというここでの議論も，ありえない話ではありません。

## 私的な契約による代替

　第3に，利害関係者らが入手したいと望む会計情報の種類（タイプ）や水準・程度は，私的な契約によって得られるとするならば，公的な制度・規制は不要となるかもしれません。現実にも，投資意思決定にさいし，投資家は，投資顧問会社の助言を求めたり，あるいは証券アナリストのような**情報仲介業者**（information intermediaries）から必要な情報を購入したりしています。第2章でみたような企業会計や財務報告の制度・規制がすでに存在していることから，開示主体である企業自身と情報提供の契約を直接的に交わす事例はみられませんが，「仕組み」としてそれがまったく想定できないとはいえません。現行の公的な制度・規制は，会計情報の開示（ディスクロージャー）の下限を定めるものですから，帯に短し襷に長し，言い換えればある利害関係者にとっては情報過少，別の利害関係者にとっては情報過多である可能性が否定できません。このとき，規制当局ではなく，**情報の市場**（market for information）に任せたほうが，市場機構の適切な機能を通じて需要と供給の一致する最適な会計情報の生産（量）と価格を達成できるかも

しれないのです。

　以上，本節では，企業会計ないし財務報告に関する制度・規制の「不」必要性を議論し，これらがなかったとしても，(1)資本市場における資金獲得競争の圧力，(2)エージェンシー・コストを低減したいという誘因（インセンティブ），および(3)私的な契約の締結が代替的に機能するならば足りる可能性について指摘しました。

## 3　企業会計制度ないし財務報告規制の必要性に関する議論

### 公共の利益（公益）の概念

　第2節における「不」必要性の議論に続いて，本節では，企業情報の開示（ディスクロージャー）に関する公的な制度・規制が必要であるという反対側の立場からその論拠をみていくことにしましょう。**公共の利益**（**公益**，public interest），すなわちある特定の利害関係者の私的な利益ではなく，社会を構成する関係者すべてに関わる共通の利益という概念が議論の重要ポイントであり，公共の利益にかなうことが制度・規制の設定を正当化あるいは支持するカギとなってきます。以下，**市場の失敗**（market failure），および**社会目的**（social goals）との離齬の2つに分けて述べていきます。

### 市場の失敗❶─独占的供給

　**市場の失敗**を制度・規制の必要性の根拠とする議論は，3つの形態（タイプ）に分けられます。第1に，ある特定の会社の会計情報ということに関していえば，当該会社が唯一の供給者となることから，いわゆる**独占**（monopoly）の問題が出てくることになります。すなわち，会計情報の市場に独占が存在する場合，社会的に望ましい水準すなわち競争的な市場の場合と比べて，会計情報という「財」の生産量は過少となり，価格は過大となるのです。必要十分な制度・規制が設定されるならば，このとき，社会的に望ましい会計情報の生産（報告）量，および価格を達成できるかもしれません。また，(1)それぞれの利害関係者が個別に私的な契約を数多く締結するさいに発生する負担や資源の無駄遣いの節約や，(2)外部の利害関係者が必要とする情報の多くが内部管理目的のための会計システムを通じて事前に作成済みであるならば，追加的に会社が負担する制度・規制対応のための費用・負担（コスト）は比較的に低くなる可能性があることは，ここでの議論をいっそう魅力のあるものとしているかもしれません。ただし，(2)については，

傍点を付加して強調しているように,「〜であれば」,「〜可能性がある」という仮定が置かれたうえでの議論であることには注意が必要です。仮定に反し,ある会計情報が内部管理には用いられておらず,よって新規に作成しなければならないなどの理由により,追加的な会計情報の作成・公表コストが低くない場合,誰がそれを負担するのかという問題が生じることになります。制度・規制により情報開示(ディスクロージャー)が強制される場合,当該コストを会社が当初は負担,すなわち,会計上の費用として計上するのでしょうが,最終的には,現在または将来の会社の所有者(株主)や顧客・消費者が負担することになるでしょう。

## 市場の失敗❷—財務報告不正と監査の失敗

　市場の失敗の第2の形態(タイプ)として挙げられるのは,**財務報告不正**(financial reporting fraud),および**監査の失敗**(audit failure)の事例です。前述のように,資本市場における競争の圧力ないし市場による規律づけがうまく機能すれば,適切な質・量の会計情報の適時の提供が達成されるかもしれません。しかしながら,事業資金の獲得をめぐる競争が激しいがゆえに,少なくとも短期的には,外部の利害関係者を欺き自社の都合の良いように誤導しようと画策する経営者がいたとしても不思議ではありません。こうして実態を反映しない会計情報が作成され,公認会計士・監査法人がこれを看過してそのまま世に出てしまった場合,事情を知らない利害関係者は損害を被るかもしれません。また,繰り返し指摘すべき重要な事項ですが,こうした不測の損害のリスクが存在するならば,たとえば投資家は,自らの資産を守るため,高いリスクに見合う高い投資リターンを当初から要求するか,あるいは会社への投資行為自体を取りやめてしまうでしょう。いずれにしても,資本市場が本来の機能を適切に発揮しないという意味での**市場の失敗**が生じ,社会的な損失を生んでいるといえます。こうした財務報告不正と監査の失敗の事例は,現実世界においても定期的に,あるいは絶え間なく発生しています。このため,社会的に適切と考えられる会計情報と監査手続の質・量(の下限)を法的に強制し,違反に対して民事罰・刑事罰を関係当事者に科す制度・規制が必要であるという根拠となるのです。もっとも,ここでも,制度・規制の策定や執行などにかかるコストの発生とその負担先の問題,および社会的に最適な制度・規制の程度や水準の決定方法などの問題が新たに生じることになります。また,社会的に最適な会計情報の開示(ディスクロージャー)の制度・規制が設定しえたとしても,投資という行為に固有のリスクは現実には残ること,さらに

財務報告不正や監査の失敗が完全に消滅するわけではないことの 2 点には注意が必要でしょう。

## 市場の失敗❸―公共財

　市場の失敗の 3 つ目の形態（タイプ）として挙げられるのは，会計情報が**公共財**（public goods）としての性質を有することに起因する問題です。（純粋）公共財は，一般に，

❶**消費の非競合性**（**等量消費**），および

❷**消費の非排除性**，

の 2 つの性質を有する財・サービスをいいます。ここで❶**消費の非競合性**（non-rivalry）（または**等量消費**）とは，ある経済主体による財やサービスの消費・利用が他の経済主体による財やサービスの消費・利用を妨げることがなく，複数の経済主体が同じ量の消費・利用が可能であることをいいます。たとえば，国防・警察・消防といったサービスや，一般の道路，公園やテレビやラジオの電波などが挙げられるでしょう。また，❷**消費の非排除性**（non-excludability）とは，対価を支払わない経済主体による財・サービスの消費・利用を排除できない，あるいは排除するために多額の費用が発生することをいいます。先に挙げた例と重複しますが，高速道路など有料道路を除く一般の道路やテレビ・ラジオの電波の利用がこれに該当するでしょう。これに対し，対価を支払わなければ消費・利用できず，他の誰かが消費・利用しているならば，自身の消費・利用が制限される財・サービスは，（純粋）**私的財**（private goods）といいます。会計情報は，いったん公的に開示されてしまえば，経済主体間で自由に伝達し合い，誰もが同時にある会計情報を利用することが可能である点においては，非競合性と非排除性という公共財の性質を有するといえるかもしれません[3]。さて，（純粋）公共財については，**外部性**（externalities）の存在ゆえに，市場機構のみに任せてしまうと社会的に最適な量に比べて過少生産される，あるいは極端な場合にはまったく生産されないという問題があります。詳細は第 4 章に譲ることにして，そのメカニズムをここでは簡単にみていきましょう。すなわち，（純粋）公共財の性質から，それぞれの経済主体は無償でサービスを利用できることから，それを生産・提供する企業は，発生するコストを適切に負担させて回収することができません。また，たとえば，ある企業の情報開示がその事業機会や内部情報を伝達する場合，「他の」企業や利害関係者による当該情報の利用により，ある企業は**競争上の不利益**

（competitive disadvantage）を被るかもしれず，これも外部性の一例といえるでしょう。加えて，同様の理由から，会計情報の受け手側の個々の経済主体に財・サービスの真の限界評価額を表明させることは困難です。このため，（純粋）公共財の市場においては，財に対する真の選好を偽って表明・申告し，無償で消費しようとする経済主体，すなわち**フリー・ライダー**（free riders）が存在しうることから，当該（純粋）公共財は，競争的な市場で達成される最適な水準と比べて**過少**に生産されることになるのです。したがって，規制当局による法規制が公共の利益のためとして正当化あるいは支持される余地があります。とはいえ，法規制が最適な水準でなされ，その意味において成功するには，各経済主体の財・サービスの真の限界評価額，すなわち各人がある財・サービスに対してどの程度の負担をしてもよいと考えているかが判明しなければなりませんが，それを正確に把握することは非常に困難です。加えて，ここでも費用負担の問題，すなわち誰が費用を負担するのかという問題がつきまといます。（純粋）公共財の場合，財・サービスに対する真の選好を明らかにする誘因（インセンティブ）は各個別の経済主体の側にはありませんから，受益者負担の原則，すなわち限界評価額の高い者ほどより多くの費用を負担させるような考え方は適用できないのです。

## 社会目的との齟齬

　これまで，企業情報の開示に関する制度・規制の必要性の根拠として市場の失敗を掲げる議論について，3つの形態（タイプ），すなわち(1)**独占**の問題，(2)**財務報告不正と監査の失敗**，および(3)**公共財**の生産・供給の問題に分けてみてきました。最後にもう1つ，**社会目的との齟齬**を論拠とする議論に関して確認しておきましょう。すなわち，たとえ市場は適切に機能するとしても，その自由に任せておくと，社会が達成・維持したい目的や構成員が重視する規範，すなわちかくあるべしとする考え方と相容れない経済的影響をもたらす場合，制度・規制が必要となりうるのです。会計情報の開示（ディスクロージャー）の制度・規制についていえば，❶資本市場における**公平性**（fairness）の達成・維持は社会目的の1つでしょう。このため，もしも財力や権力をもつ一部の利害関係者のみが特定の会計情報に優先的にアクセスして利用し，他の利害関係者が損害を被ることがあるならば，それは不公平（unfair）であるとみなし，選択的開示（selective disclosure）やインサイダー取引（insider trading）を違法とするような規制が正当化されるでしょう[4]。さらに，❷異なる会社間の会計情報の**比較可能性**（comparability）

の確保も，重要な社会目的です。すなわち，提供された会計情報に関して，認識，測定，集計や表示など作成プロセスに会社間で重大な差異があり，かつ調整が困難である場合，異なる会社相互間の会計情報の比較可能性が，ひいては情報自体の有用性が脅かされることになります。このとき，比較可能性を確保するような規制当局の介入が正当化されうる余地があるのです。

# 4　制度化や法規制のプロセスにまつわる問題

## 最適な水準の制度・規制という「結果」の難しさ

　第2節と第3節では，企業会計制度ないし財務報告制度が必要であるか否かに関してさまざまな議論をみてきました。理解を容易にすべく，それぞれは意図的に極端な説明になっており，もとよりどれか1つの根拠が制度・規制の必要性の判定にとって決定的というわけではありません。また，会計情報の開示（ディスクロージャー）に関する制度・規制の費用および便益は，明確にはわかっていませんし，正確な測定が非常に困難であるという事実があります。たとえば，制度・規制によりある会計情報が無償で入手できるならば，受け手となる会社の利害関係者は，自身と社会が享受する便益を過剰に主張するか，あるいは単に無償だからという理由で質・量ともにより拡充された会計情報を要求するかもしれません。利害関係者によって会計情報に対する選好が異なることも当然に予想され，処理・解釈能力の比較的低い一般の投資家に比べて，専門のトレーダーやアナリストが求める情報は，より詳細かつ膨大なものとなりそうです。これに対して，送り手側の会社は，会計情報の作成・公表に伴う直接的な費用や，公表後の利害関係者の情報利用によって発生する間接的なマイナスの影響[5]などのコストを主張することがあるでしょう。このとき，規制当局が受け手側の利害関係者の主張のみを受け容れて過剰な制度・規制を設定すると，社会的に適切な水準よりも会計情報は過大に供給され，資源の無駄遣いが生じることになります。現実世界においても，たとえば，比較的小規模な非公開会社に対して大企業と同様の会計情報の開示を強制することについては，必要性と負担の適切性に関して同様の議論があり，第2章でもみたように中小企業向けの情報開示の制度や会計処理の基準が策定されてきています。反対に，企業すなわち会計情報の送り手側の言い分に対して規制当局が過度に同調するようだと，制度・規制が社会的に最適な水準よりも過少なものとなってしまい，あるいは市場の失敗や社会目的との乖離といっ

た問題を現出させるのです。

　もっとも，企業会計制度ないし財務報告規制の費用・便益が正確にはわかっていないことから，完璧な，すなわち社会的に最適な水準で設定がなされることは期待できません。したがって，必ずといってよいほど，過剰なあるいは過少な法規制のどちらかに現実は偏るものと考えられます。さらに，ここでもやはり，制度・規制の設定と実施に伴う費用・負担（コスト）の発生は，誰がどれだけ負担するかという問題も生じさせることになります。

## 正しい過程（プロセス）の必要性

　これまでの議論から，財務会計制度ないし財務報告規制の設定という作業は，解答が困難な諸問題を伴うという意味で一筋縄ではいかない大事業であることが，理解できたでしょうか。このため，一意の正しい解答を理論的には導けないこうした問題への現実的な対処法としては，経済効率的であり，偏向や不公平がないなどの特性を有し，異なる立場でありよって異なる選好をもつ多くの利害関係者が受容できる，あるいは社会に対して正当化できるような制度・規制の設定の過程（プロセス）を開発・維持することであるとも指摘されます。すなわち，正しい結果が達成不能ならば，せめて**正しい過程**（プロセス）を通じてある結果を実現しようとするのだと考えると理解しやすいでしょう。

　もっとも，正しい過程（プロセス）という表現も曖昧模糊としています。さらに，前述のとおり，制度・規制によるネットの公共の利益が定義・把握できない，公共の利益を最大化する規準がない，さらに制度・規制が及ぼす経済的影響は利害関係者によって相違し，よって所得や富の創出と再分配を伴うなどの諸事情から，制度・規制の設定の過程（プロセス）は，経済的であるだけでなく，政治的な様相を帯びることになります。ある制度・規制の設定にとって利害関係をもつ経済主体同士が共謀し，自らの集団の利益となるように，政治システムに対してさまざまな手段により働きかける，いわゆるロビー活動はその一例です。当該論点については，第12章でみることにしましょう。

## デュー・プロセス

　さて，正しい過程（プロセス）という場合，制度・規制の設定主体が外部利害関係者からの干渉を排し，自らの理念や信念にしたがい独立して作業を遂行すべきという考え方もあるでしょう。実際に，1960年代までは，そのようなある意味

では独裁的・独善的な方式を支持する会計専門家も存在したようです。しかしながら，制度・規制の影響を受ける関係者による受容・支持の度合いの低さ，あるいは反発などから，規制団体の存続が脅かされる事態が米国においては生じました。このため，現在では，**デュー・プロセス**（due process）という手続が採られています。第12章においてこれもまた取り扱うことになるデュー・プロセスのもとでは，制度・規制の影響を受ける利害関係者が設定過程（プロセス）に関与し，自らの意見や考えを表明する機会が与えられます。それにより，制度・規制の設定過程（プロセス）の正統性（legitimacy）が維持され，設定された制度・規制の影響を受ける利害関係者がそれを受け入れるようもっていくためのハードルが低くなると考えられるのです。ただし，デュー・プロセスのようないわば民主的な手続に依拠すると，問題が消散するわけではありません。第1に，利害関係者から可能な限りの合意を得るため，調査，説明，陳情応対と調整などに時間とコストを伴い，制度・規制の設定スピードは必然的に遅くなるでしょう。第2に，デュー・プロセスのもとでも，利害関係者（の集団）による政治的な介入は回避しえません。すべての利害関係者の設定過程（プロセス）に対する関与の機会が公的に保証されることから，むしろ，自らの（集団の）利益を高めるような政治的働きかけが増大する可能性すらあります。さらに，規制する側の機関・団体が軋轢の発生を避け，自己の存続を図るため規制される側の利害関係者（の集団）の利益をより重視するようになる，換言すれば規制の第1の受益者が規制される側になると，公益がないがしろにされ，あるいは利害関係者（の集団）間の公平性が害されることになります。これは，捕囚理論（capture theory，囚虜理論・剥奪理論）やライフサイクル理論（life-cycle theory）と言及される議論であり，かような弊害の発生を未然に防ぐには，規制機関・団体が独立性を保持し，公共の利益を第1の判断基準とする活動ができるような仕組みこそが必要であるかもしれません。

## 5　制度・規制の経済的影響と本章のまとめ

　本章では，財務会計制度ないし財務報告規制の必要性に関し，ウォークら（2016）などを参照しながら，主として経済学的な根拠に基づく議論をみてきました。本章の議論は，**図表3－2**のようにまとめることができます。最初に，2つの節（第2節と第3節）を用いて賛否両方の論拠を簡単にたどり，続いて，関

連する諸論点を取り扱いました。企業情報の開示（ディスクロージャー）をめぐる制度・規制の設定には，図表 3 - 2 の「関連する諸問題」の項目(1)にあるように，生起する費用（コスト）・便益（ベネフィット）の把握や測定が難しいこと，またいったん公表されると誰もが自由に利用できるという会計情報の公共財的な性質などの事由により，社会的に最適な程度・水準の達成は期待できません。さらに，制度・規制に対する選好は，異なる利害関係者間において異なるのはもちろん，外部からは同じ範疇に属すると思しき利害関係者内でも異なることがあります。たとえば，収益性の高さを公に示すため，会社は利益数値が高くなるような会計基準を「一般的に」好むといえるかもしれませんが，政治コストを低くするため敢えて会計数値を低めるような基準に賛同する会社も存在しうるのです。したがって，正しい結果の実現が保証されないのならば，せめて正しい過程（プロセス）を通じてある結果に到達しようとする意味合いもあり，現在の制度・規制の設定においては，デュー・プロセスが採用されるようになっています。しかしながら，上記の理由から政治的な様相を必然的に帯びる制度・規制の設定について，デュー・プロセスの利用によってすべての問題が解決するわけではもちろんありません。

### 『討議資料　財務会計の概念フレームワーク』の見解

　第 2 章で確認したように，制度会計すなわち法規制主導型の会計がわが国にも存在しています。本章ではこれまで，国家や地域・法域を限定しない一般的な議論を扱ってきましたが，わが国の会計基準設定機関である企業会計基準委員会（ASBJ）のワーキンググループによる『討議資料　財務会計の概念フレームワーク』（2006年12月）を最後に参照しておきましょう。なお，討議資料であって公式のフレームワーク（概念枠組み）ではないこと，また公表後すでに現在（2021年）まで十数年を経ていることには，注意が必要です。しかしながら，現代における財務会計制度ないし財務報告規制の必要性に関する本章の議論を締めくくる意味では，大いに参考になると考えられます。さて，討議資料では，投資家と経営者の間の「情報の非対称を緩和し，それが生み出す市場の機能障害を解決するため，経営者の私的情報の開示を促進する」（同 1 項，本文 2 頁）ことが企業情報開示（ディスクロージャー）制度の存在意義であり，財務報告の目的は，「投資家の意思決定に資するディスクロージャー制度の一環として，投資のポジション（≒従来の「財政状態」）とその成果を測定して開示すること」（同第 1 章，第 2 項）であ

るとしています。これらからは，対象とする利害関係者（の層）を限定していることが読み取れます。さらに，会計基準の役割としては，経営者による自発的な開示の誘因（インセンティブ）の存在（本章の不要論(1)），すなわち公的な規制の「不」必要性をある程度認識しつつも，虚偽情報の排除（本章の必要論(2)①）や情報の等質性の確保（本章の必要論(2)②）のための最低限のルールが必要であり，当事者間の交渉（契約）（本章の不要論(3)）に比べて社会的費用（コスト）が節減できることから，ディスクロージャー制度を支える社会規範として機能するために必要であるとしています（同第1章，第4項）。さらに，会計基準の有効な機能は，契約の標準化や画一化からの便益（ベネフィット）が費用（コスト）を上回る（便益＞費用）かどうかで判断されること，および便益（ベネフィット）と費用（コスト）は環境に応じて変化し，それによって会計基準のありかたも変化すると続いています（同第1章，第5項）。

**図表3－2 ■本章の議論のまとめ**

| | 不要論（第2節） | 必要論（第3節） |
|---|---|---|
| 制度・規制に対する立場 | (1) 資本市場における資金獲得競争の圧力<br>(2) エージェンシー・コストを低減したいという経営者側の誘因（インセンティブ）<br>(3) 私的な契約によって代替可能 | (1) 市場の失敗<br>　① 独占の問題<br>　② 財務報告不正と監査の失敗<br>　③ 会計情報の公共財的な性質<br>(2) 社会目的との乖離<br>　① 社会・市場における公平性<br>　② 比較可能性 |
| 考慮すべき事項<br>（第1節） | (1) 実際のところ，財務会計制度ないし財務報告規制は必要とされるのか<br>(2) いかなる制度・規制の類型（タイプ），および程度・水準が社会的に最適なのか | |
| 関連する諸問題<br>（第4節） | (1) 制度・規制からの費用（コスト），および便益（ベネフィット）が不明<br>(2) 制度・規制からの費用（コスト）は，いななる経済主体が最終的に負担するのか<br>(3) 制度・規制には，利害関係者に対する直接的・間接的な経済的影響が伴う<br>(4) 制度・規制の設定過程（プロセス）はどのようなものとすべきか | |

　図表3－2の「考慮すべき事項（第1節）に掲げられた諸論点，すなわち(1)財

務会計制度ないし財務報告規制の必要性，また(2)社会的に最適な制度・規制の類型（タイプ）および程度・水準に関しては，一意の正答はありません。とはいえ，何もかも市場や個人間の契約に任せ，制度・規制を完全に排するというのも，ナイーブに過ぎる考え方であるといえます。したがって，現実的な解決法としては，制度・規制による便益（ベネフィット）が費用（コスト）を少なくとも上回ることを確認し，公共の利益があるような類型（タイプ）と程度・水準の制度・規制を設定することになります。加えて，広範な経済的影響，特に負（マイナス）の経済的影響を被る利害関係者（の層）に対する配慮，特定の利害関係者（の団体）や規制当局自体が設定過程（プロセス）を政治的に支配するなどの弊害が出ていないかの監視，さらには社会・経済環境の変化への適応度合いの定期的な確認などが必要になってくるでしょう。

 ## 確認クイズ（考えてみよう／調べてみよう）

1．財務会計制度ないし財務報告規制の設定が非常に困難なタスクである理由を説明してください。
2．制度・規制が「不」必要であるとする議論の根拠を挙げてください。
3．制度・規制が必要であるとする議論の根拠を挙げてください。
4．財務会計制度ないし財務報告規制の費用（コスト）と便益（ベネフィット）はどのようなものであり，現行の制度・規制のもとではどのような経済主体がそれを費用（コスト）を負担する，あるいは便益（ベネフィット）を享受するといえるかにつき，さまざまに分類しながら説明してください。
5．デュー・プロセスとはどのようなものですか。また，制度・規制の設定における優位性を説明してください。

### ■注

1　1929年10月24日と29日，のちにそれぞれ「暗黒の木曜日（Black Thursday）」，「悲劇の火曜日（Tragedy Tuesday）」とよばれる株価の大暴落がニューヨーク証券取引所で起こりました。当時のルーズベルト（F. D. Roosevelt）米国大統領は不況から脱するべく，諸政策を立案・実施していきますが，その1つが会計制度・規制に関わる改革でした。証券取引所で株式を公開している会社に対しては，適切な財務報告を要求したり，インサイダー取引や株価操縦を禁止したりするようなルールが，証券法（Securities Act of 1933）および証券取引法（Securities Exchange Act of 1934）として制定されたほか，指導・監督の役割を担う機関として証券取引委員会（SEC, U. S. Securities and Exchange Commission）が新設されました。
2　このほか，市場に由来する圧力や資本市場による規律づけとしては，テイクオーバー（take-over）が挙げられるでしょう。テイクオーバーとは，経営権の乗っ取りや引継ぎのことです。

現行の経営陣が情報の提供を適切にしないという，ある意味では非効率的な行動をとっていると，当該企業の株価は，その経営実態と比較して割安になりやすいでしょう。このとき，自分ならば企業の価値をより高められると考える者がいて，当該企業の経営権を買い取ったらどうなるでしょうか。現行の経営陣は，経営者としての地位を追われることになります。こうした理由づけは，情報開示に関わる行動というよりもむしろ，購買や販売，労務管理などの具体的な，あるいは実体的な経営活動にこそあてはまるかもしれませんが，会計情報の開示（ディスクロージャー）についても考慮すべきであろうと考えられます。

3　しかしながら，同じ会計情報であるといっても，早期に入手すればするほど投資意思決定にあたって有用であるとすれば，ある経済主体の消費・利用，すなわち知っているという事実が他の経済主体の消費・利用（からの効用）を低下させうるかもしれません（Leftwich 1980, 199）。また，情報開示が紙の媒体でなされるにせよ，インターネットを通じて電子的になされるにせよ，たとえば有料でなされるニュース記事や衛星放送の配信のように，情報（コンテンツ）の作成を担う会社が料金を設定し，支払いに同意する経済主体のみに公表されるというシステムが考えられないわけではありません。その意味において，会計情報は，公共財の性質とともに，私的財としての性質をも有しているといえるのです。このため，会計情報の経済的な性質や属性に関する議論も別に必要となりそうです。

4　しかし，ビーバー（Beaver 1998, 邦訳237-238頁）は，証券アナリストなど読解・分析の専門家からの情報を入手することは，品質の高い製品を購入することと同義であるとし，たとえば自動車の購入においては，消費者ごとに品質の異なる製品を品質に応じた価格で買うことは不公平と通常はみなされないと続けています。高品質な車は高価で当然ということです。このとき，選択的開示は，公平性の問題というよりもむしろ効率性の問題，すなわち皆が同じ情報を私的に重複して探索することからくる資源の無駄の問題であるかもしれません。

5　たとえば，ある企業の個別の製品・サービスごとの会計利益が「仮に」公表され，特定の製品・サービスの収益性が特に高いという事実が明らかになれば，他企業の新規参入とそれによる市場内の競争激化によって既存企業の収益性が低下するという負（マイナス）の影響があるかもしれません。

## 第3章補論　経済学（的思考）とは何か

　第3章では，副題に「経済学的検討」と銘打ち，本書の核となる議論を始めました。その冒頭の《**目的**》の1つともしたように，経済学的な考え方やアプローチ法に関して，いくらかのイメージをもっていただけたでしょうか。しかし，本文の記述のみでは不十分でしょうし，筆者が講義や演習などで「経済学（的思考）とは何か」を問いかけても，明確な解答を得るのは容易ではないという事実があります。さらに，「○○○の経済学」と題する書籍や雑誌記事は巷間でよく目にしますが，「経済学」部分には言及がなかったり，暗黙裡の前提が置かれていたりと，「経済学（的思考）」をどのように書き手が捉えているのかが判然としない場合もあります。このため，**補論**を設け，他の学問・学科（discipline）と峻別される「経済学（的思考）」の特徴に関して取り扱うことにしました。これにより，「経済学（的思考）」とは何かについてより明確にイメージをもち，なじんでいただければと考えます。

### 経済学（的思考）の定義の難しさ

　大見得を切ったものの，「経済学（的思考）とは何か」に関して「これがそうだ」と過不足なく簡単に説明するのは，非常に困難な作業です。というのも，こうした課題に対する国内外の膨大な数の解答・回答に触れるにつれ，論者によってそれはさまざまであり，まさに「経済学者が10人集まれば11通りの答えが出てくるといわれるほど千差万別」（松井 2020）な状況といえるからです。したがって，ここでは，ラジア（Lazear 2000）の「経済（学）の帝国主義（economic imperialism）」という論考を参照しながら，「経済学（的思考）」の3つの特徴をみることにしましょう。ラジア（Lazear 2000）は，題目の通りに，導出された仮説を強固な統計的技法により検証する真の（社会）科学としての経済学という学問・学科の特長ゆえに，会計学も含む他の学問分野へと適用範囲（領土・領域）を拡張してきたと主張します。また，「経済学（的思考）の特徴」，すなわち経済学が強調する要素は，(1)最大化を図る合理的な個人と企業，(2)均衡の重要性に対する執着，および(3)効率性に焦点を当てることの3つであるとします（**図表3－3**）。

**図表3－3▧経済学（的思考）の特徴**
(1) 最大化を図る合理的な個人と企業
(2) 均衡の重要性に対する執着
(3) 効率性に焦点を当てること

（出典）Lazear（2000）

## 最大化を図る合理的な個人と企業

　第1に，(1)最大化（maximizing）を図る個人や企業という特徴は，効用（utility）や利益（profit）について最大化しようと行動する個人や企業という経済主体の存在が経済学の議論の始点であったり，あるいは根本的な構成要素となっていたりすることをいいます（Ibid. 100）。たとえば，実証分析では，最大化行動をする個々の経済主体というモデルが実際に機能するか否かが検証され，検証結果が予測から逸脱する場合には，経済主体の合理性に関する仮定を緩めたり，理論の改訂につなげたりするのですが，何かを最大化しようとする経済主体という仮定が除外されることはほとんどないとされます（Ibid. 100）。

　ラジア（Lazear 2000, 100）は，さらに，不完全情報（imperfect information）や取引コスト（transaction costs）などのように，個々の経済主体の円滑な判断・意思決定を妨げるもとになりうる諸要因がモデルに組み込まれたとしても，統制（コントロール）の及ばない諸力（forces）が決定を強制するようにはモデル化されないとし，社会学者による議論[1]とは対照的であると述べます。

　最大化という視点はまた，別の新たな状況にある個々の経済主体の行動の予測をしたり，資本と労働の間の会社の資源配分や労働と余暇の間の個人の時間配分など，両方とも同時には増加させられないトレードオフ関係のある選択を考察したりすることにも資することになります（Ibid. 100-101）。

## 均衡の重要性に対する執着

　第2に，ラジア（Lazear 2000, 101）は，(2)均衡（equilibrium）の重要性に対する執着は，物理科学（physical sciences）と同様に経済学の中心概念であるとし，経済学理論は何らかの均衡概念と首尾一貫するように行動を記述しなければならないとします。経済学においては，複数のエージェントの行動をモデル化することがありますが，エージェント間の相互作用の結果として何が起こりうるかを調べるため，個々の行為者の行動は集計されることになります。たとえば，ある財や用益（サービス）の需要と供給の集計から，市場における経済的帰結，すなわち

均衡の予測が導かれるなどです。このとき，個々の経済主体の行動自体も関心事となりますが，他の社会科学と一線を画す経済学独自の特徴といえば，均衡に対する関心であるといえるのです。Lazear（2000, 101）は，以下のように議論を結んでいます。

　確かに，他の社会科学は拡散・フィードバックの効果（spillover and feedback effects）を議論するものの，社会科学者のなかでも，経済学者だけが分析の一環として物理科学の様式による均衡を力説する。

## 効率性に焦点を当てること

　第3かつ最後に，⑶効率性（efficiency）に焦点を当てることに関し，Lazear（2000, 102）は，効率性が重要であるという概念によって経済学は駆り立てられ，均衡の考え方と合わせて，特定の分析を行うように経済学者らを押しやるものであるとします。すなわち，構築されたモデルの均衡が非効率的なものであると判明すれば，どのような理由によるのかが分析され，そうした非効率的な状況を打開するための解決策が考案されることになります。こうした意味において，Lazear（2000, 102）は，効率性に焦点を当てることは，部分的な解答（partial answers）や半端な真実（half-truths）では満足しない経済学の特徴となっていると述べるのです。経済学において分析モデルを構築し，均衡や効率性を考える場合，複雑な現実世界の事象から必要な諸要素のみを取り上げて単純化・抽象化がなされるのが一般的なアプローチ法です。かような抽象化は，実際の問題に存在する特徴の機微を捉えるには，視点の狭小化ゆえに不向きといえるかもしれませんが，問題の本質的な部分を切り取ることにより，厳格かつ具体的な理路整然とした解答を提供するうえでは経済学（的思考）の優位性となっているのです（Ibid. 103）。

## 経済学（的思考）の適用の拡がり

　ここまで，人間の行動の分析・理解のための経済学という学問の「文法」[2]の特徴を挙げる（文献の1つである）ラジア（Lazear 2000）稿のまとめをしてきました。ラジア（Lazear 2000）ではさらに，経済学者やその他の社会科学者は，関心をもつ領域にかかわる問いを取り扱うべく，経済学（的思考）の適用範囲を拡張してきたと述べます。本書の関心事である会計（学）もかような流れに乗り，1960年代終わりから経済学（的思考）を適用するようになってきたといえるで

しょう（Ibid. 124-126）[3]。

■注

1　社会学者は，制約（constraints）のあるもとでの最適化からもたらされる行動よりも，制約を理解することが重要であると議論するとしています（Ibid. 100）。

2　「文法」という表現は，伊藤（2012，第1章）にあります。もっとも，伊藤先生も，猪木武徳先生のインタビューを参照されたと明記されています。

3　経済学と会計学の関係については，山本（2006，第3章）を参照されるとよいでしょう。そこでは，会計基準はどうあるべきかという規範的な研究に代えて，あるいはそれに加えて，投資家や経営者の行動に及ぼす会計基準の影響を実証的に分析するような会計学の「経済学化」が1980年代以降に起こったとしています（同書51頁）。
　　なお，山本（2006）においては，高寺（1988）が参照され，学問の専門分野は一般に，「-ing」，「-y」および「-ics」という生成時の英語名の接尾語により3つの学系に分類できるとしています。それによれば，会計学（accounting）のように「-ing」で終わるイング学系―他に，engineering, information processing, marketing など―は，もとは術学・実学として始まったとされるのに対し，経済学（economics）のように「-ics」で終わるイクス学系―他に，statistics, bionics, electronics など―は，認識論的（人間中心主義的・一神教的）世界観にしたがい，対象を構成要素や運動に分解し，分析を通して対象全体の性質や機構を究明しようとするものとしています（高寺1988，102頁）。かような考察によれば，会計学と経済学とは，起源を異にするものといえます。ところで，3つの学系のうち「-y」で終わる残るイー学系―たとえば，natural history, geometry, sociology など―については，存在論的（自然中心主義的・多神論的）世界観にしたがい，存在するものをあるがままにとらえるものとされます（高寺1988，101頁）。

# 「市場の失敗」がもたらす会計情報の過少供給

## 第 4 章

## ■本章の目的■

制度・規制の必要性の論拠として挙げた「市場の失敗」については，第３章では，ことば主体という意味において曖昧な説明にとどまっているきらいがありました。本章では，第３章でみた「市場の失敗」の２つの形態，すなわち(1)生産者側の独占，および(2)公共財の供給の問題２つに関し，図表や数式も用いてみます。

しかしながら，標準的なミクロ経済学の教科書において相当の紙幅を割いてなされる説明を詳細に実施することは，本書の性格からして現実的ではありません。このため，より厳密な議論を望む読者のかたには，中級・上級レベルのミクロ経済学の教科書をさらに手にとるようお願いし，本章では，第３章の内容を拡充することにより，「市場の失敗」の問題点を直観的に理解してもらえるよう努めます。

本章の目的は，生産者側が独占の状態にある場合や取引されるのが公共財である場合は，市場に任せておいても社会的に最適な資源配分が達成されず，よって政府・規制当局による介入が正当化される余地があることを説明することにあります。

## 1　財の需要と供給，均衡，および余剰

### 完全競争市場—議論のベンチマーク

以降の議論のベンチマークとするべく，以下の４つの仮定を充足する，理想的な経済環境をまずは考えましょう。すなわち，

(1)　ある１つの市場（しじょう）に的をしぼり，

(2)　当該市場内の財・サービス（以下，両者をまとめて財と言及[1]）はすべて同一でありかつ同じ価格で取引され，

(3)　すべての関係者が同一の情報を有し，さらに，

(4)　市場内には買い手と売り手が数多く存在する，

という仮定です。これら仮定は，非現実的なものですが，その一部ないし全部が充たされないとしても，現実世界の市場の働きの一端を理解するためには有用であると考えられます。さらに，仮定の一部を変更した場合の影響に関して第２節

と第3節で検討するさいのベンチマークともなります。

## 財の需要の決定

　最初に，特定の財に対するある経済主体の選好を考え，価格以外の影響要因を一定とし，**価格**が変動する場合に財をどのくらいの数量を購入したいと望むのか，すなわち**需要量**をそれぞれ縦軸・横軸に示したグラフを**図表4－1A**のように描きます。図表4－1Aのグラフは**需要曲線**（demand curve）とよばれ，通常の財については，価格が高くなるほど購入したいと望む数量が減少し，価格があまりにも高くなると購入を完全に控えるようになると考えられるため，需要曲線は右下がりの関係となります。なお，このときの上限の価格は，需要消滅価格（demand choke price）ともよばれます。もっとも，価格・数量ともに，1円単位であったり，個数単位であったりして，すなわち本来は連続型ではなく，離散型の需要であるかもしれません。また，需要「曲線」といいつつも，ここでは直線的に作図しています。このことに関しては，図の見やすさと作りやすさを考えた単純化がなされていることを断っておきます。

　図表4－1Aからは，経済主体Aは，価格が $p_1$ のとき，数量 $q_1$ だけの財を消費することが読み取れます。なお，通常の関数のグラフの作図とは異なり，縦軸の価格に対応して横軸の数量が決まるという関係になっていることに注意してください。社会ないし市場全体の需要量は，すべての経済主体の需要曲線を足し合わせると知ることができます。すなわち，**図表4－1B**が経済主体Bの需要曲線であって，社会・市場にはA・B両者しか存在しないとすれば，社会・市場全体の需要曲線は**図表4－1C**のように描かれます。価格が $p_1$ のとき，社会・市場全体の需要量がA・B両者の需要量の合計 $q_1 + q_2$ になっていることを図表4－

### 図表4－1■個人および社会・市場の需要曲線

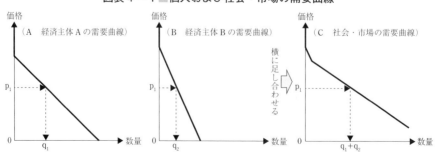

１Ａから図表４－１Ｃによって確認してください。

## 財の供給の決定

次に，ある財の個別の生産者について考え，供給に影響を及ぼす要因のうち，価格以外をすべて一定として，**価格**が変動する場合に当該財・サービスをどのくらいの数量を生産したいと望むのか，すなわち**供給量**がどのように変化するかを縦軸・横軸に示したグラフを**図表４－２Ｘ**のように描きます。図表４－２Ｘのグラフは**供給曲線**（supply curve）とよばれ，通常の財については，価格が高くなるほどある経済主体が生産したいと望む，あるいは費用負担に見合った生産が可能な数量が増加し，価格があまりにも低いと生産を完全に止めるようになると考えられますから，供給曲線は今度は右上がりの関係となります。なお，このときの下限の価格を供給消滅価格（supply choke price）といいます。

図表４－２Ｘからは，経済主体Ｘは，価格が $p_1$ のとき，$q_X$ だけの財を供給することが読み取れます。なお，供給曲線を横軸からみると，その高さは，生産者にとっての経済的な費用ないし機会費用，すなわち販売するさいに失う金額であり，この価格以上なら販売するという閾値（いきち）となっています。あるいは，ここでの機会費用は，会計学的にいえば，生産コストのうち販売数量に応じて比例的に増減する変動費用の部分といったほうがわかりやすいかもしれません。このため，供給曲線の傾きは，生産量を１単位増加させたときの生産コストの変化分，すなわち限界費用率となります。社会あるいは市場全体の供給量は，すべての経済主体の供給曲線を足し合わせると知ることができます。すなわち，**図表４－２Ｙ**が経済主体Ｙの供給曲線であるとし，さらに先にみた４つの仮定のうちの(4)と首尾一貫しないものの，社会・市場にＸ・Ｙの２社のみ存在するならば，社会・市場

### 図表４－２ ■個人および社会・市場の供給曲線

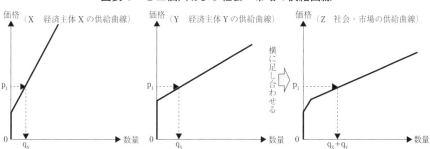

全体の供給曲線は**図表4－2Z**のように描かれます。価格が $p_1$ のとき，社会・市場全体の供給量がX・Y両社の供給量の合計である $q_X + q_Y$ となっていることが確認できるでしょう。

## 均衡取引量の決定

ここまで別々に考えていた需要曲線と供給曲線を重ね合わせて作図したものが，**図表4－3**です。図表4－3からは，価格 $p_h$ では供給量 $q_{sh}$ が需要量 $q_{dh}$ よりも多い超過供給の状態となっているのに対し，価格 $p_l$ では供給量 $q_{sl}$ が需要量 $q_{dl}$ よりも多く超過需要が生じていることがわかります。需要曲線と供給曲線が交差する点が市場均衡（点）(market equilibrium) とよばれ，このときの均衡価格（equilibrium price）$p^*$ では，供給量が需要量と等しい均衡取引量 $q^*$ となります。

超過供給（図表4－3では，$q_{sh} - q_{dh}$）がある場合，価格を引き下げるような市場からの圧力がかかり，供給が減り，需要が増えることで，超過供給が減少し，反対に，超過需要（図表4－3では，$q_{dl} - q_{sl}$）がある場合，価格を引き上げるような市場の圧力があり，需要が減り，供給が増えることで，超過需要が減少するとすれば，需給につりあいのとれた状態という意味での市場均衡（点）へと向かう調整がなされる市場メカニズムが存在することが，直観的に理解できるでしょう。

図表4－3 ■需要曲線と供給曲線，市場均衡

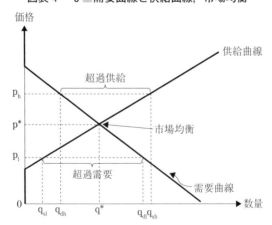

## 消費者余剰と生産者余剰

需要曲線の高さは，ある財・サービスに対して支払ってもよいと消費者が考え

る価格に相当することから，**図表4－4**の三角形CSの領域，すなわちグラフの需要曲線，均衡価格p\*から需要曲線と供給曲線の交点まで引いた横軸との平行線，および縦軸で囲われた領域は，消費者がお得だと考えて購入できる部分を指します。たとえば，ある消費者が10,000円までなら財を購入しようと考えていたところ，市場では5,000円の均衡価格で買えることが分かったという状況です。このように，ある財について消費者が払ってもよいと考える金額と，実際に当該消費者が払わなくてはならない価格との差額は，消費者余剰（consumer surplus）とよばれ，図表4－4の領域CSは，市場における消費者余剰の合計ということになります。

**図表4－4 ▓消費者余剰と生産者余剰**

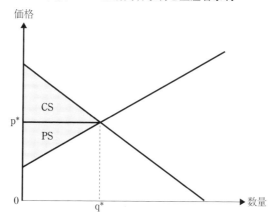

また，生産者も，消費者と同じく，市場取引から余剰を獲得します。このとき，生産者余剰（producer surplus）は，ある財について生産者がそれを販売してもよい金額と実際に支払いを受ける金額との差となります。たとえば，2,000円以上であれば売りたいと会社が考えている財につき，市場において6,000円の価格で売ることができれば，差額の4,000円が生産者にとっての余剰になるのです。このため，図表4－4では，市場における生産者余剰の合計は，グラフの供給曲線，均衡価格p\*から需要曲線と供給曲線の交点まで引いた横軸との平行線，および縦軸で囲われた三角形の領域PSとなります。なお，上記の消費者と生産者それぞれに関する議論から，消費者分および生産者分を合わせた社会全体の余剰は，消費者余剰CSおよび生産者余剰PSを合わせた三角形の領域CS＋PSとなります。

## 数量割当規制の影響

図表4－5を用いて，政府当局による規制の方式の1つである数量割当（quota）を取り上げ，社会的影響をみていくことにしましょう。数量割当のもとでは，生産者は，一定量の財を供給することを強制されます。ここで，なんらかの理由で政府がある財の供給量を $q_{dh}$ に制限するような規制を導入したとしましょう。こうした数量割当により，供給曲線は図表4－5のa点で屈折して供給量 $q_{dh}$ のところで横軸と垂直となり，結果的に $S_1$（直線 $aS_1$）から $S_2$（直線 $aS_2$）へとシフトします。需要曲線と供給曲線の交点は，これに伴い，b点からc点になり，価格は $p^*$ から $p_h$ へと上昇します。このとき，消費者余剰は領域A＋B＋Eから領域Aに減少します。また，生産者余剰は領域C＋D＋Fから領域B＋C＋Dとなり，消費者から移転された領域B分の余剰は増えるものの，領域F分の余剰は減少しています。さらに，消費者と生産者の双方を合わせた社会全体の余剰は，領域A＋B＋C＋D＋E＋Fから，領域A＋B＋C＋Dへと減少していることも確認できます。当該減少分の領域E＋Fは，死荷重（dead weight loss）とよばれ，ここでの数量割当という規制の非効率性の大きさを指しています。すなわち，本節冒頭でみた4つの仮定の充足される環境における一般的な財に関していえば，政府当局による数量割当という市場への介入は，財の価格を引き上げ，消費者から生産者へと余剰を移転させるとともに，死荷重という社会的な非効率性を発生させることになるのです。したがって，かような状況における数量割当という規制に関しては，慎重にならざるをえません。

図表4－5 ■数量割当規制と余剰の変化

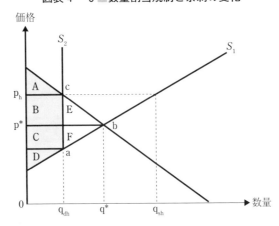

## 数量（下限）規制の影響

なお，数量割当という「上限」に対する規制とは逆に，市場に供給される財の数量に「下限」を設ける規制も考えられないわけではありません。もっとも，このとき一般的には，教育サービスの領域における国公立校の新設のように，政府・中央行政機関が自ら生産・供給することになるかもしれません。ここでは，現実的ではありませんが，恐らくはそうした行動を渋る生産者に対し，一定の数量 $q_{sh}$ の市場への提供を公的に強制することにしたとしましょう。かような規制のイメージとしては，非常に人気のある財があるとして，市場機構に任せて価格を上げることなく，なるべく多くの国民に当該財を提供したいという状況です。このとき，**図表4－6**にみられるように，当初 $S_1$ である供給曲線は a 点で屈折し，そこからは横軸に対して垂直な $S_2$ となります。また，需要曲線と供給曲線の交点は b 点から c 点へと変化し，価格は $p_l$ へと低下します。これに伴って，消費者余剰は当初の領域Aから領域A＋B＋Dへと増大しますが，生産者余剰は領域B＋Cから領域C－D－Eへと減少し，消費者・生産者を合わせた市場全体の余剰は，A＋B＋C－E（＝A＋B＋D＋C－D－E）へと変化します。当初の市場全体の余剰は，領域A＋B＋Cでしたから，領域E分の死荷重が発生していることがわかります。すなわち，本節冒頭の4つの仮定が充足される環境における一般的な財に関していえば，生産者側に均衡量を超える一定量の供給を行わせるような規制は，財の価格を引き下げ，生産者から消費者へと余剰を移転させるとともに，死荷重を発生させることになるのです。すなわち，経済的には，当該規制の導入

**図表4－6 ■数量（下限）規制と余剰**

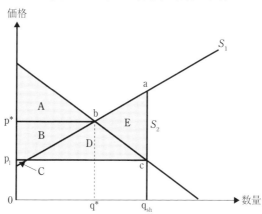

についてもまた慎重でなくてはならないようです。

　以上，本節では，以降の議論の土台とすべく，冒頭に述べた4仮定が充足される理想的な環境における市場の働きをみてきました。現在のところ，会社の公表する会計情報自体が「市場」において一般に取引されているという事実は，ありません。しかしながら，会計情報は，会社が作成・公表する財の1つ（情報財）であるとはいえます。よって，需要・供給とその均衡さらに関係者の余剰を定義し，かつ政府当局による規制の影響の一端も説明しました。

## 2　財の供給者に独占がある場合

　第3章第3節では，企業会計制度ないし財務報告規制の必要性の論拠として市場の失敗を挙げ，その類型（タイプ）の1つとして生産者ないし売り手，すなわち会計情報でいえば会社の側に独占がある場合を説明しました。そこでは，生産者側（会社）が独占の状態にある場合，換言すれば，売り手独占の場合，会計情報という「財」の生産量が社会的に望ましい程度・水準よりも過少になる可能性があることのみを指摘しました。本節では，第1節でみた議論の枠組みを用いながら，生産量が過少となるメカニズムを確認しましょう。

### 独占とは

　独占とは，特定の財の市場において，当該財の生産者が1社のみであり，かつ当該財にとって密接な代替財が存在しない場合をいいます。すなわち，第1節でみた理想的な環境の4条件のうち，第4の条件である「(4)市場内には買い手と売り手が数多く存在する」が充たされない場合になるでしょう。なお，代替財とは，財Aの価格が上がる（下がる）と財Bの需要が増える（減る，括弧同士は対応）というような，消費者にとって代用可能な，競合する財をいい，ある財が他の財と完全には代替できないことを製品差別化（product differentiation）といいます。一般的には，他社に模倣できない特殊の生産要素や生産技術がある場合や，他社製品への切り替えが容易ではない，いわゆるスイッチング・コスト（switching cost）が高い場合，あるいは政府から排他的な権利を付与されている場合などの理由があるとき，単一の会社が市場支配力（market power）をもち，他の競合企業の参入が制限されることから独占状態に陥るとされます。会計情報がこれに該当する

かどうかは，どちらかといえば「否定」寄りの議論があるところでしょうが，ある「特定の」会社の会計情報に限定すれば，「特定の」会社以外には作成・公表できない財とはいえるかもしれません。ここでは，第3章の議論と同様に，「もし独占の状態にあれば」という仮定に基づき話を進めていきましょう。

## 独占企業の特徴

　生産者側が独占の状態にある場合，生産者は，財を提供する価格を自由に決定できる点が，需給の一致から市場で決定した価格を市場参加者全員が単に受容していた第1節とは相違します。すなわち，**図表4－7**で示されているように，独占状態にある市場の生産者は，財の唯一の供給主体ですから，左端の図のように価格 $p_1$ で $q_1$ の数量を供給することもできますし，中央の図のようにさらに価格を下げて，たとえば価格 $p_2$ とすることでより多くの数量 $q_2$ を供給することを選択することもできます。両者を同時に考慮した右端の図からは，生産量を $q_1$ から $q_2$ に増やすと，需要曲線の点 a から点 b へと移動し，価格は $p_1$ から $p_2$ へと減少すること，総収入は当初の領域 A＋B から領域 B＋C へと変化することが読み取れます。生産量を増やしたことによる限界収入[2]は，新たな総収入 B＋C からもとの総収入 A＋B を差し引いたものとして，C－A（＝（B＋C）－（A＋B））となります。領域 C と領域 A の大きさいかんにより，生産量を増やしても，総収入が減るケースもありえます。このように，販売量および総収入に関しては消費者の行動に依存するのですが，価格を自由に選べることは，このあとみるように，総収入の金額，すなわち図表4－7において網かけされた領域（＝価格 × 数量＝p×q）を自由に選べるという意味で重要です。なお，非常に特徴的，よってよりいっそう非現実的な独占状態のケースとして，財に対する消費者の「個別の」選好を

図表4－7 ■需要曲線，価格の変化と需要・収入の変化

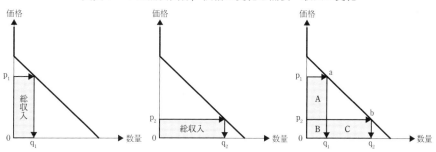

知りうることが考えうるかもしれません。たとえば，Aさんは1,000円，Bさんは500円，そしてCさんは2,000円を，自社の提供する財に対して支払ってくれるということがわかっているということです。このとき，消費者ごとに別々の価格を付けるような価格差別（price discrimination）によれば最高の利潤が獲得できますが，そうした生産者にとって究極的に有利な状況はここでは考えないものとします。

## 独占企業の生産量の決定

　生産者側が独占の状態にある場合，社会的にみてどのような問題が起こるのでしょう。ここでは，安藤（2021, 158-164頁）の設例を参照しながら，独占的な生産者の行動，および発生する問題すなわち社会的に最適な状況と比べた場合の経済厚生の低下の2つを簡単にみていきましょう。まずは，独占的な生産者の目的は，超過利潤を最大化することであると仮定します。超過利潤とは，総収入から機会費用を控除して計算されます。以下では，独占的な生産者が超過利潤を最大にするためには，限界収入と限界費用が一致するような財の生産量を選択すればよいことを最初に確認します。ここで，限界収入とは，財の生産量を1単位増やしたさいに変動する収入額をいい，さらに限界費用とは，財の生産量を1単位増やしたさいに増加する費用額をいいます。

　第1に，需要は，価格pと数量qに関する以下の式で表わされるとします。

$$q = 1 - p \quad （ただし，0 \leq p \leq 1のとき）$$
$$q = 0 \quad （p > 1のとき）$$

　このとき，需要曲線は，**図表4－8**の左図のように描かれ，さらに生産量に応じた総収入の変化は右図のように描かれます。総収入は価格×数量で示されることから，$pq = (1-q)q$ のように示すことができ，したがって，生産数量がゼロと1のときに総収入がゼロとなり，生産数量が1/2のときに最大の1/4となることがわかります。この図だけをみると，独占的な生産者は，総収入を最大化するように1/2という数量を選択すればよいと考えられるかもしれません。しかし，独占的な生産者は超過利潤を最大化すると仮定したように，超過利潤のもう1つの計算要素である機会費用ないし生産コストを考慮しなければなりません。

　したがって，当該財の機会費用ないし生産コストの額を次に考え，それは数量qのときにcqであるとします。すなわち，固定費用は存在せず，財の生産1単

**図表4－8 需要曲線および生産量に応じた総収入の変化**

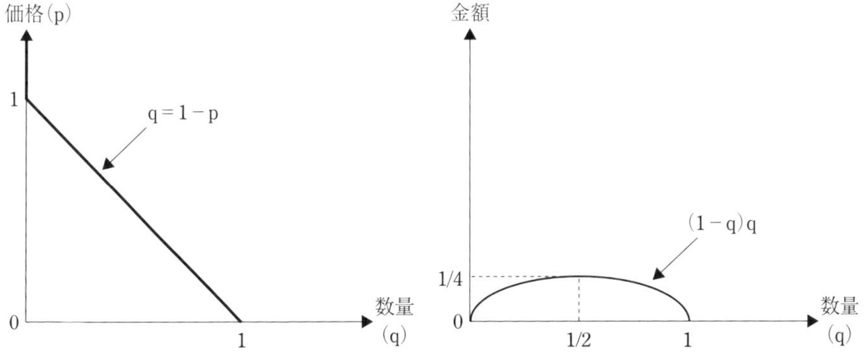


位に伴い増加する費用である限界費用の額はcであると仮定するのです。なお，固定費用が存在しないことから，この設例では，限界費用は変動費用と等しいことになります。このとき，生産量に応じた機会費用ないし生産コストの変化は，**図表4－9**のように示されます。

さて，財の独占的な生産者による超過利潤の最大化行動をみるため，図表4－8の右図と図表4－9を1つの図にして重ねてみることにします（**図表4－10**）。図表4－10の左図からは，生産量 $q_m$ のときの超過利潤は，総収入と機会費用ないし生産コストの差である矢印（↕）の幅 $l_m$ であることがわかります。また，中央の図からは，生産量を変化させることにより，超過利潤も変化することがわかります。たとえば，中央の図をみる限りでは，生産量 $q_l$ のときと比べて，生産量 $q_h$ のときには超過利潤が減少するようです。また，生産量が $q_z$ のときには総

**図表4－9 生産量に応じた機会費用ないし生産コストの変化**

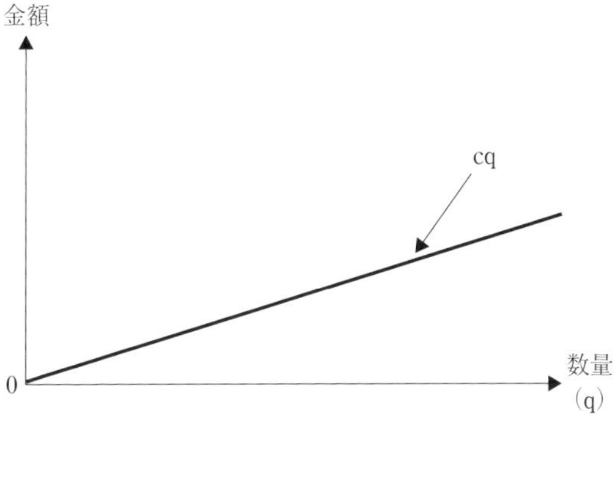

収入と限界費用ないし生産コストが一致し，よって超過利潤がゼロとなり，生産量が $q_z$ を超えると利潤はマイナスとなることもわかります。そうであるならば，どこかの段階において，生産者にとって超過利潤が最大になる生産量があると考えてよいはずです。

　図表4−10の右端の図は，この問題に対する解答を示したものであり，超過利潤を最大化する生産量 $q^*$ のところでは，総収入曲線のグラフ（＝ $(1-q)q$ ）の傾きと，機会費用ないし生産コストのグラフ（＝ $cq$ ）の傾き，すなわち限界費用 $c$ が一致することになります。すなわち，生産量 $q^*$ のときの総収入曲線のグラフの接線を点線のように描くと，機会費用ないし生産コストのグラフと平行になっており，よって総収入曲線のグラフの接線の傾きすなわち限界収入は，限界費用と一致することがわかります[3]。生産量 $q^*$ 以外の，たとえば生産量 $q_l$ や生産量 $q_h$ のところでももちろん，総収入曲線のグラフの接線は描けますし限界収入も計算できます。しかし，接線の傾きないし限界収入は限界費用とは一致しませんし，超過利潤は生産量 $q^*$ の場合よりも高くなることはありません。

### 図表4−10■独占的な生産者による利潤最大化行動

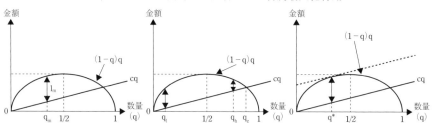

## 独占的な生産者の存在と社会的余剰

　以上，独占的な生産者による利潤最大化行動をみてきました。それでは，消費者と生産者それぞれの，さらに両者を合わせた社会全体の余剰をみておきましょう。図表4−11を見てください。需要曲線と限界費用曲線が太い直線で描かれています。固定費用はゼロであると先に仮定していることから，限界費用は $c$ で一定であり，横軸に対して平行な直線となっています。また，独占的な生産者は限界費用（＝ $c$ ）以上であれば財を市場に供給してもよいと考えるため，限界費用曲線は独占的な生産者にとっての供給曲線となることに注意してください。このとき，独占的な生産者が超過利潤を最大化する生産量 $q^*$ のとき，価格は $p^*$ とな

ること，消費者余剰は領域 A，また生産者余剰は領域 B（＝総収入－費用＝$p^* \times q^*$ $- c \times q^*$＝領域 $\{(B+D)-D\}$）となり，よって両者を合わせた社会全体の余剰は A ＋B の領域となります。

　しかしながら，これは社会的に最適といえる状態ではありません。なぜなら，図表 4 −11から読み取れるように，需要曲線と限界費用曲線が交わる点における供給量 $q_z$ のとき，消費者余剰および社会的余剰はともに領域 A＋B＋C と最大の面積となるからです。すなわち，独占的な生産者のいる場合と比べると領域 C の分だけ増えており（＝領域$(A+B+C)$－領域$(A+B)$），逆にいえば，独占的な生産者のいる市場では領域 C 分の死荷重が発生しているといえるのです。理由は明らかであり，社会全体の余剰を最大化する生産量 $q_z$ のとき，生産者余剰はゼロ（＝総収入－生産コスト＝領域$(D+E)$－領域$(D+E)$）となるのに対して，それよりも低い生産量を選択すれば正（プラス）の余剰を得られ，それは生産量 $p^*$ において最大（領域 B）になるためです。

図表 4 −11■独占的な生産者の利潤最大化と余剰

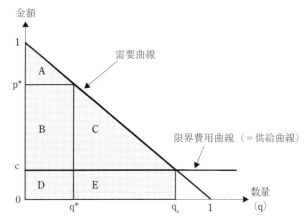

　以上，本節では，独占的な生産者の利潤最大化行動，および当該行動のもとでの市場の経済厚生をみてきました。その結果，ある財の生産・供給に関して独占という市場の失敗がある場合，社会的に最適な水準に比べて過少な財の生産・供給がなされる結果として死荷重が生じ，独占がない場合よりも社会全体の余剰が小さくなることがわかりました。このことから，第 3 章で財務会計制度や財務報告規制の必要性を考察したさい，会計情報という財の生産者すなわち会社側の独

占という「市場の失敗」の状況があるならば，政府・規制当局による介入行動が正当化される余地があるとしていたのです。

## 3 財が公共財である場合

### 公共財の需要曲線

　本節では，公共財の市場取引の経済的帰結，すなわち社会的に最適な量と比較した場合の財の過少供給のメカニズムをみていくことにしましょう。第3章第3節で説明したように，❶消費の非競合性（等量消費），および❷消費の非排除性を併有する財を（純粋）公共財といいます[4]。このとき，❶消費の非競合性（等量消費）という性質から，（純粋）公共財の市場全体の需要曲線ないし社会的な限界評価額は，**図表4－12**のように導かれます。すなわち，（純粋）公共財の場合，市場にいったん提供されるとすべての人が同じ量の消費が可能となるため，私的財の場合のように価格に応じて消費者が各人の限界評価額まで消費するのではありません。このため，図表4－12の左側と中央の図は，消費者1と消費者2の個別の需要曲線ですが，同じ数量 $q_1$ に対して各人がどのように財を異なって評価するのかを示しています。さらに，図表4－12の右端の図では，社会全体の（純粋）公共財の需要曲線は，個別の需要曲線を「縦」に足し合わせたものとして描いています。

　すなわち，❶消費の非競合性（等量消費）という特徴ゆえに，（純粋）公共財に関しては，社会全体の需要曲線は，個人の限界評価額ないし限界便益（marginal benefit）の「合計」となっているのです。個々の消費者の需要曲線を「横」に足し合わせて「私的財」の社会全体の需要曲線を示していた，図表4－1Cとの違

**図表4－12　公共財に関する個人および市場全体の需要曲線**

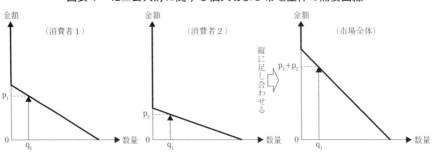

いを確認してみてください。

## 公共財の社会的に最適な供給量

　それでは，（純粋）公共財の社会的に最適な供給量を求めてみましょう。**図表 4 −13**からわかるように，社会的に最適な，言い換えれば社会全体の余剰を最大化するのは，需要曲線と供給曲線とが交わる e* 点となり，このときの（純粋）公共財の供給量は q*，また余剰は図の三角形 △abe* の領域となります。すなわち，❶消費の非競合性（等量消費）という性質を有する（純粋）公共財については，各個人の限界便益の「合計」と限界費用が等しくなるような生産量が社会的に最適なものとなるのです。

　しかしながら，第3章で述べたように，（純粋）公共財については，市場取引に任せておいては上記の状況を達成するのは困難です。なぜなら，他の経済主体が提供すれば誰もが自由に消費できることから，どの経済主体もただ乗りしたいと考え，結果的に供給されなくなってしまうというフリー・ライダー問題（free-rider problem）の発生を免れないからです。とはいえ，こうした状況を憂いて打破するべく，それぞれの経済主体が得られる便益に応じて負担し，社会的に最適な（純粋）公共財の供給量を達成しようとする試みがあったとしても，それは奏功しません。各経済主体にとっては，（純粋）公共財の供給から得られる便益を真実の値よりも低く偽って申告し，自らの経済的負担を低くしようとする誘因（インセンティブ）が働くからです。**図表4 −14**をみてください。図表4 −14では，

図表 4 −13■公共財の最適な供給量

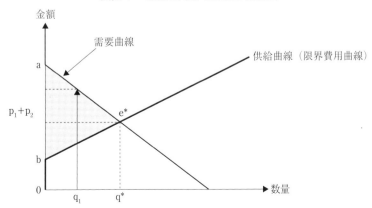

図表4－13でみた社会的な需要曲線を「真の」需要曲線（本音）として太い実線で示し，個々の消費者が自らの選好を偽って申告する需要の合計を「偽の」需要曲線（自己申告）として太い点線で示しています。（純粋）公共財に対する高い評価は，自らの負担の増大を招くことから，過少な申告が一般的になされ，よって同じ数量のもとでの需要曲線の高さすなわち価格や金額は，「偽の」需要曲線（自己申告）のほうが低いものとなっています。こうした「偽の」需要曲線（自己申告）のもとでは，市場の均衡はc点であり，社会全体の余剰は領域A（三角形abc）となります。すなわち，結果的に，領域B（三角形ace*）分の死荷重が発生しているのです。かような状況では，市場における自由な取引に任せても財の適切な供給はなされないことが理解できます。したがって，（純粋）公共財については，政府・規制当局による介入が正当化される余地があるといえます。

図表4－14■公共財の過少供給

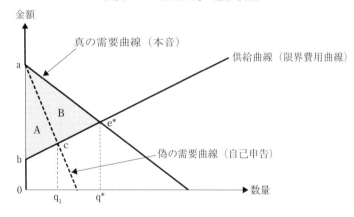

第3章でも指摘したように，会計情報が（純粋）公共財といえるかどうかは慎重に，かつ批判的に議論されるべき論点です。しかし，類似した特徴を有すると考えられるならば，財務会計制度ないし財務報告規制の必要性を支持する論拠の1つとなりうるのです。

## 4　本章のまとめ

　本章は，会計情報という情報財の市場に「市場の失敗」があるならば，作成と公表を強制する制度・規制の必要性が示唆されるとした，第3章の議論を補足す

べく設けられました。すなわち，第 3 章第 3 節では，会計情報の供給者側に独占があったり，会計情報が公共財の性質を備えていたりする場合，各経済主体による資本市場での自由な取引活動は，社会的に最適な水準を下回る情報の生産・供給を導くと述べ，よって公共の利益にかなう規制当局の介入が正当化される余地があるとしました。

しかし，第 3 章のことばによる解説には曖昧さを伴うことから，本章では，図表や数式を用い，供給者側の独占や公共財の供給に起因する「市場の失敗」の問題に関して，より詳しく経済学的にみようとしました。かような目的達成のため，第 1 節では，諸条件が充足され理想的ともいえる市場における財の需要，供給および均衡に関して説明しました。その後，市場取引の経済的帰結の社会的な効率性の指標として，消費者余剰，生産者余剰および社会全体の余剰という考え方を紹介しました。これらは，以降の 2 つの節の議論の土台となるものでした。

第 2 節は，ある財を提供する経済主体が単一である独占の状態にある場合をみました。ここでは，独占的な供給者の市場内のふるまいは，多数の供給者がいる場合とは相違し，総収入から生産コストを差し引いて求められる超過利潤を最大化する財の生産量を選択することになること，さらに，そのときの財の生産量と社会全体の余剰は供給独占の問題がない場合と比べて小さくなることが確認されました。

第 3 節は，❶消費の非競合性（等量消費），および❷消費の非排除性という 2 つの性質をもつ（純粋）供給財を取り上げ，市場取引に任せた場合の経済的帰結について説明しました。ここでは，特に❶消費の非排除性（等量消費）ゆえに，社会的に最適な（純粋）公共財の供給量の決定方法が私的財の場合とは相違すること，および便益に見合う対価を負担せずに消費がなされるフリー・ライダー問題が発生し，さらに個々の消費者には自らの真の選好を偽って低く申告する誘因（インセンティブ）があることから，（純粋）公共財の生産量と社会全体の余剰は，私的財の場合よりも小さくなることがわかりました。

本章では，第 3 章に比べると，より詳しい議論を展開してきたつもりです。しかしながら，論理展開が直観的になっている箇所も存在し，また本書の性格や紙幅の都合ゆえに解説が不足している箇所もあるでしょう。さらに，消費者と生産者の個別の意思決定行動の詳細，さまざまな要因による需給のシフトや政府による規制とそれに伴う均衡・余剰の変化，さらに弾力性（elasticity）の問題など，ミクロ経済学の一般的な教科書が扱う多くの論点には触れられていません。より

詳細かつ厳密な議論に触れたい場合には，中級・上級のミクロ経済学の教科書を手に取ってさらに学習を進めてください。

 **確認クイズ（考えてみよう／調べてみよう）**

1．会計情報を「財」としてみるとすれば，どのような特徴があるでしょうか。また，会計情報を通常の「財」として考えると，どのような点でおかしいこと，言い換えれば，辻褄が合わないところが出てくるでしょうか。

2．次のような財の需要関数および供給関数に関し，(1)均衡価格，(2)均衡取引量，および(3)均衡における消費者と生産者それぞれの余剰を計算し，第1節の図表4−3と図表4−4のように作図してください。なお，式中における記号「p」は価格，記号「q」は取引（需給）量を示しています。

    需要関数：　$q = 2 - p$（ただし，$0 \leq p \leq 2$）
    　　　　　　$q = 0$（ただし，$p > 2$）
    供給関数：　$q = 2p$

3．ある財を独占的に供給する企業の総費用関数，および当該企業が直面する逆需要関数が以下のように与えられたとしましょう。

    総費用関数（$c(q)$）：　$c(q) = 100 + 30q$
    逆需要関数：　　　　　　$p = 150 - 3q$

(1)　限界費用関数，平均費用関数，および限界収入関数をそれぞれ計算してください。

(2)　均衡価格および生産量を求めてください。

(3)　上記を第2節の図表4−11のように作図し，独占企業が獲得する利潤，および完全競争の場合と比較したさいに失われる余剰の部分を計算しさらに図表の中に示しなさい。

4．ある世界にAさんとBさんだけがいるとしましょう。この二人にとってある公共財の供給（量「q」）による限界便益「$MB_i(q)$」は，Aさんにとって$MB_A(q) = 60 - q$により，Bさんにとって$MB_B(q) = 30 - 2q$により，それぞれ表されるとします。また，公共財の供給のための限界費用は75であるとします。このとき，以下の3つの問いに答えてください。

(1)　この公共財の総限界便益は，どのような関数で示されるでしょうか。

(2)　社会的に最適となる公共財の供給量「$q^*$」を求めてください。

(3)　AさんあるいはBさんの一人だけが公共財を購入しなければならないとき，公共財に対する需要が存在しないことを明らかにしてください。

■注
1　財（goods）という言葉は，野菜や果物，自動車や電化製品のような有形のものを，サービス（service）という言葉は，教育や医療など無形のものを，それぞれ一般的には指します。しかしながら，ここでは，たとえばグールズビー（Goolsbee et al. 2019, footnote 1, 13）に倣い，財という言葉によって，財およびサービスの両方を表わすようにします。
2　限界収入は，追加的な1単位の財の生産から得られる収入の変化の大きさをいいます。ここで確認したように，「市場支配力をもつ企業」にとっては，それは価格と同じではありません。もちろんのこと，追加的な1単位の財の生産から相応の収入は獲得できるのですが，需要曲線が右下がりであることから，追加生産前に比べて，販売するすべての財の価格が下がります。
3　これは，計算によっても求めることができます。すなわち，超過利潤は，

$$(1-q)q-cq=q-q^2-cq=-\{q^2-(1-c)q\}=-\left(q-\frac{1-c}{2}\right)^2+\left(\frac{1-c}{2}\right)^2 \qquad \cdots ①$$

と変形できることから，生産量 q が $(1-c)/2$ のときに最大となります。
　さらに，総収入曲線（$TR=(1-q)q$）の傾きは，$dTR/dq=1-2q\cdots②$ となりますから，この②式の q に生産量 $(1-c)/2$ を代入すると，$1-2\times(1-c)/2=1-(1-c)=c$ と計算され，限界費用 c と等しくなることが確認できます。
4　（純粋）公共財は，❶消費の非競合性（等量消費）および❷消費の非排除性を併有するものであり，これら両方ともにもたない私的財と区分されます。なお，2つの特徴のうち片方のみをもつ財なども含めた財の区分については，以下の**図表4－15**のように一般にまとめられます。

**図表4－15　私的財と公共財**

| 排除性＼競合性 | あり | なし |
|---|---|---|
| あり | 私的財 | 準公共財<br>（自然独占・クラブ財） |
| なし | 準公共財<br>（公有資源） | （純粋）公共財 |

　ところで，市場における取引に直接的に関与しない経済主体に対して費用や便益をもたらすことは，外部性とよばれます。（純粋）公共財については，自らが対価を負担しなくても当該財の消費が可能であることから，正の外部性（positive externalities）があることになります。反対に，騒音や公害などのように，他者の経済活動が自らや社会全体にマイナスの影響を及ぼす場合，負の外部性（negative externalities）があるといいます。

経済的意思決定に有用な会計情報

■本章の目的■

　本章では，投資家を中心とする利害関係者の経済的意思決定に対して「有用な」会計情報の証券市場への提供という財務報告の目的に関し，掘り下げて検討します。

　第1に，国際会計基準審議会（IASB）と米国の財務会計基準審議会（FASB），さらにわが国の企業会計基準委員会（ASBJ）の概念フレームワークが想定する現行の財務報告の目的について確認し，当該目的を達成するために重要となる，意思決定有用性という基本的な特性の概念を導きます（第1節）。

　続いて，経済的意思決定にとって有用な会計情報とは何かという問いに対し，基準設定主体の考えを質し，すなわちそれが備えるべき個別・具体的な質的特性を概観し（第2節），「情報」および合理的な経済人の意思決定の関係をモデル化する（第3節）ことにより，それぞれ別の観点から答える試みをします。

　最後に，現行制度に基づく財務報告が有用な会計情報を実際に提供しているのかどうかを確かめるべく実施されてきた実証研究に関して簡潔にみます（第4節）。最終の第5節は，全体のまとめをします。

# 1　はじめに

## 財務報告の目的（欧米）

　今日の財務報告（financial reporting）の第1の目的は，経済的意思決定に有用な（useful）会計情報を利害関係者に対して提供することであるとされます。すなわち，ある経済主体の活動および関連する経済事象は，一定の手法により会計情報に変換され，当該経済主体の内外の関係者に伝達され，関係者の判断や意思決定に資することが期待されているのです。**意思決定有用性アプローチ**（decision-usefulness approach）とよばれるこうした考え方は，「会計を，情報の利用者が事情に精通して判断や意思決定を行うことができるように，経済的情報を識別し，測定し，伝達するプロセスである」（AAA, 1966, 1，飯野訳 1980, 2頁）とした，アメリカ会計学会（AAA）による定義から引き継がれてきました。こうした考え方

を最初に採用した米国の財務会計基準審議会（FASB）の財務会計概念ステートメント（SFAC 1）では，財務報告の目的は，「現在および将来の投資家，債権者その他の情報利用者が，合理的な投資，与信およびこれに類似する意思決定を行うのに有用な情報を提供」（FASB 1978，広瀬訳 2002，26頁）することとしています。さらに，どのような利用者層や情報のタイプが想定されているかに関しては，以下のように続いています。

　　財務報告は，現在および将来の投資家，債権者その他の情報利用者が配当または利息により将来受領する将来見込額，その時期およびその不確実性ならびに有価証券または債権の譲渡，途中償還または満期による現金受領額をあらかじめ評価するのに役立つ情報を提供しなければならない（FASB 1978，広瀬訳 2002，26頁）。

　最近においては，たとえば，国際財務報告基準（IFRS，第10章参照）の2018年3月発表の概念フレームワークでも，「財務報告の目的は，企業体（entity）に対する資源の提供に関する意思決定のさいに利用者にとって有用な財務情報を提供することである」（IASB 2018）と定義しています。また，同概念フレームワークは，(1)財務報告の利用者としては潜在的・既存双方の投資家，融資者その他債権者を，(2)意思決定の類型としては株式や債券の売買取引，資金や信用の供与，および議決権と経営者行動への影響力の行使の3つを，さらに(3)利用者が具体的に評価する事柄としては将来の現金のネットの流入額の見通し，および経営者による受託責任の履行状況の2つを挙げています。

## 財務報告の目的（日本）

　さて，第3章第5節でもみたわが国の企業会計基準委員会（ASBJ）による討議資料「財務会計の概念フレームワーク」の2006年の改訂版においても，財務報告の目的は，「投資家による企業成果の予測と企業価値の評価に役立つような，企業の財務状況の開示にある」（企業会計基準委員会 2006，第1章【序文】）とし，かかる目的の達成のために「企業の投資のポジション（ストック）とその成果（フロー）が開示される」（同【序文】）と続けており，欧米と同様の会計の目的観を共有していることが読み取れます。すなわち，将来における投資の見返りに関する不確実性が存在するなか，投資家と経営者の間の情報の非対称を減殺し，もって証券市場の有効な機能を促進するため，企業の事業活動の状況，より具体的には投資のポジションと成果についての財務報告の制度が存在するとしているので

す（同【本文】1項から3項）。概念フレームワークは，企業会計の根源的な前提や概念を体系化したものであり，会計の関連諸制度と個別の会計処理と表示のルールを設定するための基本的な枠組み（フレームワーク）や指針となるものです。財務報告の目的に関する以上の議論は，**図表5－1**のように要約されます。

**図表5－1**■**財務報告の目的と本章の論点の要約**

【対象】証券市場における財務報告　　　　　←→　　【前提】経営者と外部利害関係者の間の「情報の非対称性」の問題

【財務報告の目的】経済的意思決定に「有用な」会計情報の提供
　　　　　　　　　・既存の株主，潜在的な投資家，融資者，その他債権者
　　　　　　　　　・株式と債券の取引，資金と信用の供与，議決権行使など
　　　　　　　　　・将来の現金の純流入額の見通し，および経営者による受託責任の履行状況

【情報】投資のポジション（＝資産・負債）の現状，および変化（＝増減）分
　　　　予測：将来の会計情報とキャッシュ・フローの状況
　　　　評価：現在の企業価値

【論点（第5章）】経済的意思決定にとって「有用」な会計情報とはなにか。
　　　　　　　　　意思決定有用性（の程度）はどのようにして確かめられるのか？

## 有用な会計情報とは何か―論点と本章の構成

　それでは，経済的意思決定にとって有用な会計情報とは，どのようなものなのでしょうか。筆者としては，有用な会計情報とは，(1)そもそもどのようなものだろうかという根本的な疑問とともに，それは(2)別個の利害関係者間で，あるいは同一の利害関係者内でも異なりうるのではないだろうかというまた別の疑問も湧いてくるところです。もっとも，簡潔明瞭な解答は，決して容易ではありません。とはいえ，有用性とは何かがわかっていないのならば，制度や基準の制改訂によって会計情報を有用にすることは，非常に困難な，あるいは不可能ともいってよいことではないでしょうか。

　このため，本章では，第2節において，意思決定有用性という財務報告の現代的な目的の達成のために必要とされる質的な諸特性，すなわちある財務情報は，どのような特性を備えるならば，利用者の経済的意思決定にとって有用とみなされるのかをみます。そこでは，本節でもみた，わが国と世界の概念フレームワークの該当箇所の議論をさらに詳しく紹介することになるでしょう。第3節では，情報一般のモデル化を試み，ことばを用いる解説となる第2節とは異なる視点か

ら情報の有用性を考えることにしましょう。第3節では，数式や計算も出てきますが，情報が伝達され，有用であると判断されるとはどのような状況をいうのかにつき，理解してください。さらに，第4節では，制度にしたがう既存の財務報告は経済的意思決定にとって有用な情報を実際に提供しているのかを確かめるために行われてきた，アーカイバル・データを用いる実証研究の方法に関して紹介します。

## 2　有用な財務報告のための質的な特性

　本節では，投資家を中心とする利用者の経済的意思決定に対する有用性を実現するため，財務報告ないし会計情報が備えるべき質的な特性に関し，第1節でもみた概念フレームワークを再び参照しながら考察していきます。概念フレームワークは，財務報告の目的と基礎概念とを規定し文書化したものであり，個々の会計処理と表示のルールはそこから演繹的に導かれることになります。したがって，利用者の経済的意思決定にとって有用な会計情報とはどのようなものだろうか，という本章の疑問に対する解答を得るために概念フレームワークを参照するのは，非常に有益であろうと考えます。このため，以下，第1節における財務報告の目的と同様に，国際財務報告基準（IFRS）の2018年公表版，およびわが国の企業会計基準委員会（ASBJ）の討議資料の2006年の改訂版の順でみていくことにしましょう。

### 有用な財務情報の質的特性（IFRS）

　**図表5－2**は，国際財務報告基準（IFRS）の概念フレームワーク（IASB 2018）で示される，有用な財務情報（financial information）に求められる質的特性を要約したものとなります。情報が有用であるためには，(1)**目的適合的**（relevant）である，すなわち当該情報を知ることにより利用者の意思決定が異なったものとなりうること，および(2)**忠実な表現**（faithful representation）を提供する，すなわち報告対象となる経済現象の本質について可能な限り完全に（complete），中立的に（neutral），かつ誤りがなく（free from error）表示することが最重要とされる特性となります。なお，目的適合性という用語の理解にあたっては，米国の財務会計基準審議会（FASB 1980）による定義である，「情報利用者に過去，現在および将来の事象もしくは成果の予測または事前の期待値の確認もしくは訂正を行わせる

ことによって情報利用者の意思決定に影響を及ぼす情報の能力」（FASB 1980，広瀬訳 2002，60頁）としたものも，われわれの理解を促進するために役立つでしょう。さらに，有用で<s>ない</s>情報とはどのようなものかというこれとは逆の状況を想定してみるならば，わたしたちが判断や意思決定をするさい，⑴'目的とは関連しない情報を伝達されたり，⑵'目的と関連する情報であっても漏れや偏り，誤謬があったりすれば，当該情報の用途が制限され，有用性が低いものとなるでしょう。

**図表5－2　有用な財務情報のための質的な特性（IASB 2018）**

| 基本的な質的特性（Fundamental qualitative characteristics） | | | |
|---|---|---|---|
| 目的適合性（Relevance） | | 忠実な表現（faithful representation） | |
| 補強的な質的特性（Enhancing qualitative characteristics） | | | |
| 比較可能性<br>（Comparability） | 検証可能性<br>（Verifiability） | 適時性<br>（Timeliness） | 理解可能性<br>（Understandability） |
| 費用制約（Cost constraint） | | | |

（出典）　IFRS® Foundation, March 2018, "IFRS Conceptual Framework Project Summary: Conceptual Framework for Financial Reporting".

　上記のほか，国際財務報告基準（IFRS）の概念フレームワークは，財務情報の有用性を補強する，すなわち上記2つの根源的な特性が充足されていることを前提として，有用性をさらに高める質的な特性として，❶**比較可能性**（comparability），❷**検証可能性**（verifiability），❸**適時性**（timeliness），および❹**理解可能性**（understandability）の4つを挙げています（図表5－2）。

　それぞれ説明すると，❶比較可能性は，ある項目（items）の類似性や相違点を利用者が特定・理解できることをいい，企業間比較や同一企業の異時点間比較が考えられます。次に❷検証可能性は，特定の記述が忠実な表現となっているということに関して，適当な知識を有する独立の観察者が同意可能なことを意味します。続いて❸適時性とは，利用者の意思決定に役立ちうる期間内に遅滞なく情報が入手可能であることをいい，最後に❹理解可能性とは，簡潔明瞭に情報が分類，特徴づけ，かつ表示されていることをいいます。さらに，図表5－2の最下部においては，**費用制約**（cost constraint）が掲げられているのが目を引くところかもしれません。すなわち，会計情報の作成・公表には相応の費用がかかることから，それに見合う報告からの便益があるべきとしているのですが，こうした経済合理性の要求は，たとえば中小企業の会計基準のありかたなどをも念頭に置いた実務

的な考慮事項であるといえるでしょう。

## 会計情報の質的特性（日本）

**図表5−3**は，わが国の概念フレームワークに関する討議資料の2006年の改訂版の第2章にある会計情報の質的特性の関係図を示したものです。一見して，先にみた国際財務報告基準（IFRS）のものと類似していることが読み取れます。ここでは，意思決定有用性は，**意思決定との関連性**および**信頼性**という2つの特性によって支えられるという構図になっています。意思決定との関連性は，①会計情報が将来の投資の成果の予測と関連する内容を含み，②企業価値の推定から導かれる投資家がなす意思決定に影響を及ぼしうることをいい（企業会計基準委員会2006，第2章【本文】3項），すなわち先の国際財務報告基準（IFRS）における(1)目的適合性と同様のものといえます。さらに，意思決定との関連性は，上記②と符合する「**情報価値の存在**」すなわち当該情報の入手による利用者の判断や意思決定の改善（同【本文】4項），および上記①と符合する「**情報ニーズの充足**」という質的特性に支えられています。

　他方で，信頼性は，その下位概念である③「**表現の忠実性**」すなわち事実と会計上の表示との明確な対応関係の存在，④「**検証可能性**」すなわち会計上の測定に相応の客観性があり独立した検証がなしえること，および⑤「**中立性**」すなわち関係者間の利害が十分に調整され特定の関係者に対する偏重がないことにそれぞれ支えられ，もって会計情報が信頼できることを指しています（同【本文】6項・7項）。なお，実際の会計情報の作成・報告にあたっては，意思決定との関連性および信頼性の間にトレードオフが生じる可能性が指摘され，たとえば，測定者の主観のつきまとう将来事象の見積もりに基づく情報の事例が挙げられてい

### 図表5−3 ■会計情報の質的特性（企業会計基準委員会2006）

（出典）　企業会計基準委員会，2006年12月，『討議資料　財務会計の概念フレームワーク』，13頁。

ます（同【本文】8項，同脚注(2)）。すなわち，情報利用者は，将来のある時点に至るまで確定しない事象に関する情報の提供を望むかもしれませんし，一般的に，会社（経営者）はそれら事象の帰結にかかわる現在の状況を最もよく知りうる立場にあることから，情報提供者として適任かもしれません。しかしながら，このとき公表される情報は，測定や表示に作成者の主観や恣意的判断を伴ったり，不確実性が高いがゆえに正確な測定がもとより困難であったりして，信頼性が低くなってしまうかもしれません。

　上記のほか，図表5－3では，「**内的整合性**」および「**比較可能性**」の2つを一般的制約となる特性として掲げています。後者の比較可能性は，国際財務報告基準（IFRS）のそれと同様であり，異なる会社間や同一会社の異時点間の比較が適切になしうることをいいます。また，前者の内的整合性とは，「ある個別の会計基準が，会計基準全体を支える基本的な考え方と矛盾しない」（同【本文】9項）ことをいい，すなわち，ある個別の会計基準が既存の会計基準の体系と論理的な整合性を保持しているか否かに基づき，作成される情報の有用性の程度が判定されるとしているのです。確かに，ある個別の会計基準の根底にある考え方が，別のある個別の会計基準の根底にある考え方と論理的に矛盾する場合，それら両方から一体として導かれる会計情報の解釈は，難しくなるでしょう。このほかにも，図表5－3で示したわが国の討議資料においては，国際財務報告基準（IFRS）を示した図表5－2では存在していた，理解可能性や費用制約などの諸特性は，「自明である」という理由から取り上げられていなかったり（同【本文】22項），掲げられた質的特性が基準設定時に象徴的な標語として自己目的化して機能しないようにと，同フレームワークを利用する関係者らに対して釘が刺されていたり（同【序文】）するのも興味深いところです。

## 3　個人の意思決定と有用な会計情報のモデル化

　会計の意思決定有用性アプローチの本質は，投資家を中心とした利害関係者が自己責任に基づき適切な意思決定が可能となるような情報の提供にありました。会計情報は，このとき，会社のプレスリリース，マスコミ報道，証券アナリスト等の情報仲介業者のレポート，さらに株式の市場価格などの他の数多くの情報源のなかの1つとして，作成・公表を通じ，以前には未知の，あるいは不確定の事項を伝達し，もって利用者らの意思決定に対してなんらかの影響を及ぼすことが

84

期待されます。本節は，会計情報のこうした役割・機能を示すべく，個人の意思決定とそれに影響する「情報」をモデル化することにより，有用な会計情報とはどのようなものかについて，第2節とは異なる方法で確認したいと考えています。なお，本節の記述にあたっては，スコットとオブライエン（Scott and O'Brien 2019）とクリステンセンとデムスキ（Christensen and Demski 2003）を参照しています。

## 個人の投資意思決定のモデル化

　第1に，不確実性があるもとでの個人の意思決定の問題に関して，**図表5－4**を用いて説明していきましょう。最初に，本節を通じて一貫した設定として，ある個人が10,000千円（1,000万円）の資金の運用を考えているとします。個人が直面する投資意思決定の行動（actions, $a_i$, i = 1, 2）の選択肢は，株式投資をする（$a_1$），または国債投資をする（$a_2$）のいずれかです。投資からもたらされる将来利得は，リスク資産である株式への投資（$a_1$）に関しては会社の業績の状態（states, $s_j$, j = 1, 2）に依存して変動し，高業績（$s_1$）であれば900千円の利得の結果（outcome, $o_{11}$）となりますが，低業績（$s_2$）であれば25千円の利得の結果（$o_{12}$）となるとします。これとは別に，安全資産である国債への投資は，会社の業績に依存することなく，400千円の確定利得という結果（$o_{21} = o_{22}$）をもたらします。ここで行動 $a_i$，状態 $s_j$ および結果 $o_{ij}$ の三者間の関係を示す利得表は，**図表5－4A**のようになります。

### 図表5－4 ▉ 個人の投資意思決定問題

A. 行動（$a_i$）と状態（$s_j$）による利得表

| | 高業績（$s_1$） | 低業績（$s_2$） |
|---|---|---|
| 株式投資（$a_1$） | 900（$o_{11}$） | 25（$o_{12}$） |
| 国債投資（$a_2$） | 400（$o_{21}$） | 400（$o_{22}$） |

B. 個人の投資決定の選択の決定木（decision tree）

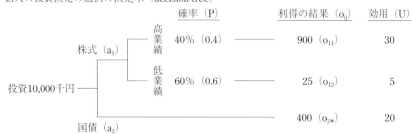

## 事前（情報入手前）の確率・信念

　当該個人は，理由はともかくとして，投資対象となる会社の業績が高い（$s_1$）可能性は40％（0.4）であり，よって低業績（$s_2$）の可能性は60％（0.6）となることを経験的に知っていると仮定し，これは以下のように示されます。

$$P(s_1) = 0.4 \qquad\qquad\qquad\qquad\qquad\qquad\qquad\qquad ・・・①$$

$$P(s_2) = 0.6 \qquad\qquad\qquad\qquad\qquad\qquad\qquad\qquad ・・・②$$

　これら確率は，**事前確率**（prior probabilities）とよばれ，リスクを伴う株式投資の帰結に関する個人の主観的な予測となっています。図表5－4Aの利得の結果の大小を比べれば明らかですが，企業の状態（$s_1$ないし$s_2$）が事前にわかっている場合，高業績（$s_1$）の会社であれば株式投資（$a_1$）をし，低業績（$s_2$）の会社の場合には国債投資（$a_2$）をすることになり，追加的な情報の必要性は存在しません。このように，将来事象に不確実性が伴うという事実は，情報の必要性にかかわる以降の議論にとって決定的に重要であることがわかります。さて，**図表5－4B**は，以上の状況を整理した，いわゆる**決定木**（decision tree）の図であり，個人の投資意思決定の選択肢や将来のある時点に到達することを待って実現する状態などとともに，彼または彼女の利得とそのときの効用ないし満足度が示されています。さらに，ここでは，当該個人は，リスク回避的（risk averse）[1]であって，利得（$o_{ij}$）の平方根（$\sqrt{o_{ij}}$）に等しい効用を得るものと仮定しています。すなわち，株式投資をした会社の業績が高い（業績が低い，以下括弧同士は対応）ことが事後的に判明した場合には，利得は900（25），効用は$30 = \sqrt{900}$（$5 = \sqrt{25}$）となります。さらに，国債投資による利得は400で確定していることから，効用は$20 = \sqrt{400}$となります。

## 情報入手前の投資意思決定

　不確実性があるもとでの個人の意思決定は，期待効用（expected utility, $EU(a_i)$, i = 1, 2），すなわち投資意思決定（$a_i$）によって「平均的に」得られる効用の大小によるとする意思決定理論にしたがうとしましょう。このとき，以下の③式と④式の比較から，株式投資（$a_1$）ではなく国債投資（$a_2$）が行われるべきであるとわかります。

　　　株式投資（$a_1$）の期待効用：$EU(a_1) = 0.4 \times 30 + 0.6 \times 5 = 12 + 3 = 15$ ・・・③

国債投資（$a_2$）の（期待）効用：$EU(a_2) = 20$　　　　　　　　　…④

## 情報システムのモデル化

　上記の結果は，追加的な情報を入手する機会があれば，異なるかもしれません。すなわち，当該個人は，数日後になされる会社の決算発表を待ち，会計情報を入手・分析してから，投資意思決定をするとしましょう。このとき，投資意思決定に影響を及ぼし，よって経済的意思決定にとって有用といえる会計情報システムは，たとえば，**図表5－5A**のように表わされます。当該個人は，会社が高業績である（$s_1$）場合，会計数値が何らかの基準値（閾値）を超えるグッド・ニュース（GN）が得られる確率が80％（0.8）であり，基準値（閾値）を下回るバッド・ニュース（BN）とわかる確率が20％（0.2）であることにつき，経験的に知っているとします。一方で，会社が低業績である（$s_2$）場合，グッド・ニュース（GN）の確率は30％（0.3），バッド・ニュース（BN）の確率は70％（0.7）とわかっているとします。これら条件付き確率は，$P(GN|s_1) = 0.8$，$P(BN|s_1) = 0.2$，$P(GN|s_2) = 0.3$，また$P(BN|s_2) = 0.7$と表記します。

### 図表5－5A　有用な会計情報システム

|  | グッド・ニュース（GN） | バッド・ニュース（BN） |
|---|---|---|
| 高業績（$s_1$） | 0.8 | 0.2 |
| 低業績（$s_2$） | 0.3 | 0.7 |

### 図表5－5B　完全な会計情報システムの一例

|  | グッド・ニュース（GN） | バッド・ニュース（BN） |
|---|---|---|
| 高業績（$s_1$） | 1.0 | 0 |
| 低業績（$s_2$） | 0 | 1.0 |

　こうした情報システムの意味合いを考えておくのは有益でしょう。図表5－5Aの会計情報システムは，会社の業績の高低—$s_1$または$s_2$—を完全に明らかにしてくれるものではありません。すなわち，第2節の表現を用いれば，当該システムから導かれる会計情報は，完全に目的適合的であり，かつ信頼性のあるものではありません。会計情報システムが，ここでの投資意思決定にとって完全に目的適合的であり，かつ信頼性のあるものならば，たとえば，**図表5－5B**のよう

に会社の業績と一対一の対応関係を有するでしょう[2]。このとき，グッド・ニュース（GN）は会社の高業績（$s_1$）を，バッド・ニュース（BN）は会社の低業績（$s_2$）を，それぞれ確実に伝達してくれることになります。とはいえ，図表5－5Aの会計情報システムは，会社が高業績のときは相応に高い確率でグッド・ニュース（GN）を，低業績のときはバッド・ニュース（BN）を利用者に提供するという働きにより，意思決定に影響を及ぼしうるという事実が重要になります。すなわち，当該個人が投資意思決定にあたって知りたいと望むのは，会社の業績いかんであって，会計情報システムが産出する情報自体すなわち図表5－5Aではありません。換言すれば，会計情報システムは「状態（$s_i$）$\underset{から}{\Rightarrow}$ 会計情報（GNまたはBN）」という変換を行いますが，投資意思決定をする個人が知りたいのは「会計情報（GNまたはBN）$\underset{から}{\Rightarrow}$ 状態（$s_i$）」という逆の道筋の変換を通して得られる情報なのです。

## ベイズの定理と事後確率，投資意思決定の変化

　しかしながら，ここでベイズの定理（Bayes' Theorem）を用いると，会計情報の入手・分析後にグッド・ニュース（GN）であることがわかった場合の会社の業績に関する**事後確率**（posterior probabilities）は，事前の①式・②式から以下の事後的な⑤式・⑥式へと改訂されます。なお，ベイズの定理の導出および適用について詳しくは，本章の**補論1**を参考にしてください。

$$P(s_1|GN)=\frac{P(s_1)\cdot P(GN|s_1)}{P(s_1)\cdot P(GN|s_1)+P(s_2)\cdot P(GN|s_2)}=\frac{0.4\times0.8}{0.4\times0.8+0.6\times0.3}=0.64 \qquad \cdots ⑤$$

$$P(s_2|GN)=\frac{P(s_2)\cdot P(GN|s_2)}{P(s_2)\cdot P(GN|s_2)+P(s_1)\cdot P(GN|s_1)}=\frac{0.6\times0.3}{0.6\times0.3+0.4\times0.8}=0.36 \qquad \cdots ⑥$$

　会社が高業績である確率は，事前には40％（0.4）でしたから，会計情報の入手・分析後には24％（0.24）上昇し，64％（0.64）となったことがわかります。それでは，こうした確率の改訂に伴い，当該個人の投資意思決定はどうなるでしょうか。再びここで投資意思決定ごとの期待効用を計算してみましょう。

　　　株式投資（$a_1$）の期待効用：$EU(a_1|GN)=0.64\times30+0.36\times5=21$ 　　　$\cdots ⑦$

　　　国債投資（$a_2$）の（期待）効用：$EU(a_2|GN)=20$ 　　　$\cdots ⑧$

　上記の⑦式と⑧式から，情報の入手・分析前とは異なり，グッド・ニュースで

あるとわかった場合には，株式投資（$a_1$）の期待効用（21）のほうが国債投資の期待効用（20）よりも高くなることがわかります。よって，期待効用最大化を企図するという意思決定理論にしたがうならば，当該個人は，株式投資をする（$a_1$）ことになるでしょう。すなわち，図表 5 - 5 A の会計情報システムからもたらされる情報の作成・公表は，利用者の投資意思決定に影響を及ぼし，その意味で経済的意思決定にとって有用であるといえるのです。

## 情報入手・分析のコスト

　本節では，個人の意思決定に影響を及ぼす可能性があり，よって有用であるとみなされる情報とはどのようなものかを説明しました。ポイントは，有用な情報の入手は，不確実性のあるもとでの意思決定にさいし，利用者の事前の期待（確率）を改訂するように機能するということになるでしょう。

　ところで，本節の議論は，情報の入手・分析にかかるコストを考慮していません。言い換えれば，情報を入手・分析するためのコストは，ゼロであると暗黙裡に仮定していることになります。現実世界の事例を考察するさいには，相当額の情報入手・分析コストの発生を仮定すべきかもしれませんし，このとき余りに高くつくがゆえにある会計情報システムが意思決定にさいして用いられないということも考えられるのです。現に，本節の数値例では，グッド・ニュース（GN）が得られた場合であっても，株式投資（$a_1$）と国債投資（$a_2$）の期待効用の差は，僅か「1」に過ぎませんでした（21対20，⑦式と⑧式を参照）。また，会計情報は1つの属性のみを有する情報源であると仮定していましたが，複数の属性をもつ情報源であるかもしれません。すなわち，個人は，会計利益と会社の業績の関係に加え，ある特定の資産・負債項目の金額と会社の業績との関係，あるいは複数期間にわたるある特定の会計数値の変化の傾向なども用いて，自らの意思決定に役立てるかもしれません。

## 4　会計情報の有用性を確かめるための実証研究

　本章では，現代の財務報告の主目的である，利用者の経済的意思決定にとって有用な会計情報の提供に焦点を当て，有用な情報とはどのようなものかについて考察してきました。本節は，現実世界における会計情報の意思決定有用性の有無や程度を確かめるべく，半世紀以上前から実施されてきた実証研究に関して簡単

にみます。そのうち本節で特に扱うのは，資本市場研究（market-based research），なかでもイベント・スタディ（event studies）と一般によばれ，現存する大量のデータ，いわゆるアーカイバル・データ（archival data）を用い，株価やリターンと会計情報の間の関係を計量経済学的な手法により検証しようとするものです[3]。

## イベント・スタディの構造

　イベント・スタディは，情報の公表という事象（イベント）の発生を引き金とした株式市場全体の変動により，情報の価値や情報内容について検証しようとする研究です。ある会計情報が経済的意思決定にとって有用であるためには，作成・公表により利用者のもつ期待に影響を及ぼさねばなりません。情報の利用者の期待効用の変化（分），すなわち情報の価値は直接的には測定できませんから，イベント・スタディでは，資本市場全体における株価や取引量の変動の有無や大きさによって代用するわけです。イベント・スタディの基本的構造は**図表5－6**のようであり，そこでは，❷会計情報の公表というイベントによって事前の期待を❶から❸へと改訂した投資家は，❹株式の売買を行うように動機づけられ，個々の投資家の行動の集まりは，続いて❺資本市場全体の株式の価格（株価）や取引量の変動をもたらすと想定しているのです。

**図表5－6 ■イベント・スタディの基本的構造**

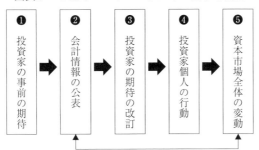

## ボールとブラウンの実証研究

　この分野の実証研究の嚆矢の1つとして著名なボールとブラウン（Ball and Brown 1968）は，会社の利益の報告によって引き起こされる資本市場の反応を調査しています。彼らは，ニューヨーク証券取引所（NYSE）の上場企業261社を対象として，1957年から1965年までの9年間にわたる利益と株式リターンとの関係

を検証し，財務報告とりわけ利益情報の有用性あるいは情報価値の存否を確かめ
ようとしました。報告利益のうち資本市場の動向に影響し，よって意思決定に
とって有用とされるのは，期待外の部分（期待外利益）のみですが，資本市場の
事前の予想を表すデータの入手はできません。このため，資本市場の事前の予想
のモデルが設定され，たとえばそのうちの１つは，前期の利益を当期の予想利益
とするもの，すなわち期待外利益は利益の変動分とするものでした。このとき，
当期の報告利益が前期の利益よりも高い会社はグッド・ニュース（GN）のグルー
プへと，当期の報告利益が前期の利益よりも低いグループはバッド・ニュース
（BN）のグループへと，それぞれ分類されました。ある期間の株式リターンの変
動要因には，会計利益の公表以外にも無数の関連情報が考えられます。したがっ
て，会社の個別情報である利益情報の影響をみるためには，市場全体に影響する
それ以外の関連情報の影響が除去されなければなりません。このため，ボールと
ブラウンが用いた，資本資産評価モデル（capital asset pricing model, CAPM）から
導かれる市場モデル（market model）は，次のようなものとなります。

　第１に，会社 i の期間 t の株式リターン（$R_{it}$）は，市場 M の平均株式リターン
（$R_{Mt}$）から以下のように推定されると仮定します。すなわち，ここでは，ある期
間の株式リターンの実現値（$R_{it}$）は，期首の期待分（$\alpha_i + \beta_i R_{Mt}$）と期待外の部分
ないし攪乱項（$\varepsilon_{it}$）である異常リターン（abnormal return，異常投資収益率）との
合計になります。

$$R_{it} = \alpha_i + \beta_i R_{Mt} + \varepsilon_{it} \qquad \cdots ⑨$$

　株式リターン（$R_{it}$）と市場の平均株式リターン（$R_{Mt}$）の過去のデータから，最
小二乗法を用いて，上記⑨式の回帰式の係数の推定値 $\hat{\alpha}_i$ と $\hat{\beta}_i$ が計算できます。
推定された係数の値（$\hat{\alpha}_i$ と $\hat{\beta}_i$），およびある期間 $\tau$ の実際の市場の平均株式リター
ン（$R_{M\tau}$）を⑨式に代入すると，会社 i の当該期間の株式リターンの期待が求まり
ます。当該期待値と実際の期間の株式リターン（$R_{i\tau}$）との差が期間 $\tau$ の異常リ
ターン（$AR_{i\tau}$）となるのです（⑩式）。なお，異常リターンは，超過リターンない
し残差リターンともよばれます。

$$AR_{i\tau} = R_{i\tau} - (\hat{\alpha}_i + \hat{\beta}_i R_{M\tau}) \qquad \cdots ⑩$$

　株式 i の異常リターンを検証期間，たとえば公表月「０」から遡って12か月間
にわたって集計した累積異常リターンは，以下の⑪式で算定されます。

$$(1+\mathrm{AR}_{i,-11})(1+\mathrm{AR}_{i,-10})\cdots(1+\mathrm{AR}_{i,0})=\textstyle\prod_{\tau=-11}^{0}(1+\mathrm{AR}_{i,\tau}) \qquad \cdots \text{⑪}$$

　⑪式で算定される累積異常リターンを，グッド・ニュース（GN）のグループとバッド・ニュース（BN）のグループに分け，年度・株式ごとに平均した平均累積異常リターンは，異常業績指数（API, abnormal performance index）とよばれ，利益公表月の異常業績指数（$\mathrm{API}_0$）は⑫式のように計算されます。なお，以下の⑫式において，N＝株式（数）×年度（数）となっています。

$$\mathrm{API}_0=\frac{1}{N}\textstyle\sum_{n=1}^{N}\prod_{\tau=-11}^{0}(1+\mathrm{AR}_{i,\tau}) \qquad \cdots \text{⑫}$$

　ボールとブラウン（Ball and Brown 1968）は，利益公表月の前後の期間（t＝－11から t＝＋6）の期間の異常業績指数（$\mathrm{API}_t$）を計算し（⑬式），観察することにより，利益の公表と株式リターンとの関連を調査しました。

$$\mathrm{API}_t=\frac{1}{N}\textstyle\sum_{n=1}^{N}\prod_{\tau=-11}^{t}(1+\mathrm{AR}_{i,\tau}),\, t=-11,-10,\cdots,+6 \qquad \cdots \text{⑬}$$

　すなわち，利益の公表というイベントの発生が株式リターンと関連しているのであれば，グッド・ニュース（GN）のグループの利益公表月の異常業績指数（$\mathrm{API}_0$）は 1 より大きく，バッド・ニュース（BN）のグループのそれ（$\mathrm{API}_0$）は 1 よりも小さくなると考えられます。反対に，両者にまったく関連がないならば，異常業績指数は 1 と等しくなるでしょう。さらに，利益公表月の異常業績指数（$\mathrm{API}_0$）とその直前の月の異常業績指数（$\mathrm{API}_{-1}$）を比べることにより，利益情報が資本市場に対して影響を及ぼしたかどうかが推論できるでしょう。たとえば，これは，グッド・ニュース（GN）のグループについて，$\mathrm{API}_0 > \mathrm{API}_{-1}$のような結果が得られることです。以上，ボールとブラウン（Ball and Brown 1968）の実証研究は，図表 5 － 7 のようにまとめられます。

## ボールとブラウンの知見

　ボールとブラウン（Ball and Brown 1968）の研究からは，利益情報の公表は株式リターンに影響を及ぼす要因の 1 つであり，よって投資意思決定に有用であることがわかりました。しかしながら，異常業績指数（$\mathrm{API}_t$）は，利益公表の12か月前（t＝－11）から利益公表（t＝0）に至るまでの間に継続して変動しているものの，利益公表時点（t＝0）や利益公表後（t＝＋1以降）の変動は比較的に小さいこともわかりました。すなわち，利益に関するグッド・ニュース（GN）は高い株式

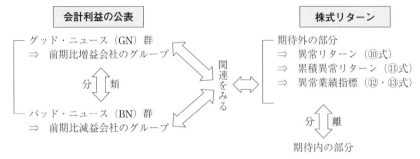

図表5-7 ■ボールとブラウンの実証研究

【仮説】 会計情報（利益）の公表に情報内容があるならば，株式リターンとの関連がある
　　　　と予測される。

（出典）　Ball and Brown（1968）

リターンと関連し，よって利益情報を公表に先立って知ることによる潜在的な有用性はあるといえるかもしれません。しかし，利益の公表後にそれを知ったとしても，投資家は高い株式リターンを獲得することはできない，よって第2節でもみた「適時性」という意味において利益情報の実際的な有用性は小さいといわれることがあるのです。なお，ボールとブラウン（Ball and Brown 1968）の原著論文は，現在では，インターネット等を通じて簡単に入手できるようですから，本書の引用・参考文献表から正式な題名を探し，数多くの論文や教科書において引用・転載されている，その169頁（p.169）の図1を確認されるとよいでしょう。

## 実証研究にあたって考慮すべき事項

　もっとも，実際にこのような実証研究を行うとなると，考慮すべき数多くの論点があります。たとえば，図表5-6のうち，イベント・スタディでは，❷会計情報の公表および❺資本市場全体の変動の間の関係を問題にすることから，❸や❹の段階における個々の投資家の情報利用からの期待の改訂とそれに続く投資行動のメカニズムが明確ではないかもしれません。このとき，どのような会計情報のいかなる属性が企業価値の評価に用いられ影響したのかとなると，それを知ることは困難であると考えられます。また，❶投資家の事前の期待を特定することも，❸改訂された事後的期待との差異とそれに伴う投資行動の変動をみるためには重要となるでしょう。これと関連して，会計情報は利用者の投資意思決定に影響を及ぼす情報源の1つにすぎないことから，他の情報源から発せられる情報の

存在も当然に予想され，またそうでなくとも，株価や取引量の変動は，会計情報の公表とは無関係に絶えず生じると考えられます。このため，会計情報の公表というイベントが，株価や株式取引量の変動に対して統計的に有意な影響をもたらしたかどうかを厳密に検証するためには，会計情報が公表されなかった場合の株価算定モデルが適切に設定されなければなりません。

　さらに，(1)会計情報の公表というイベントの発生した日（event day）の特定，および(2)当該イベントが資本市場に影響を及ぼした期間の長さ（return window）の設定も，実証研究にさいして取扱いが悩ましい問題となります。前者(1)については，発行部数が多く情報伝達力が高いと考えられる経済専門紙への決算報告などの掲載日がイベント発生日として用いられることがあります。しかしながら，会社やアナリストなどによる予測情報の事前の発表や，経済専門紙以外のメディアを通じて発信される情報が存在する場合，研究目的にとって適切な，すなわち投資家の意思決定に影響を及ぼす新規の情報の公表日時の特定は，容易ではありません。後者(2)についても，イベント発生時点を「0」日として前後何日や何か月の資本市場の変動を検証対象期間とするかにより，会計情報の公表による影響を捕捉する範囲が異なってきますが，長期になるほど，資本市場全体の変動に及ぼす会計情報の公表以外の要因が複雑に絡みあってきます。さらに続ければ，資本市場の効率性，すなわち公表情報の証券価格への反映の程度や速度に関しても，新たな情報が速やかに市場に反映されるとする半強度型（semi-strong form）の市場効率性（Fama 1970）を仮定する妥当性が論点の1つとなります。

　このため，ボールとブラウン（Ball and Brown 1968）や同時期の研究であるビーバー（Beaver 1968[4]）らに続き，これら制約・限界あるいは問題点を補うような研究がわが国も含めて世界中で行われてきたのです。その後の研究の展開や手法に関心があれば，須田（2000，第6章）や大日方（2013，第8章），薄井（2015，第Ⅱ部）を読んでみてください。

　以上，本節では，財務報告の目的に沿い，利用者の意思決定にとって有用な会計情報が提供されているかを現実のデータを用いて確かめる，実証研究の先駆的な古典についてみてきました。実施上の悩ましい問題は存在しますが，実証研究により，財務報告制度と会計基準からもたらされる会計情報が，所定の目的を達しているかを問い続けることは，非常に重要であると考えられます。

# 5　本章のまとめ

　本章は，今日（こんにち）の財務報告の第1の目的である，利用者の意思決定にとって有用な会計情報の提供という論点を取り扱いました。すなわち，ある会計情報は，作成・公表により，利用者の将来の予測形成と企業価値の評価に対する役立ちを通じて，意思決定に影響を及ぼしうることが求められ，公表前後で意思決定が変化しえないのであれば，当該情報に価値はなく，有用であるとはいえません。当期（現在）のキャッシュ・フローの収益や費用への配分，過去の設備投資支出（キャッシュ・アウトフロー）の減価償却手続を通じた費用化，さらには将来キャッシュ・フローの期待に基づく資産・負債の評価など会計特有の処理，および会計情報の表示に関する基準は，投資家を始めとする利用者の意思決定に役立つという観点から制改訂されることになるのです。

　本章では，わが国の企業会計基準委員会（ASBJ）および国際会計基準審議会（IASB）が公表する概念フレームワークを参照し，意思決定有用性を最重視する財務報告の目的を第1節において確認しました。第2節では，利用者意思決定にとって有用であるとされる場合の質的な特性をみました。目的適合性や信頼性，あるいは忠実な表現などが，カギとなるここでの専門用語となるでしょう。もっとも，これら諸特性は，適切に数量化されるわけではなく，かつ特性間にあるトレードオフ関係も完全には考慮されていません。議論や分析のための指針となりうることは確かですが，現実世界の企業会計制度や財務報告規制を考えるうえでは，残された課題も多いことには注意しなければなりません。第3節は，欧米の2つの教科書を参照しつつ，情報をモデル化し，個人が直面する不確実な投資意思決定においてそれがどのように影響し，よって有用であると判定されるかについて解説しました。情報の入手により，以前に有していた個人の期待が改訂され，意思決定が変化する可能性に関して，理解できたでしょうか。さらに，第4節は，財務報告のこうした現代的な目的観の存在ゆえに必要となる，現実世界における実際の会計情報の意思決定有用性の程度につき，会計情報や株価などのデータを用いて検証する研究の1つをみました。意思決定有用性の程度という命題は，直接的には検証できません。ある会計情報の公表，また質的な概念や情報入手後の個々の投資家・資本市場全体の行動の変化をどのように仮説化するのか，さらに，実証可能となるようにどのように代理変数を決めかつ測定するのか，これらに関

してなされてきた研究者らの創意工夫のごく一端を紹介しました。

## 会計情報の想定される利用者層

　ところで，第1節で設定した問題意識には，会計情報の有用性は，ある利害関係者の層ないし集団の間や，また同一の利害関係者の層・集団内でも，個々の利用者によって異なりうるのではないかというものがありました。本章でみた資本市場に向けた会計情報については，投資家が主たる利用者として想定されていました。しかしながら，投資家なら誰でもよいというわけではなく，会計情報を読解・分析するに足る適切な知識と経験とを有し，さらに合理的な方法に基づき，すなわち理論通りに期待効用を最大化するように意思決定できることが条件となっています。このように，投資家やその他利用者の側にも制約が置かれていることには，留意する必要があるでしょう。

 **確認クイズ（考えてみよう／調べてみよう）**

1．利用者の投資意思決定にとって有用な会計情報とはどのようなものでしょうか。第2節におけるように，質的特性を列挙し，それぞれに説明を加えることによってこれを説明してください。次に，第3節でなしたように，不確実性のあるもとでの意思決定における情報の役立ちに関するモデル化を通じ，別の視角から説明してください。
2．第3節の図表5－5Aと図表5－5B，および本文中の説明を参照し，「完全に目的適合的でない」，換言すればここでの投資意思決定にさいして「何の役にも立たない」会計情報システムとはどのようなものか考えて，以下にある**図表5－5C**を完成させてください。

### 図表5－5C　完全に目的適合的でない会計情報システム

| | グッド・ニュース（GN） | バッド・ニュース（BN） |
|---|---|---|
| 高業績（$s_1$） | ? | ? |
| 低業績（$s_2$） | ? | ? |

【ヒント】　事前の期待（確率）が情報の入手後も改訂されないとすれば，そのような情報は意思決定に影響を及ぼしません。
3．第3節の本文中では，会計情報の入手・分析後にグッド・ニュースであるとわかったケースをみました（⑤式～⑧式）。反対に，「バッド・ニュース」であることがわかっ

た場合の計算を行い，期待効用最大化を企図するという意思決定理論にしたがう投資意思決定を導いてください。

4．Aさんは，志望大学の入試を終え，合格発表を待っています。彼（彼女）は，「試験のできは良かったので，「合格だと自分でわかっている事実を単にそのまま伝える」だけの合格発表通知には意味がない」と考えています。このとき，彼（彼女）自身にとっては，合格発表通知が提供する合否に関する情報は，有用ではないのでしょうか。それでは，彼（彼女）のご両親や親族，高校の同級生や先生にとってはどうでしょうか。あなたの考えを述べてください。

5．本章の記述を参考にしながら，会計情報の有用性を実証的に，すなわち現実のデータを用いて確かめるための方法を自由に考えてみてください。

## ■注

1　たとえば，成功や失敗など将来の帰結を待って決定する不確実な利得の期待値が得られる投資Aと，その期待値と同額の利得が確実に得られる投資Bがあると仮定します。このとき，ある個人の選好がリスク回避的であるとは，当該個人は投資Aよりも投資Bを好ましいと感じる場合をいい，これは「A≺B」と表記されることがあります。なお，投資Aと投資Bを同等程度に好ましく感じるあるいは両者が無差別（indifferent）である場合はリスク中立的（risk neutral, A≈B），さらに投資Aのほうを投資Bよりも好ましく感じる場合はリスク愛好的（risk loving, A≻B）といいます。**図表5－8**は，本文中でみたリスク回避的な効用関数を例として，横軸に利得を取り，その平方根（$\sqrt{\phantom{x}}$）で計算される効用を縦軸に示したものです。図表からは，当該個人にとって，利得0と利得20が等確率（0.5＝50％）で得られる投資からの期待効用（X点の高さ，$(0+\sqrt{20})/2=2.23\cdots$）は，その期待利得である10が確実に得られる投資からの効用（Y点の高さ，$\sqrt{10}=3.16\cdots$）に比べて低いことがわかります。このとき，上記の不確実な投資から得られる期待効用と同じ効用をもたらす確実な利得額である確実性等価（certainty equivalent）はZ点であり，投資の期待利得である10＝$(0+20)/2$と確実性等価との差のことをいうリスク・プレミアム（risk premium）は，X点とZ点の間の長さ（距離）となります。なお，Z点の横軸の座標の大きさは「$5(=2.23\cdots^2)$」ですから，図表5－8を用いる設例においては，図中の矢印（↔）で示されるリスク・プレミアムは5（＝10－5）となります。

### 図表5－8 ■リスク回避的な個人の効用関数

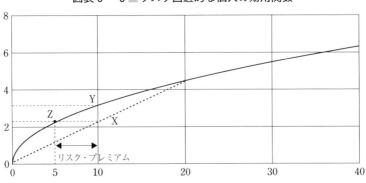

2　図表 5 − 5 A と図表 5 − 5 B を比較することにより，図表中の行列の主対角確率，すなわち高業績（$s_1$）のときにグッド・ニュース（GN）である確率，および低業績（$s_2$）のときにバッド・ニュース（BN）である確率が高くなるほど，会計情報の入手・分析から会社の真の業績がより高い精度で判明する，よって情報の有用性が高いことが示唆されます。第 2 節でみた具体的な質的特性を用いて説明すると，たとえば，より目的適合的であり，かつより信頼性が高い会計情報が作成・公表されるほど，これら主対角確率は高くなり，それに伴い非主対角確率は低くなると考えられます。

3　資本市場研究を 2 つに大別すると，本文中でみるイベント・スタディ，および価値関連性研究（value relevance studies）—または関連づけ研究（association studies）—となるとされます（Kothari 2001）。後者の価値関連性研究（関連づけ研究）は，特定の事象の発生よりむしろ長期的な視点に立ち，利益数値や資産・負債の金額という会計情報が株価や株式リターンとどのような関係を有するのかを解析しようとするものです。

4　ビーバー（Beaver 1968）は，異常リターン（本文中の⑨式参照）の「分散」を期間比較することにより，会計利益が報告された週には他の週と比べて統計的に有意な，その意味で異常な株価の反応，具体的には約67％も大きな異常リターンの分散が存在したことを発見しています。

## 第5章補論 議論の補足

　第5章の本文中では，経済的意思決定に有用な会計情報を考察しました。そこでの議論の補足として，**補論**においては，❶「結果（情報）」から「原因（実態）」を導くために用いられるベイズの定理，❷情報のモデル化における精粗の考え方，さらに❸情報の定量化に関して，追加的に説明しています。

### 補論❶—ベイズの定理

　本文中，⑤式および⑥式において，ベイズの定理を適用しました。**補論❶**では，ベイズの定理の導出と適用についてより詳しくみておきましょう。

　第1に，ベイズの定理は，以下のように示されます。なお，ここでは離散型すなわちパラメータ（θ）の取りうる値が有限個のケースのみを扱うことにします。もっとも，0から10までの値の範囲のような連続型のパラメータのケースについても，考え方は変わりません。

$$P(\theta_i|x) = \frac{P(x|\theta_i) \cdot P(\theta_i)}{\sum_{i=1}^{n} P(x|\theta_i) \cdot P(\theta_i)} \qquad \cdots (1)$$

　(1)式において，θはパラメータ，xはデータを意味し，たとえば第5章第3節の設例では，それぞれ会社の業績（$s_i$）と会計情報（$\overset{\text{グッドニュース}}{G N}$／$\overset{\text{バッドニュース}}{B N}$）を指すことになります。さらに，$P(\theta_i)$ はあるパラメータ（$\theta_i$）となる事前確率を，$P(\theta_i|x)$ はデータ（x）入手後に改訂されたあるパラメータ（$\theta_i$）となる事後確率を，$P(x|\theta_i)$ はあるパラメータ（$\theta_i$）のときにあるデータ（x）が得られる確率である尤度（likelihood）や証拠（evidence）を，$\sum_{i=1}^{n} P(x|\theta_i) \cdot P(\theta_i)$ は周辺尤度（marginal likelihood）を表わしています。本文中の会計情報と会社の業績との関連でいうと，会計情報 x は尤度 $P(x|\theta_i)$ の形式をとる「会社の業績 $\overset{\text{から}}{\Rightarrow}$ 会計情報」の方向の写像となります。しかし，意思決定をする個人が知りたいのは，情報から関心のある事象の真の状態を推論する「会計情報 $\overset{\text{から}}{\Rightarrow}$ 会社の業績」の方向で示される事後確率 $P(\theta_i|x)$ のほうです。したがって，(1)式は，事前確率 $P(\theta_i)$ と尤度 $P(x|\theta_i)$ を用いて，意思決定者が本当に知りたい事後確率 $P(\theta_i|x)$ を与える公式となっています。

　それでは，ベイズの定理を導いていくことにしましょう。

条件付き確率の式は，以下のようになります。

$$P(Y|X) = \frac{P(X \cap Y)}{P(X)} \qquad \cdots (2)$$

$$P(X|Y) = \frac{P(X \cap Y)}{P(Y)} \qquad \cdots (3)$$

すなわち，**図表5−9**からわかるように，事象Xであることを前提として事象Yともなる条件付き確率（conditional probability）P(Y|X)は，Xである確率P(X)のうち，「XでありかつYでもある確率P(X∩Y)」，計算式でいえば$\frac{P(X \cap Y)}{P(X)}$となります。同様にして，事象Yであることを前提として事象Xとなる条件付き確率P(Y|X)は，Yである確率P(Y)のうち，「XでありかつYでもある確率P(X∩Y)」，すなわち計算式でいえば$\frac{P(X \cap Y)}{P(Y)}$となります。

**図表5−9 ■条件付き確率の概念図**

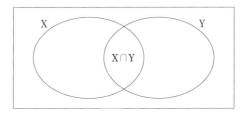

上記の(2)式と(3)式を変形すると，以下の(4)式となることから，さらに変形を加えれば(5)式となることがわかります。

$$P(X \cap Y) = P(Y|X) \cdot P(X) = P(X|Y) \cdot P(Y) \qquad \cdots (4)$$

$$P(Y|X) = \frac{P(X \cap Y)}{P(X)} = \frac{P(X|Y) \cdot P(Y)}{P(X)} \qquad \cdots (5)$$

(5)式について，Xをデータx，Yをパラメータθとして置き換えると，

$$P(\theta|x) = \frac{P(x|\theta) \cdot P(\theta)}{P(x)} \qquad \cdots (6)$$

となります。パラメータθの取りうる値は，$\theta_i (i = 1, 2, \cdots, n)$のように複数個あり，かつそれらは互いに独立であると仮定すると，(6)式の分母のP(x)は，

$$P(x) = \sum_{i=1}^{n} P(x|\theta_i) \cdot P(\theta_i) \qquad \cdots (7)$$

のように表記できることになります。たとえば，パラメータ $\theta$ の取りうる値が3個の場合については，**図表5−10**のように示されるでしょう。すなわち，パラメータ $\theta$ の取りうる3つの状態 $\theta_1$，$\theta_2$ と $\theta_3$ が同時に起こらないならば，それぞれ $\theta_i$ と X が同時起こる確率 $P(X \cap \theta_i) = P(X|\theta_i) \cdot P(\theta_i)$（上記の(4)式参照）を3つの状態について足し合わせることにより，X が起こる確率 $P(X)$ が求められます。最終的に，(7)式の $P(x)$ を(6)式の右辺の分母の $P(x)$ に代入すると，ベイズの定理である(1)式が導出できます。

$$P(\theta|x) = \frac{P(x|\theta) \cdot P(\theta)}{P(x)} = \frac{P(x|\theta_i) \cdot P(\theta_i)}{\sum_{i=1}^{n} P(x|\theta_i) \cdot P(\theta_i)} \qquad \cdots (1)$$

さきに説明したように，第5章第3節の設例では，それぞれ会社の業績（$s_i$）と会計情報（GN/BN，以下では*N，* = G, B と表記）を意味しました。したがって，(1)式のベイズの定理をそこでの投資意思決定における会計情報の役割の設例に置き換えると，以下のようになるでしょう。

$$P(s_i|*N) = \frac{P(*N|s_i) \cdot P(s_i)}{\sum_{i=1}^{2} P(*N|s_i) \cdot P(s_i)} \qquad * = G \text{ or } N \qquad \cdots (8)$$

**図表5−10■独立の事象と確率**

| $\theta_1$ | $\theta_2$ | $\theta_3$ |
|---|---|---|
| X | | |
| $X \cap \theta_1$ | $X \cap \theta_2$ | $X \cap \theta_3$ |

　第5章第3節の本文中の⑤式と⑥式は，(8)式を用いたものです。
　ところで，ベイズの定理の考え方は，会計不正すなわち財務報告における意図的な虚偽の記載の発見においても重要な役割を果たすことになります。新たな設例を用いて簡単にみておきましょう。第8章でみる監査人は，情報の有用性を損なうことになる財務報告の重要な虚偽記載を見逃さないよう，職業的専門家としての正当な注意を払って監査を実施しています。このため，綿密に練られた計画に基づき，必要と認めた監査手続を実施し，監査証拠を集めているのです。ここで仮に，ある監査人にとって，財務報告に会計不正を原因とする重要な虚偽記載，

すなわち訂正を依頼すべき事項が含まれる確率は，これまで長年の経験から全体の「1％」であるとわかっているとします。重要な虚偽記載となるような会計不正が実際にある場合，その兆候を示す監査証拠が得られる真陽性（true positive, TP）の確率は80％，反対に，重要な虚偽記載となる会計不正が実際にあったとしても，その兆候を示す監査証拠が得られない偽陰性（false negative, FN）の確率は20％あることもわかっています。さらに，重要な虚偽記載となるような会計不正がない場合に，10％の確率でそれがある偽陽性（false positive, FP）の兆候を示す監査証拠が得られてしまい，反対に，重要な虚偽記載の兆候が得られない真陰性（true negative, TN）の確率は90％であることもまた，わかっているとします。財務報告の重要な虚偽記載の有無の状況と，それを導く会計不正が存在する兆候に関する監査証拠との以上の関係は，**図表5−11**のようにまとめられます。

**図表5−11■虚偽記載の状況と不正の兆候との関係**

|  | 不正兆候あり（E） | 不正兆候なし（NE） |
|---|---|---|
| 虚偽記載あり | 0.8（TP） | 0.2（FN） |
| 虚偽記載なし | 0.1（FP） | 0.9（TN） |

　このとき，重要な虚偽記載となる会計不正の存在を示す兆候が発見された（E）とき，重要な虚偽記載が実際にある確率はどのくらいあるでしょうか。

$$P(虚偽記載あり|E) = \frac{P(E|虚偽記載あり)\cdot P(虚偽記載あり)}{P(E|虚偽記載あり)\cdot P(虚偽記載あり)+P(E|虚偽記載なし)\cdot P(虚偽記載なし)}$$

$$= \frac{0.8\cdot 0.01}{0.8\cdot 0.01+0.1\cdot 0.99} = \frac{0.008}{0.008+0.099} = 0.074766\cdots$$

　すなわち，約7.5％ということになります。(1)会計不正を原因とする財務報告の重要な虚偽記載がもともと「1％」と低いこと，さらに(2)監査手続により得られる証拠からは，完全には対象となる会計不正の存否を立証できず，偽陽性（FP＝0.1）や偽陰性（FN＝0.2）となる確率が相当程度あると仮定していることから，こうした結果が導かれているといえましょう。

## 補論❷─情報に関わる分割・精粗などの考え方

　第5章第3節の情報のモデル化にさいし，伝達されうる情報のタイプは，グッド・ニュース（GN）とバッド・ニュース（BN）の2つのみであると仮定されて

いました。分割や精粗など情報に関する考え方を説明するべく、この**補論❷**では、情報のタイプを2つよりも多くした例を用います。

#### 図表5−12■当期利益の増減，実現確率および株価

| 当期利益の増減 $(s_i)$ | −200 $(s_1)$ | −100 $(s_2)$ | 0 $(s_3)$ | 100 $(s_4)$ | 200 $(s_5)$ |
|---|---|---|---|---|---|
| 実現の見通し $(P(s_i))$ | 0.1 | 0.2 | 0.4 | 0.2 | 0.1 |
| 株価 $(x_i)$ | 200 | 400 | 500 | 700 | 1,000 |

　情報入手により明らかにしたい会社の状態 $s_i$（i＝1, 2, 3, 4, 5）は、前期と比較した場合の当期利益の増減であるとし、各状態が実現する確率 $P(s_i)$ と実現時の株価 $(x_i)$ は、**図表5−12**のように示されるとします。たとえば、前期比200の減益となる状態 $s_1$（−200）の発生する確率 $P(s_1)$ は10％であり、このときの株価 $x_1$ は200となると考えるのです。

　さて、投資家は、事前には図表5−12のような関係のみを知り、自らの選好にしたがい行動します。ここで、当期利益の公表の前に、会社からの利益の見通し（利益予測）の発表があるとしましょう。また、利益の見通し（利益予測）は、**図表5−13**のように3つの形態のいずれかをとるものとします。第1に、情報 $I_0$ は、いずれは会計利益の公表があるという既知の事実であり、当該情報 $I_0$ には図表5−12を超える情報はありません。よって、情報 $I_0$ は、無情報（no information）ともいえます。次に、情報 $I_p$ は、この対極に位置するものであり、公表により起こりうる5つの状態のうちどれが実現したのかを完全に特定するものであるから、その意味で完全情報（perfect information）といえるでしょう。最後に、情報 $I_m$ は、起こりうる5つの状態に関し、当期利益がマイナスである（赤字，$\{s_1, s_2\}$)、あるいはそうではなく非負である（赤字以外，$\{s_3, s_4, s_5\}$）の2つに分割するものです。

#### 図表5−13■情報の分割，および情報の質の判定規準としての精粗

| 情報の分割 | 解釈 | 判定 |
|---|---|---|
| $I_0 = \{\{s_1, s_2, s_3, s_4, s_5\}\}$ | 状態の実現をなんら明らかにしない（無情報） | 粗 |
| $I_m = \{\{s_1, s_2\}, \{s_3, s_4, s_5\}\}$ | 完全ではないものの事前の期待を変える情報 | 中間 |
| $I_p = \{\{s_1\}, \{s_2\}, \{s_3\}, \{s_4\}, \{s_5\}\}$ | 起こる状態を完全に明らかにする（完全情報） | 精 |

　図表5−13と上記の説明からは，情報（システム）は，起こりうる状態集合の分割（partition）としてモデル化されうることがおわかりいただけるでしょうか。さらに，完全情報$I_p$は，その入手により起こる状態が完全に判明するという意味で，そうではない情報，たとえば無情報$I_0$と中間の情報$I_m$よりも優れ，よって精（fine）であり，反対に，無情報$I_0$と中間の情報$I_m$は，完全情報$I_p$に比べると粗（coarse）であるといわれます。情報（システム）間における精粗の存在という考え方は，優劣の比較や順位付けをする場合に，役立つものとなっています。たとえば，図表5−13における判定欄（の列）は，無情報$I_0$，中間の情報$I_m$，さらに完全情報$I_p$の順番で情報がより精（finer）となり，言い換えれば，情報（システム）$I_0$が伝達する情報はすべて情報（システム）$I_m$が伝達しており，よって意思決定有用性の高いものとなっていることを示しているのです。

　ここまで，入手される情報は1つのみであると仮定してきました。しかしながら，**図表5−14A**のように意思決定において同時に考慮される多次元の情報，さらに**図表5−14B**のように同一の情報源から時の経過とともに得られる複数の情報も，もちろんのことですが存在しえるでしょう。このとき，情報の利用者は，それぞれの情報（I）と意思決定のために知りたい事象の真の状態（$s_i$）との間の関係に加え，入手される複数の情報（I）との間の関係，たとえば図表5−14Aのように描写される情報$I_c$と情報$I_d$との関係も考慮しつつ，「情報（I）$\stackrel{から}{\Rightarrow}$真の状態（$s_i$）」のような矢印の方向の推論を行うことになります。

**図表5−14▉多次元の，または時系列的な情報の影響の概念図**

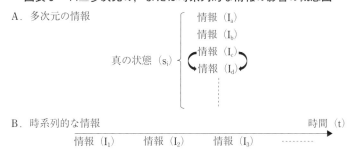

## 補論❸─情報の定量化

　最後に，**補論❸**では，情報に含まれるメッセージの確率・統計的な性質に着目して情報の「定量化」をなしたシャノン（C. E. Shannon）先生らの情報理論（Shannon and Weaver 1949) のごく基礎的なところのみに触れておくことにしましょう。ここまで，情報が有用であるとは，その入手により意思決定者が事前にもっていた期待が改訂される程度で判定されうるとしていました。これに対して，通信の第1の目的はメッセージの正確な，さらに無駄のない伝達であると捉える通信の数学的なモデル化が20世紀半ばからなされてきました。その情報量の多寡の定義につき，説明していきましょう。

　あるメッセージやレポートから情報を得る場合，1つの考え方として，それが事前には予測していなかったものであるほど，多くの情報が得られたといえるかもしれません。反対に，事前にも高い確率で予測できた場合には，少しの情報しか得られなかったといえるでしょう。このとき，メッセージやレポートの情報量は，内容の事前の予測のしやすさ，換言すれば発生確率により定義できるでしょう。発生確率の低い情報ほど，事前に予測しがたく，よって情報量が多いのです。ある2つの事象の発生確率 $p_s$（$s = 1, 2$）の情報量の関数を $I(p_s)$ で示すとすれば，以下の(9)のような関係が存在することになります。

$$p_1 > p_2 \quad ならば \quad I(p_1) < I(p_2) \qquad \cdots (9)$$

　さらに，これら2つの事象がそれぞれ独立ならば，以下の(10)式が成立することは明らかでしょう。すなわち，事象1と事象2が互いに独立の場合，それらを同時に観察したときに得る情報量と，事象1と事象2をそれぞれ別々に観察したときに得られる情報量の和は等しくならねばなりません。

$$I(p_1) + I(p_2) = I(p_1 p_2) \qquad \cdots (10)$$

　上の(9)と(10)の2条件を満たすのが対数関数であり，よって情報量は，(11)式のように事象の発生確率の逆数の対数により定義されます。

　【定義】　事象 s の発生確率が $p(s)$ のとき，以下が当該事象のもつ情報量 $I(s)$ であるとする。

$$I(s) = \log_2 \frac{1}{p(s)} = -\log_2 p(s) \qquad \cdots (11)$$

　なお，(11)式で定義される情報量は，ある特定の事象 s のもつ情報量であるため，自己情報量と言及されます。たとえば，**補論❷**の図表 5 － 12では，当期利益が前年度よりも200減少するという事象（$s_1$）の発生確率は，0.1（10% = 1/10）として

いました。したがって，この事象（$s_1$）の情報量 $I(s_1)$ を計算すると以下のようになります。

$$I(s_1) = -\log_2 \frac{1}{10} = \log_2 10 = 3.32 \cdots \quad 〔ビット〕$$

さらに確認しておくと，発生確率が100％，50％，25％，さらに12.5％と減少するにつれて，情報量は 0 ビット，1 ビット，2 ビット，さらに 3 ビットと単調に増大していくことがわかります。確かに，起こる確率が低いほど，その事象のもつ情報量は大きくなっていっています。

さて，あるメッセージやレポートの伝達の「システム」を考えるときに重要となるのは，そこに含まれる情報量よりもむしろ，メッセージやレポート全体における平均的な情報量であるかもしれません。ここで平均の情報量は，**エントロピー**（entropy）とよばれ，⑿式によって定義されます。

【定義】　n 個の独立の事象 $s_i (i = 1, 2, \cdots, n)$ あり，これらを伝えるメッセージやレポートが送られる確率がそれぞれ $p(s_i)$ とします。このとき，これら n 個の事象の平均情報量ないしエントロピー $E(S)$ は，以下のように計算されます。なお，起こりうる事象すべてを考えることから，$\sum_{i=1}^{n} p(s_i) = 1$ となることに注意してください。

$$E(S) = \sum_{i=1}^{n} p(s_i) I(s_i) = -\sum_{i=1}^{n} p(s_i) \log_2 p(s_i) \qquad \cdots ⑿$$

　たとえば，**補論❷**の図表 5 − 12では，当期利益の額に関して 5 つの起こりうる事象（$s_1, s_2, s_3, s_4, s_5$）の発生確率は，それぞれ0.1（10％），0.2（20％），0.4（40％），0.2（20％），および0.1（10％）としていました。これらのエントロピー $E(S)$ を計算すると以下のようになります。

$$E(S) = -0.1 \log_2 0.1 - 0.2 \log_2 0.2 - 0.4 \log_2 0.4 - 0.2 \log_2 0.2 - 0.1 \log_2 0.1$$
$$= 2.12 \cdots \quad 〔ビット〕$$

なお，⑿式からは，(i)エントロピーは非負である，すなわち $E(S) \geq 0$ であること，また(ii)それぞれのメッセージやレポートの発生確率に偏りがあるほど，エントロピーは小さくなることがわかります。後者の性質(ii)についていえば，それぞれのメッセージやレポートに偏りがあるということは，そのうちどれが確率的に実現しやすいかが予想しやすいことによります。これに関連して，すべてのメッセージやレポートの発生確率が等しいとき，換言すれば n 個の事象がそれぞ

れ 1/n の確率で生起するときにエントロピーが最大となることも理解できます
（以下の(13)式参照[1]）。

$$E(S) = -\sum_{i=1}^{n} p(s_i) \log_2 p(a_i) \leq \log_s n \qquad \cdots (13)$$

■注
1　証明は省略しますが，不等式「$\ln x \leq x - 1$」を利用することになります。

# 第6章 会社・経営者による自発的な情報開示（ディスクロージャー）

■**本章の目的**■

　本章では，会社・経営者が自発的に行う情報開示（ディスクロージャー）の問題を取り扱います。第3章では，市場からの圧力により，法規制がなくても会計情報の作成・公表が適切になされ，したがって，ある種の制度や規制は必要がないとする議論をみました。本章は，そこでの説明をより詳細にし，自発的開示の議論を理論・実証（研究）の両面から掘り下げるとともに，インベスター・リレーションズ（IR）の論点も紹介することを目的としています。

　なお，論点を身近に感じてもらうべく，経済実験（ゲーム）の手続書（インストラクション）と利得計算用紙を章末に**補遺**として収録しました。先に読んでから，あるいは経済実験（ゲーム）を実施してから，本文に入ることもお勧めします。

## 1　はじめに

### 市場の力による自発的開示と制度・規制

　第3章第2節では，企業会計制度と財務報告規制の「不」必要性に関する議論を展開しました。要約すると，そこでは，制度や規制がなくとも，会社（経営者）自身による「情報を伝えたい」という動機やインセンティブにより適切な水準の会計情報が作成・公表されるとする論拠の1つとして，市場からの圧力（market forces，市場の（諸）力）が挙げられていました。たとえば，わが国の企業会計基準委員会（ASBJ）（2006）の討議資料『財務会計の概念フレームワーク』でも，第1章の「財務報告の目的」において，「経営者は本来，投資家の保守的なリスク評価によって企業価値が損なわれないよう，自分の持つ私的な企業価値を自発的に開示する誘因を有している」（【本文】〔会計基準の役割〕4項）とし，このため「公的な規制がなくても，投資家に必要な情報はある程度まで自然に開示されるはずである」（同4項）とつなげています。さらに，かような認識に立脚したとしてさえ，虚偽情報の排除や情報の等質性の確保などのため，社会的な費用対効果の高い最小限のルールが必要とされる（同4項），と記述は続いていきます。

このように，情報を積極的に開示しようとするインセンティブが会社・経営者側にあることは，制度を策定し，規制する側にとっても相応に認識されている事実といえるでしょう。

　資本市場が適切に機能するならば，財務報告の制度や会計基準は不要であるというのは，その制改訂と執行に困難さ，たとえば，社会的に最適な水準の制度・会計基準の制定の問題や相当のコストを伴うことに鑑みても，非常に魅力的な議論です。もちろん，資本市場の適切な機能のための諸条件は充足されねばなりませんし，企業会計基準委員会（ASBJ）の討議資料の指摘にもあるように，最低限のルールの必要性は残っています。そもそも，「何もしないでいい。それですべてうまくいくから」と単純に考えるのは，現実逃避以外の何物でもない，ナイーブに過ぎる行為でしょう。また，本章でみるのは自発的開示（voluntary disclosure）の理論であり，強制的開示（mandatory disclosure）の理論ではありません。すなわち，会社・経営者の情報開示インセンティブの一端と帰結は分析できても，会計情報の作成・公表に対する法規制の社会的な適切性や効率性などの論点を取り扱うことはできないのです。しかしながら，「不」必要であるとする議論の論拠の1つを正しく理解し，そうした視点も有したうえで現行の財務報告の制度や会計基準の問題を考察できるようになることは，意義のあることと考えます。

## 本章の論点・構成

　上記のような問題意識に基づき，本章は，会社・経営者による自発的な情報開示の論点を主として取り扱うことにします。具体的には，第2節では，市場からの圧力が誘発する自発的開示の理論的なメカニズムに関し，以前の第3章第2節では要点を伝えたのみであったところ，図表や数式なども用いつつ，公式的かつやや詳細な説明も提供することになります。第2節の記述内容は，文系人間を自認する筆者のような人間にとっては，理解が難しい箇所もあるかもしれません。第3節は，このため，理論の実証のための経済実験の方法と結果を紹介します。章末の補遺には，実験のインストラクションもつけています。ゲームの参加者になったつもりで，どのような行動を自分ならばとるか考えてみてください。さらに，第4節では，第5章などでもみたアーカイバルの，すなわち現存する比較的大量のデータを統計的に処理することにより仮説を検証するタイプの実証研究について簡単にみていくことにします。最後の第5節は，本章全体のまとめと追加的な説明になります。

## インベスター・リレーションズ（IR）

　第3章第2節と本章では，ここまで，財務報告の制度や会計基準の必要性・「不」必要性という観点から，会社・経営者の自発的な情報開示の論点をとらえてきました。しかしながら，重要な事実として，会社・経営者は法制度で強制される以外の情報開示を禁じられているわけではありません。現実にも，数多くの会社・経営者が自社の会計関連の情報を自発的に提供しています。こうした自発的情報開示は，**インベスター・リレーションズ**[1]（IR, investor relations）ともよばれます。ここで，インベスター・リレーションズ（IR）とは，直訳となる「投資家（との）関係」ということばそのままに，株式購入・保有など自社と関係をもつことを望む投資家（層）に向けて，意思決定に有用であるように，ニーズに沿った情報を選択して迅速に会社・経営者が提供することであるといえます。適切なインベスター・リレーションズ（IR）活動は，資本市場における会社の適正な評価の獲得に資することが期待されます。これに対して，適切な水準の情報開示がなされない場合，そうである場合と比べて，資本市場からの低評価に甘んじ，あるいは虚偽の情報開示や黙秘により市場を欺こうとしたことが露見すると，関係者からの制裁，たとえば，株式売却による会社との関係解消や株価の下落などを被ることになりかねません。

　自発的開示は，かような意味において，市場からの圧力にしたがってなされる実務といえます。一方において，収益性や安全性，成長性など会社の「実態」があって初めて，それらが「情報化」され伝達されるという方向の事象の流れが自然であることは，疑いありません。他方では，しかしながら，外部から会社を評価するのは個々の投資家ないし市場であり，数多くの投資対象から選択されるためには，自社の現時点の優位性や将来性を売り込むというマーケティングの視点も欠かせません。

## 2　自発的な情報開示の理論

### 自発的な情報開示の基本モデルの設定

　本節は，クリステンセンとフェルサム（Christensen and Feltham 2002）や椎葉ほか（2010）などの書籍を参考にしながら，特定の条件のもとで起こる会社・経営者による自発的な情報開示に関し，フォーマルな分析モデルを設定し，均衡を導出していきます。

**図表 6－1** ■自発的な情報開示の基本的なモデルのタイムライン

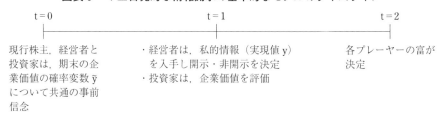

　3つの連続する時点から構成される1期間のモデルを考察するものとします（**図表6－1**）。期間の最初（t＝0，期首）には，会社・経営者，現在の株主および潜在的な投資家からなる関係者は，期間の最後（t＝2，期末）の企業価値に関して共通する事前の信念を有しています。すなわち，期末の企業価値は，区間 $[\underline{y}, \bar{y}]$ の範囲に対して密度関数（density function）f($\tilde{y}$），分布関数（distribution function）F($\tilde{y}$）にしたがう確率変数（random variables）$\tilde{y}$ であると，関係者すべてが期首には考えています。たとえば，区間 $[\underline{y}, \bar{y}]$ の連続型の一様分布を例にとると，密度関数 f($\tilde{y}$) と分布関数 F($\tilde{y}$) は以下のようになります。

$$f(\tilde{y}) = \begin{cases} \dfrac{1}{\bar{y} - \underline{y}} & \underline{y} < y < \bar{y} \text{ の場合} \\ 0 & \text{上記以外の場合} \end{cases} \quad \cdots ①$$

$$F(\tilde{y}) = \begin{cases} 0 & y < \underline{y} \text{ の場合} \\ \dfrac{y - \underline{y}}{\bar{y} - \underline{y}} & \underline{y} < y < \bar{y} \text{ の場合} \\ 0 & \underline{y} < y \text{ の場合} \end{cases} \quad \cdots ②$$

**図表6－2** ■連続型の一様分布の密度関数（f($\tilde{y}$)）と分布関数（F($\tilde{y}$)）

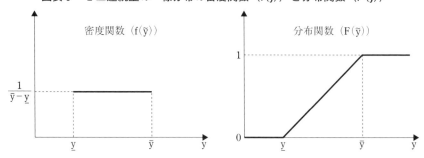

　①式と②式のような連続型の一様分布のグラフは，**図表6－2**のように示されます。ここで重要なことは，会社の最終的な価値の実現値のとりうる範囲，すなわちここでは，[y, ȳ] がいかなるものであり，どのくらいの確率でそれが起こりうるかに関して，会社内外の関係者すべてにとって既知であるという仮定となります。たとえば，ある特定の会社の期末価値は，それぞれ10％，20％，30％，20％，10％，また10％（計100％）の確率で，10億円，30億円，50億円，60億円，80億円，または100億円のいずれか1つとして実現することについて，理由はともかく，会社内外の関係者は前もって知っていると考えるのです。

　図表6－1の期間の途中（t＝1，期中）に，会社・経営者は，期末の企業価値の実現値 y を知らされます。ある経済主体のみが知るかような情報は，私的情報（private information）とよばれ，誰もが知る公開情報（public information）とは区別されます。他の会社関係者は，企業価値の実現値 y 自体は知りえませんが，会社・経営者が当該実現値 y の情報をいち早く入手することは知っているとします。会社・経営者は，この時点（t＝1，期中）において，企業価値の実現値 y を開示する（以降，事象 D（disclosure）と表記）か，あるいは開示しない（以降，事象 ND（non-disclosure）と表記）かのいずれか二者択一の意思決定をします。なお，会社・経営者は，虚偽の開示をすることはできませんし，さらに会社が投資家ないし資本市場から受ける評価を最大化するように動機づけられているとします。

　会社・経営者の情報の開示（D）あるいは非開示（ND）のあと，リスク中立的な会社の関係者は，事後的なすなわち条件付きの期待値によって会社を評価することになります。図表6－1の期間の最後（t＝2，期末）に，関係者それぞれの富ないし資源配分が決定されます。

## 情報開示の基本モデルの均衡の2条件

　それでは，上記の開示モデルの均衡を求めていきましょう。均衡においては，次の2つの条件(a)と(b)が充たされると考えます。第1に，(a)会社・経営者は，期中（t＝1）に入手した期末の企業価値に関する私的情報の開示（D）・非開示（ND）の選択に関し，資本市場からの評価（の期待値）が最大となるように意思決定します。なお，ある企業価値の実現値 y の私的情報が入手されたさい，それが開示される（D）ものならば開示集合（斜体 *D*）にあり，反対に，それが開示されないものであれば非開示集合（斜体 *ND*）にあると示します。さらに，2つの不等式ともに，等号（＝）が含まれていますが，開示（D）・非開示（ND）の期待値が

等しい場合，両選択に対する選好は会社・経営者にとって無差別（indifferent）となり，どちらが選ばれるのかは問題となりません。

(a) $E(\tilde{y}|D) \geq E(\tilde{y}|ND)$ ∀y∈$D$

$E(\tilde{y}|D) \leq E(\tilde{y}|ND)$ ∀y∈$ND$

条件(a)は，言い換えれば，ある期末の企業価値の実現値yが得られたならば，それらは開示する（事象D）（開示しない（事象ND，以下この文中の括弧同士は対応）と決め，よって開示集合（$D$）（非開示集合（$ND$））に含ませるならば，開示しないよりも開示する（開示するよりも開示しない）ほうが高い評価を資本市場から受けるためであることを示しています。また，均衡においては，会社・経営者は，資本市場から受ける評価のもとで，開示政策を変更するインセンティブを有しません。なお，ここで開示政策（disclosure policy）とは，ある企業価値の実現値yのそれぞれについて，開示集合（$D$）または非開示集合（$ND$）のどちらの要素に含めるのかという意思決定のことを指します。

続いて，(b)個々の関係者と資本市場は，会社・経営者による期中（t＝1）の開示選択を観察し，第5章の**補論❶**でみたベイズの定理にしたがう改訂後の信念に基づき，会社の期末価値を予測します。なお，個々の関係者と資本市場の予測は，均衡においては，開示政策と整合的でなければなりません。

(b) $ND \neq \emptyset$ であれば，$E(\tilde{y}|ND) = \int_{ND}\tilde{y}dF(\tilde{y}|ND)$ であって，非開示の事象（ND）を観察した投資家は，ベイズの定理を適用して確率変数$\tilde{y}$に関する事前信念を以下のように改訂します。なお，$ND = \emptyset$ であれば，$dF(\tilde{y}|ND) = 0$ となります。

$$dF(\tilde{y}|ND) = df(\tilde{y})/F(ND)$$

## 最悪を仮定する信念と開示モデルの均衡

ここで，会社・経営者の非開示（ND）は，企業価値に関する確率変数$\tilde{y}$の実現値yとして得られた私的情報は望ましくない（すなわち，$E(\tilde{y}|D) \leq E(\tilde{y}|ND)$）という理由で選択されたと投資家は想定するものとしましょう。ここで私的情報が望ましくないとは，期末の企業価値の実現値yが$\hat{y}$以下であるとします。このとき$\hat{y}$は，これを超える企業価値が実現すれば開示をするものの，これを下回る実現値だと開示しないという閾値（threshold）を示しています。すなわち，非

開示集合 $ND \in [\underline{y}, \hat{y}]$ および開示集合 $D \in [\hat{y}, \bar{y}]$ となり，まとめると，これらは**図表6－3**のように表わされるでしょう。

### 図表6－3 ■開示（D）・非開示（ND）の事象とそれぞれの実現値の集合

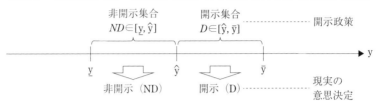

このとき，開示がなされ（事象D），経営者が期末の企業価値の実現値 y を資本市場に対して明らかにしたさいの企業価値の期待値は次のようになります。

$$E(\tilde{y}|D) = y \qquad \cdots ③$$

これに対して，非開示（ND）のときの企業価値の期待値は，以下のようです。ただし，$\hat{y} = \underline{y}$ のときは，$E(\tilde{y}|ND) = \underline{y}$ となることに注意してください。なお，以下の④式において，$F(\hat{y}) = \mathrm{Prob}(\tilde{y} \leq \hat{y}) = \int_{\underline{y}}^{\hat{y}} f(\tilde{y}) d\tilde{y}$ となります。

$$E(\tilde{y}|ND) = \int_{\underline{y}}^{\hat{y}} \frac{\tilde{y}}{F(\hat{y})} dF(\tilde{y}) \qquad \cdots ④$$

均衡の条件(a)から，会社・経営者が非開示（ND）を選択するさいには以下の⑤式となり，③式および④式を代入することにより，⑥式が得られます。

$$E(\tilde{y}|ND) \geq E(\tilde{y}|D) \qquad \cdots ⑤$$

$$\int_{\underline{y}}^{\hat{y}} \frac{\tilde{y}}{F(\hat{y})} dF(\tilde{y}) \geq y \qquad \cdots ⑥$$

さらに，非開示（ND）にさいして，個々の投資家と市場は，以下であると想定すると考えられます。

$$y \leq \hat{y} \qquad \cdots ⑦$$

均衡においては，⑥式で示される経営者の開示政策，および投資家の事後的な予想である⑦式とは等しくなり，したがって，以下の⑧式が導かれます。

$$\hat{y} = \int_{\underline{y}}^{\hat{y}} \frac{\tilde{y}}{F(\hat{y})} dF(\tilde{y}) \qquad \cdots ⑧$$

このとき，どのような企業価値の実現値 y の私的情報が入手されても，会社・

経営者は開示することにより，非開示の場合よりも，個々の投資家と資本市場からの評価を高めることができます。

## 完全開示の生起の証明

　背理法を用いてここでの結果を証明するため，事実とは相違しますが，$\hat{y} > \underline{y}$ であり，よって非開示のほうが開示よりも高い評価を受けられるような企業価値の実現値が存在すると仮定しましょう。このとき，$y = \hat{y}$ であれば，⑧式の右辺は必ず左辺よりも小さくなります。すなわち，$E(\tilde{y} \mid D)$ は $y$ の増加関数ですから，$E(\tilde{y} \mid D) = \hat{y} = y > E(\tilde{y} \mid ND)$ となり，会社・経営者は開示により評価を高められることになります。これは，先にみた条件(a)に矛盾し，このため $\hat{y} > \underline{y}$ という仮定は間違っており，したがって $\hat{y} = \underline{y}$，すなわち関係者が想定しうる最低の企業価値の実現値 $\underline{y}$ 以外であれば，当該事項を示す私的情報が開示されることになるのです。このとき，非開示は，起こりうるうちの最低の企業価値 $\underline{y}$ が実現したことを意味しますから，結局のところ，どのような期末の企業価値となったとしても，個々の投資家と市場はそれを知ったうえで投資意思決定できることになるのです。ここで紹介したのが完全開示（full disclosure）のモデルとも言及されるゆえんです。

## 連続型一様分布の場合の均衡の導出

　最後に，**図表 6 − 4** をご覧ください。図表 6 − 4 は，期末の企業価値がとりうる値が，図表 6 − 2 の区間 $[\underline{y}, \bar{y}]$ の連続型一様分布（①式と②式参照）である場合を示したものです。図表 6 − 4 は，横軸に企業価値の実現値 $y$ と開示・非開示の閾値 $\hat{y}$ を，縦軸に個々の投資家と資本市場の評価をとったものです。図表中の太い実線（——）は，会社・経営者が私的情報を開示した場合の評価，すなわち実現値 $y(= E(y \mid D))$ そのものを，太い点線（----）は，非開示を選択した場合の評価（の期待値），すなわち $(\hat{y} - \underline{y})/2 (= E(y \mid ND))$ を，それぞれ示しています。図表 6 − 4 からは，起こりうる最下限 $\underline{y}$ で両者が等しくなる以外は，区間 $[\underline{y}, \bar{y}]$ の全域で縦軸の評価の値が実線（——）を点線（----）が上回っており，開示するほうが高い評価を得られることを読み取ることができます。

**図表6－4 ▓期末企業価値が区間［y, ȳ］の連続型一様分布の場合の開示均衡**

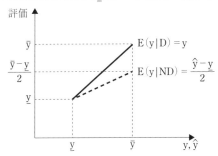

## 第2節のまとめ

　以上，本節では，市場からの圧力がある場合に起こる，会社・経営者による情報の自発的開示のメカニズムをフォーマルに示すべく，分析モデルを設定し，均衡を導きました。数式を用いた証明となったものの，自発的開示を導くためのロジック自体は，「高い期末の企業価値が実現したことが市場に伝達できるほど，市場は高い評価をもって応えてくれる」という単調性に起因する，単純なものといえます。

　非開示（ND）を選択する会社・経営者は，本節のモデルの設定によれば，y から ŷ までの間のどこか，特にリスク中立的な個人にとっては期待値で評価され，それは実現値 y を決して超えることはありませんでした。このため，開示（D）のほうが有利となることから，期末の企業価値の実現値 y は，それが起こりうる最低 y であって，開示でも非開示でも同じ市場からの評価 y を受けることになる場合を除いて，自発的に開示されることになります。

# 3　経済実験ないし実験ゲームによる自発的開示の検証

## 経済実験とは

　本節では，資本市場による圧力に導かれて生起する，会社・経営者による自発的な情報開示に関し，第2節とは別の視角から，すなわち理論の予測通りにヒトは行動するのかという視角から，**実験研究**（experimental research）の方法と知見を紹介することにします。実験研究は，理論モデルに沿うような環境とルールを実験室内に創出し，ヒトの参加者がそこで実際に行う意思決定のデータを分析す

ることにより，理論の予測を検証しようとする研究手法をいいます。財務諸表や株価のようにすでに存在するデータ（アーカイバル・データ）とは異なり，実験研究には，ある論点を問うために研究者自らが設計・統制した環境のもとで得られるデータを用いることから，因果関係の推論が可能となったり，環境や条件を変えた場合との結果の比較が可能であったりという方法論に固有の特長があります。

## 実験の概要と手続

本章の**補遺**において，自発的開示の生起の有無を確かめるための経済実験で用いるインストラクションと利得の計算表を示しました。もっとも，本来の学術研究では，実験中に稼得した利得が高い参加者ほど高い謝金を実際に持ち帰ることができるようにして，理論モデルが想定し，現実世界においても存在する経済的インセンティブの代用としますが，こうした謝金の支払いに関しては今般は省略しています。本書が想定する環境は，資本市場であり，主たるプレーヤーは投資家や会社・経営者ですが，経済実験では，売り手と買い手がある商品を売買する市場としています[2]。4人一組，1人の売り手と3人の買い手から構成される商品市場の1回の取引は，次のような6段階の事象の流れで行われます。なお，**補遺①**から**補遺⑥**は，本章の**補遺**のインストラクションの文中の番号表記と対応したものです。

第1（**補遺①**）に，起こりうる7つの値，「25」「50」「75」「100」「125」「150」および「175」の離散型の一様分布から1つが無作為に選ばれ，ある取引期間の商品の価値が決まります。商品の価値は，購入した買い手の利得となっており，よって高いほど，買い手による評価は高くなると考えられます。

第2（**補遺②**）に，売り手にのみ，商品の価値が通知されます。この時点では，商品の価値（の実現値）は売り手の私的情報です。

第3（**補遺③**）に，売り手は，(A)商品の価値を買い手たちに知らせるか，あるいは(B)知らせないかを決定します。商品の価値が「100」のときに「125」や「150」などという虚偽の通知や，ある特定の買い手にのみ通知し，残りの買い手には通知しないなどの差別的な通知はできません。

第4（**補遺④**）に，買い手は，商品を購入するために入札します。入札は，1から175までの整数で行い，他の買い手の入札額を知ることはできません。

第5（**補遺⑤**）に，最高の入札をした買い手が，その額で商品を買うことにな

ります。たとえば，3人の買い手の入札額が，それぞれ「85」，「90」と「95」であった場合，「95」の額でその入札をした買い手が商品を購入します。複数の買い手が同額の最高の入札をした場合には，くじ引きやじゃんけんなどの方法によりどの買い手が購入するかを決定します。

　第6（**補遺⑥**）かつ最後に，それぞれの参加者のある取引回の取引利得が以下のように決定されます。

　　売り手の利得：　買い手から得た額，つまり3人の買い手の最高の入札額
　　購入した買い手：　商品の価値から売り手に払う自身の入札額
　　購入しなかった買い手：　ゼロであり，富の変動はありません。

　以上の第1（**補遺①**）から第6（**補遺⑥**）までの一連の取引は，複数回繰り返され，実験データとなります。

## 実験における参加者の行動予測

　この実験では，売り手は，どのような開示政策をとることになるでしょうか。第2節でみた理論的予測によると，売り手は，起こりうる最低の商品の価値である「25」を除き，自発的に商品の価値の実現値を買い手に開示することになります。たとえば，「175」という起こりうる最高の商品の価値が実現したと考えてください。このとき，売り手がこれを買い手に通知しないならば，買い手は，実際には「175」であるとわからないことから，たとえば，起こりうる7つの実現値の集合 [25, 50, …, 175] の平均である「100」として，「175」よりも低く評価するかもしれません。したがって，商品の価値が「175」であるという事実は，買い手に対して伝達されることになると考えられます。市場内の3人の買い手の競争により，商品の価値が「175」と評価されることは，より低い価値，たとえば「100」であると評価されるよりも高い入札額，すなわち利得を売り手にもたらすと考えらえるからです。次に，「150」の商品の価値が実現したとします。売り手がこれを買い手に明らかにしない場合，買い手は，たとえば「175」を除いた起こりうる6つの実現値の集合 [25, 50, …, 150] の平均である「87.5」として，やはり「150」よりも低く評価するかもしれません。したがって，商品の価値が「150」という事実も，買い手に伝達したほうが売り手にとって有利なようです。同様の議論は，「25」という商品の価値が実現するまで続くことになります。このとき，売り手は，商品の価値が「25」であるという事実を買い手に対して伝え

118

るのも，伝えないで買い手から起こりうる最低の商品の価値の「25」であると推論されるのも，どちらも同じ「25」の評価を得ることに変わりありません。**図表6−5**は，徐々に非開示の集合（*ND*）が狭まっていくという，本節の経済実験ないし経済ゲームの均衡への到達の概念図を示しています。

**図表6−5 ■商品の価値が離散型一様分布 [25, 50, …, 175] にしたがう場合の均衡到達**

第一段階　25　　50　　75　　100　　125　　150　　　175

非開示（ND）？　　　　　　　開示（D）

第二段階　25　　50　　75　　100　　125　　150　　175

非開示（ND）？　　　　　　開示（D）

第？段階　25　　50　　75　　100　　125　　150　　175
（均衡）
非開示（ND）？　　開示（D）

## 実験結果の一例

それでは，筆者が1998年11月に実施した実験の結果をみてみましょう（Ueeda and Takao 2003）。この実験では，大学生から参加者を募り，利得の合計にしたがい謝金を払いました。**図表6−6**は，4つの市場において商品売買取引を20回繰り返した実験のセッションの後半10回の売り手の情報開示行動を示したものです。図表からは，起こりうる最低の商品の価値である「25」以外の実現値，すなわち「50」，「75」，「100」，「125」，「150」，「175」の6つの数は，買い手に対して開示されたことがわかります。反対に，起こりうる最低の商品の価値「25」の

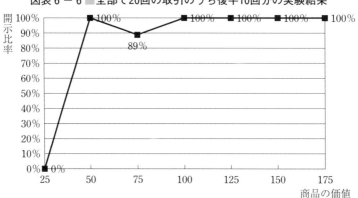

図表6−6 ■全部で20回の取引のうち後半10回分の実験結果

開示（D）・非開示（ND）は，売り手にとって無差別ではなく，非開示（ND）の
ほうが厳密に選好されることがわかります。ヒトの参加者がなす実際の意思決定
であることから，「25」と明示しないことにより，売り手は，「25」よりも高い商
品価値の実現を誤って推論してくれる買い手がいると考えたのかもしれませんし，
あるいは結果が同じなら，なにも行動しないでよいより楽な道を選択したのかも
しれません。

　以上，本節では，市場からの圧力により導かれる自発的な情報開示の生起に関
し，経済実験ないし経済ゲームを通じてみました。なお，本節の実験の設定にお
いて，商品は会社の株式や証券，売り手は会社・経営者，買い手は株主・投資家
等の関係者を意味するのはいうまでもありません。

## 4　自発的開示の効果に関するアーカイバル研究

　本節は，会社・経営者の自発的な情報開示の問題に関し，アーカイバル・デー
タを用いて実証する研究について簡単に取り扱います。現実の世界においては，
前の2つの節（第2節・第3節）でみた理論モデルの仮定は一般的には充足され
ないでしょうし，関連する諸変数も正確に測定できません。このため，アーカイ
バル・データによる実証研究においては，理論モデルの予測の直接的な検証をす
るのではなく，現実のデータ間にあると考えられる関係が実際に存在するのかを
みようとするのです。

### ボトサンとプラムリーの実証研究の概要

　ボトサンとプラムリー（Botosan and Plumlee 2002）は，会社・経営者の自発的
開示の水準と自己資本コスト（equity cost）の大きさとの関係を調査しています。
理論の予測にしたがうならば，自発的開示の水準が高いほど，関係者間の情報の
非対称性が縮小する結果として，自己資本コスト，すなわち株主資本の提供者が
見返りとして要求する収益率である「株主リターン」の期待値が低くなると考え
られます[3]。資金調達を有利な条件で行いたい会社・経営者は，このため，投資
家の意思決定にとって有用な情報を自発的に作成し，市場に向けて公表している
かもしれません。彼女たちは，選定した43の業種の1980年代半ばから1990年代
半ばまでの11年間にわたる計3,618企業／年度のサンプルを用い，たとえば，以
下のような多重回帰モデルを設定・分析しました。

$$r_{it} = \gamma_0 + \gamma_1 BETA_{it} + \gamma_2 LMVAL_{it} + \gamma_3 RDSCR_{it} + \varepsilon_{it} \qquad \cdots ⑨$$

⑨式において，左辺の $r_{it}$ は会社 i の期間 t の自己資本コストであり，いわゆる配当割引モデル[4]により推定されました。右辺の $BETA_{it}$ は，月次証券リターンから推定された市場ベータであり，また $LMVAL_{it}$ は株式の時価総額の対数値であり，それぞれシステマティック・リスクと会社の規模とをコントロールするための変数です。残る $RDSCR_{it}$ は，会社 i の特定の年度 t の情報開示の質のレベルを示しています。したがって，⑨式は，情報開示の質以外の別の影響要因となりうる会社のシステマティック・リスク（$BETA_{it}$）と会社の規模（$LMVAL_{it}$）をコントロールしたうえで，当該会社の情報開示の質（$RDSCR_{it}$）と自己資本コスト（$r_{it}$）との関係性の調査を意図したものといえます。

## 開示の質の定義と測定

このとき重要になってくるのは，会社の情報開示の質の定義づけと質の測定となってくるでしょう。彼女たちは質の測定のための指標として，当時の米国投資管理調査協会（以下 AIMR と表記）が公表する企業情報委員会報告書（Corporate Information Committee Report，以下 AIMR 報告書と言及）におけるアナリストによる開示の質の格付けを用いました。AIMR 報告書では，同一業種内おけるある会社の開示の総合スコアやランクのほか，(1)年次報告書，(2)四半期報告書，および(3)インベスター・リレーションズ（IR）の 3 つのカテゴリーのスコアやランクも提供されています。彼女たちは，ある会社 i の自発的な情報開示の形態ごとの質を示す代理変数として，総合スコアに基づく $RTSCR_i$，年次報告書に基づく $RANLSCR_i$，四半期報告書に基づく $ROPBSCR_i$，およびインベスター・リレーションズ（IR）活動に基づく $RINVSCR_i$ を定義しました。実際の多重回帰モデル（⑨式）の推定にあたっては，これら 4 つの情報開示の質のレベル（の代理変数）は，それぞれ単独で，あるいは上記(1)から(3)の 3 つのカテゴリーを結合して用いられました。

## ボトサンとプラムリーの実証結果

ボトサンとプラムリー（Botosan and Plumlee 2002）のアーカイバル・データによる実証研究の主たる結果は，興味深いものでした。すなわち，「年次」報告書における開示のレベル $RANLSCR_i$ が高いほど，自己資本コスト r は低減される

という仮説通りの関係，具体的には，⑨式における開示のレベルの係数は「負」の値であり，かつ5％の水準で統計的に有意であるという関係が見出されましたが，同じ多重回帰モデルに含まれた「四半期」報告書内の情報開示では状況は異なり，その開示レベル ROPBSCR$_i$ が高いと自己資本コスト r も高くなるという仮説に**反する**関係，具体的には，⑨式における開示のレベルの係数は「正」の値であり，かつ5％の水準で統計的に有意であるという関係があったのです。彼女たちは，四半期報告書の開示の質のレベルと自己資本コストの大きさに関する仮説を反駁する結果に対し，四半期報告書における情報開示では，短期所有目的の投機的な投資家の取引がもたらすノイズの大きさゆえに，株式リターンのボラティリティが大きくなることが原因ではないかと推論しています。彼女たちの結果は，情報開示が自己資本に及ぼす影響を議論するさいには，情報開示のカテゴリーないし形態を区別することが必要であるかもしれない，ということを示唆するものであるといえるでしょう。

## 第4節のまとめと補足

　以上，本節では，自発的開示が会社の資金調達に及ぼす効果について，現存する株価や財務諸表データなど，すなわちアーカイバル・データを用いて実証しようとする研究をみました。実証の方法にさまざまな工夫を凝らした膨大な数の研究があるうち，ボトサンとプラムリー（Botosan and Plumlee 2002）1つを選択・紹介したのみですが，論点に関する学術研究の雰囲気は感じていただけたでしょうか。アーカイバル・データによるここでの実証研究にも，たとえば，(1)開示の質のレベルや資金調達の条件などをどのように定義しかつ正確に測定するのか，(2)どのような業種および規模の会社のいかなる年度のデータを統計的検証のさいのサンプルとするのか，(3)多重回帰モデル（たとえば，⑨式）にどのような変数を含めるのか，および(4)選定した変数が研究者の意図しない要因に影響を受けていないことをいかにして確認・保証するのか[5]など，悩ましい問題がつきまといます。それでもなお，現実世界のデータによる諸変数の関連性の実証には，固有の魅力があるのは確かであると考えられます。関心をもったならば，関連するアーカイバル・データによる実証研究の現在までの動向をたどってみてください。日本企業を対象としたわが国の研究者による実証研究には，たとえば音川（2000）と須田ら（2005）があり，そこでも自発的になされる情報開示の質の水準と自己資本コストとの間の負の関係，すなわち情報開示の質の水準が高いほど自己資本

コストが低くなるという関係が見出されています。

## 5 本章のまとめ

　本章は，会社・経営者による自発的な情報開示の論点を取り扱いました。その第1の理由は，資本市場からの圧力が会計情報の作成・公表に関わる制度や基準を「不」必要にすると結論づける，第3章第2節の議論にあります。本章では，第3章では簡潔な記述にとどまっていたところ，会社・経営者による情報の自発的開示の発生メカニズムをより詳しくみたいと考えました。こうした目的を達成するため，本章は，まずは理論的な分析（第2節），次いで実験研究（第3節），それからアーカイバル・データによる実証研究（第4節）という順番で進展してきました。市場からの圧力によって導かれる自発的開示とは，情報を作成・公表する側の利害関係者，ここでは会社・経営者が，他のより低い評価しか市場から受けられない私的情報（の存在）と，自らがもつより有利な評価を得られる私的情報（の存在）とを区別してもらうべく，私的情報（の存在）を明らかにするものであることを理解していただけたでしょうか。実験研究の結果からは，起こりうる最悪の場合を除き，会社の状況は自発的に外部の利害関係者に公表されることがわかっています。また，アーカイバル・データによる実証研究からは，会社・経営者が行う情報開示の質のレベルが高いことが，会社の資金調達の条件を有利にする可能性を示唆するような知見も得られています。

### さまざまな市場による圧力

　本章でみた分析モデルの環境と設定とが現実世界においても妥当するならば，会社の会計関連の情報の作成・公表を強制する制度や基準は，確かに不要なのかもしれません。なお，市場の力による規律づけ（market discipline）には，ここでみた資本市場（capital market）のそれに加えて，経営者労働市場（managerial labor market）とテイクオーバー市場（takeover market）もあることを指摘しておくことも重要です。前者の経営者労働市場は，経営者の行為や業績を継続的に評価しており，それは経営者の報酬や処遇，将来における有利な転職機会と関連しています。このため，評判（reputation）を維持・向上させたい経営者に対して，必要な情報を自発的に市場に発信する動機を与えることになるでしょう。また，後者のテイクオーバー市場は，会社支配権の市場ともよばれ，経営者が会社の価値を十

分に増大させていない場合，株式公開買付による株主交代に伴い，経営者も交代させられる，すなわち自らの特権的な地位を失う可能性があります。こうした市場の存在も，会社・経営者に，自社の市場価値をできる限り高めるよう動機づけ，よって情報を作成・公表するインセンティブを与えることが予想されているのです。

## 自発的開示の理論のモデルの仮定の再検討

しかしながら，会社・経営者がすべての情報を公開しているわけではないという事実が一般にも観察され，またアーカイバル・データによる実証研究から提示される証拠も，理論の予測と完全に整合的なものではありません。このため，第2節でみた分析モデルで明示的・黙示的に仮定されていた事項が，改めて問われるべきでしょう。以下，分析モデルの仮定4つを挙げてみます。

(i) 会社・経営者による情報の作成・公表にはコストがかからない。

(ii) 利害関係者すべては，会社・経営者が私的情報をもっていることを知っている。

(iii) 会社・経営者は，虚偽の情報を公表することができない。

(iv) 起こりうる複数の状態のなかで，利害関係者の選好（の順序づけ）が知られており，さらに関係者，たとえば会社・経営者と投資家ごとに同一の選好をもっている。

上記の仮定は，現実的には，充足されにくいものでしょう。すなわち，(i)会計情報の作成・公表には，財務・経理など部署の設置やシステム投資，さらに情報の収集と処理にかかる相当額のコストの発生が不可避でしょうし，(ii)投資家等の意思決定に有用なある特定の情報は，そもそも会社・経営者自身も知らないものかもしれませんし，(iii)虚偽の情報の公表を防止・看破する仕組みがない場合，会社・経営者は自分たちに有利なように真実を歪曲した嘘の情報を公表するかもしれないのです。また，会社・経営者による自発的開示の生起を導くためのメカニズムにおいては，単調性が決定的な役割を果たしていました。さらに，会社・経営者あるいは投資家などの関係者は，それぞれの立場ごとに同一の選好をもっていることも条件でした。しかしながら，ある会社・経営者は，他の一般的な会社・経営者とは異なり，ストック・オプションの付与前やマネジメント・バイアウト（management buyout, MBO）を考慮しているなどの理由により，市場からの評価が低い方が望ましいと考えているとすれば，またある投資家と別の投資家と

では会社を評価するポイントや基準が異なるとすれば，理論モデルの仮定(iv)は充足されないことになるでしょう。

　仮定が充足されない場合には，自発的な情報開示は生起しないことになりますし，後続の理論・実証研究においては，そうした環境や設定が調査されてきていることに関して，理解しておく必要があるでしょう（椎葉ほか 2010）。

　本章でみたのは，自発的開示の理論と実証であり，強制的開示のそれ（ら）ではありません。このため，投資意思決定に必要な会社情報の自発的開示が起こらないこと，イコール法規制による強制的開示が必要という短絡的な議論は，厳に慎むべきでしょう。とはいえ，第3章第2章でみた会計制度・基準の「不」必要性の論拠の1つとしては，本章の議論は魅力的であり，また第1節の冒頭で紹介したように，わが国の会計基準設定機関である企業会計基準委員会（ASBJ）も同様の観点に立脚していると表明したことは，知っておくべき事実であろうかと考えます。さらに，自発的開示の理論と実証は，第1節で紹介したインベスター・リレーションズ（IR）というコミュニケーションや会社自体のマーケティングに関わる活動を考えるうえでも，重要な理論的な基盤の1つを提供していることは，間違いありません。

 **確認クイズ（考えてみよう／調べてみよう）**

1．わが国の会計基準の設定機関である企業会計基準委員会（ASBJ）（2006）『財務会計の概念フレームワーク』では，市場の力による会社・経営者による自発的開示のインセンティブ，および会計情報の開示に関わる制度・基準の必要性との関係について，どのように述べているでしょうか。その内容をまとめてください。

2．市場からの圧力（市場の（諸）力）により，会社・経営者による自発的開示が導かれる理論的なメカニズムに関して説明してください。また，(i)そのさいに必要となる条件，および(ii)それら条件が充足されない場合に起こる経済的帰結について議論してください。

3．市場からの圧力（市場の（諸）力）により，「実際に」会社・経営者が自発的に情報開示をしているのかどうかを確かめるため，あるいは自発的に情報開示をしている会社・経営者ほど市場から高く評価されることを確かめるため，あなたならどのような調査・検証をしますか。その方法について自由に考えてみてください。

## 補遺 　自発的開示の生起を確かめたるための実験のマテリアル

　本**補遺**では，自発的開示の生起の有無を調査するための経済実験ないし経済ゲームのインストラクション（教示書）と利得の計算表からなるマテリアルを掲載しておきます。

### 《インストラクション（実験指示書）》

　4人一組の市場を作り，1人が売り手，残る3人が買い手となって，ある商品の売買取引を反復して行います。商品は，購入する買い手にとって，25，50，75，100，125，150あるいは175の7つのうちどれか1つの価値をもち，取引のたびに無作為に選ばれます。かような商品の1回の売買取引は，次のような順番でなされます。

① 　サイコロやカードを使い，その回の商品の価値を決定します。たとえば，7枚の同一のカードの表側に，「25」，「50」，「75」，「100」，「125」，「150」および「175」とそれぞれ記載し，数字がわからないように裏向きにして誰かに引いてもらいます。

② 　決定した商品の価値は，売り手となった人にのみに知らせます。

③ 　商品の価値を知らされた売り手は，買い手に対してなす情報の開示を決定します。開示方法は，

　　　(A) 　②で知った商品の価値をそのまま伝える，または

　　　(B) 　なにも伝えない，

　のいずれか二者択一となります。たとえば，商品の価値が「100」の場合，(A)「100」と伝える，あるいは(B)なにも伝えないかのいずれかが売り手の選択肢であり，「125」や「150」など虚偽の開示はできません。

④ 　買い手となった人は，③の情報の(A)開示・(B)非開示を受けて，商品購入のための入札をします。入札は，たとえば，0以上，175以下の整数の値（[0，1，…，175]）を紙に記入して提出するなどの方法で行ってください。なお，他の買い手の入札額は，見ることができません。

⑤ 　3人の買い手の入札額のうち，最も高い入札額で商品が落札され，その入札をした買い手が商品を購入します。たとえば，3人の買い手から，それぞれ「85」，「90」，「95」という入札額が提示された場合，「95」の入札をした買い手が商品を購入し，「95」を売り手に支払うことになります。なお，2人以上の買い手が同じ入札額となった場合，くじ引きにより誰が購入する権

利を得るかを決定します。

⑥　以上で1回の商品売買取引は終了し，各人の利得は次のようになります。

売り手：買い手から受け取る額，すなわち最高の入札額（⑤で決定）

購入した買い手：商品の価値（①で決定）から売り手に支払った額（⑤で決定）を引いたもの

購入しなかった買い手：ゼロ，すなわち取引しなかったため財産の変動はありません

以上の流れいわゆる実験ないしゲームのタイムラインを図示すると，以下の**図表6－7**のようになります。

### 図表6－7 ■経済実験・ゲームのタイムライン

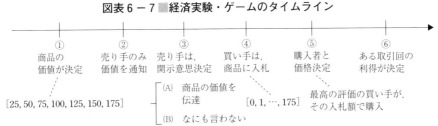

### 《利得計算表（5回分）》

以下では，この経済実験の5回分の利得の計算表を掲載しておきます。

右下の隅の太い実線で囲まれた利得合計の最大化を目指してください。

### 【売り手】

| 取引回 | 商品の価値 | 開示の有無 | 利得<br>（買い手からの最高の評価額） |
|---|---|---|---|
| 1回目 | | 有・無 | |
| 2回目 | | 有・無 | |
| 3回目 | | 有・無 | |
| 4回目 | | 有・無 | |
| 5回目 | | 有・無 | |
| 利得合計 | — | — | |

## 【買い手】

| 取引回 | 開示の<br>有無 | 入札額<br>(Y) | 購入の<br>有無 | 商品の<br>価値<br>(X) | 利得<br>購入時：商品の価値(X)－入札額(Y)<br>非購入時： 0 （ゼロ） |
|---|---|---|---|---|---|
| 1 回目 | 有・無 | | 有・無 | | |
| 2 回目 | 有・無 | | 有・無 | | |
| 3 回目 | 有・無 | | 有・無 | | |
| 4 回目 | 有・無 | | 有・無 | | |
| 5 回目 | 有・無 | | 有・無 | | |
| 利得合計 | — | — | — | — | |

### ■注

1　日本 IR 協議会の HP（https://www.jira.or.jp/，2021年 9 月 8 日アクセス）においては，佐藤（2008）を参考にしたと記したうえで，「IR（インベスター・リレーションズ）とは，企業が株主や投資家に対し，投資判断に必要な情報を，適時，公平，継続して提供する活動」であると定義されています。

2　実験研究では，なるべく中立の用語（neutral terms）や設定を使うという決まりがあります。会社・経営者による情報開示と明示すると，参加者によっては，先入観をもって意思決定する可能性があるためです。このとき，中立な用語や設定は，いわゆる剰余変数（extraneous variables）の影響をコントロールして理論モデルの予測の正否を純粋に確かめるために，必須の役割を果たしています。

3　仮説の導出についてもう少し詳しく説明するならば，(1)情報開示（ディスクロージャー）が優れた会社は，公正な価格で取引されていると投資家・市場に信頼され，(2)株式の流動性すなわち取引高が増大することになります（Diamond and Verrecchia 1991, Kim and Verrecchia 1994）。(2)株式の流動性の増大により，(3)株価は上昇し，結果的に(4)自己資本コストは低下することになり，あるいは(2)株式の流動性の増大は，(3)'取引コストを低下させ，もって(4)自己資本コストが低下することになるのです（Amihud and Mendelson 1986）。

4　彼女たちが主として用いた配当割引モデルでは，将来の配当（$d_{t+\tau}$）と株式処分額（$P_T$）の合計の現在価値により，次のような式から現在（t 期）の株価 $P_t$ が決定されるとします。すなわち，ある株式の価値は，その保有からもたらされる配当および株式の処分額（株価）の合計であると考え，当該合計額の現在価値を計算するのです。以下の式において，配当と株価がわかれば，自己資本コスト（r）が計算されることが確認できるでしょう。

$$P_t = \sum_{\tau=1}^{T} \frac{1}{(1+r)^\tau} d_{t+\tau} + \frac{P_T}{(1+r)^T}$$

ボトサンとプラムリー（Botosan and Plumlee 2002）では，T＝4として，以下の式にデータをあてはめ，あるいは必要なデータを推定することにより，自己資本コスト r を求めています。すなわち，会社の解散時までの配当の流列とそのときの株式の処分価値はわかりませんから，4 期後までの一株当たり配当の期待値（$E_t[d_{t+\tau}]$）を予測し，4 期後の株式の処分価値は，現時点の株式の現在価値としたのです。

$$P_t = \sum_{\tau=1}^{T} \frac{1}{(1+r)^\tau} E_t[d_{t+\tau}] + \frac{P_T}{(1+r)^t}$$

5　潜在的な内生性（endogeneity）の問題とも言及されます。ここで内生性とは，説明変数の値は，実際には，従属変数の原因ではなくて，むしろ結果であることとして定義されます。本節に関していえば，会社の「情報開示の質のレベル $\overset{\text{から}}{\Rightarrow}$ 自己資本コスト」という方向の関連性をみたいところですが，反対に，会社の「自己資本コスト $\overset{\text{から}}{\Rightarrow}$ 情報開示の質のレベル」という方向の関連性があるかもしれないのです。すなわち，自己資本コストの低いような証券投資の対象として有望な優良会社は，積極的に情報開示に取り組む要因が数多くある，たとえば情報開示のネタや担当部署のリソースが豊富であったり，将来の成長機会が豊富であるため資金需要が多かったりするかもしれません。もしそうであるならば，情報開示の質のレベルが高いがゆえに，自己資本コストが低くなるとはいえないことになります。

## 第**7**章　利益マネジメントと不正な財務報告

**■本章の目的■**

　本章では，会社・経営者による利益マネジメントと不正な財務報告を取り扱います。第6章までは，利害関係者の意思決定に有用な会計情報が開示されるか否かが主たる関心事でした。しかし，生身のヒトが行う現実の判断と意思決定を考える本書にとって，問題は開示の有無にとどまらず，メッセージの内容にもあることは疑いありません。

　ゲーム理論では，利得に直接的な影響のないコミュニケーションを「チープ・トーク」（cheap talk）とよびますが，そのさい，情報の有用性は低下するかもしれません。さらに，作成・公表した会計情報の利用を通じて会社・経営者が評価され，経済厚生に影響が及ぶならば，何らかの操作や調整すなわちマネジメントが情報の作成・公表の段階でなされる可能性があるのは当然のことといえるでしょう。

　本章は，(1)一般に公正妥当と認められる会計処理の原則・基準にしたがう手続に存在する「幅」に由来する利益マネジメントの余地，さらに(2)利益マネジメントと不正な財務報告のインセンティブの存在は，自発的開示にかかわる第6章の議論をどのように変えるのかを説明するところから始まります（第1節）。その後，いわゆる囚人のジレンマのタイプのゲームによるモデル化を通じた現実世界の事象の諸側面の描写（第2節），利益マネジメントと不正な財務報告の動機と手法の解説（第3節），さらにその功罪，換言すればメリットとデメリットの議論（第4節）へと続いていきます。

## 1　はじめに

　本章のテーマは，会社・経営者による**利益マネジメント**[1]（earnings management）と不正な財務報告です。本書ではこれまで，会計情報の開示（ディスクロージャー）の有無に焦点を主に当ててきました。意思決定にとって有用な会計情報が作成・公表されるか否か，その二者択一が重大事であり，肝心の情報の「内容」は，ひとまず脇において検討していたといってもよいでしょう。

## 財務諸表の特性と真実性の原則

　実際には，しかしながら，たとえば飯野（1993，2-12頁）が1936年のアメリカ公認会計士協会（AICPA）による『公認会計士による監査』から引用し，今日も巷間いわれ続けているように，会計情報が記載・報告される「財務諸表は，記録された事実（recorded facts）と会計上の慣習（accounting conventions）と個人的判断（personal judgements）との総合的表現（combination）」となっています。会計記録の対象となる取引の事実は1つであったとしても，実務上の慣習からもたらされる会計処理の原則や基準にしたがう手続は，複数個が存在していることがあります。たとえば，商品の払出分・在庫分の価額を決定するため，先入先出法や移動平均法など複数の計算方法から選択適用できます。もちろんのこと，どのような計算手法が採られるかにより，会計数値は変わります。さらに，債権の回収不能額の予測，減価償却費の計算のさいの残存価額や耐用年数の見積り，さらには係争中の事案の帰結など，将来のある時点の到達を待って初めて確定する事象に関しては，会計情報の作成者である会社・経営者による主観的な判断を必然的に伴うことになります。すなわち，ある会計情報は，作成の過程にある無数の分岐のなかから，作成者の判断・意思決定を通じて確定したものといえるのです。したがって，作成者が異なれば，報告される会計情報も異なってくることになります。会社の会計は，箱の中にりんごが何個あるかを単純に数えるものではないのです。

　ところで，経済安定本部・企業会計制度対策調査会（のちの企業会計審議会）が1949年7月に公表した『企業会計原則』における「一般原則」の最高の規範は，**真実性の原則**であり，そこでは「企業会計は，企業の財政状態及び経営成績に関して，真実な報告を提供するものでなければならない」と記されています。一般に，「真実」ということばからは，唯一無二の絶対的な真実というニュアンスが感じ取れるかもしれませんが，上述の理由から，会計情報は相対的な真実をあらわすものです。すなわち，一般に公正妥当と認められる会計処理の原則（GAAP, Generally Accepted Accounting Principles）と基準にしたがう限り，そのもとで作成される会計情報は，真実な報告として取り扱われることになるのです。ここでの真実には，一定の「幅（latitude）」が存在しているといってもよいかもしれません。

## 利益マネジメントと不正な財務報告（不正会計）

　企業会計に存在する「幅」は，場合によっては，問題を引き起こすことがあり

ます。それが利益マネジメントであり，会社・経営者が自らにとって都合のよい目的を達成するために，「幅」を裁量的に利用し，会計情報を作成・報告することであると定義できるかもしれません。さらに，一般に公正妥当と認められる会計処理の原則と基準に違反し，すなわち許容される「幅」を超えた会計数値が報告されるようになると，それは利益の「マネジメント」とよべる範疇を飛び越え，**不正会計**（accounting fraud），あるいは粉飾（window-dressing）の状況となります[2]。利益マネジメントにせよ，不正会計にせよ，それにより利害関係者が誤導されるような状況に陥るならば，経済的意思決定に有用な会計情報（第 5 章）が提供されないこととなり，公平性や資本市場の適切な機能という観点などから問題が生じることになります。

### 虚偽の報告が可能な場合の第 6 章の経済実験の変容

　議論の詳細は第 2 節以降にゆずり，ここでは，会社・経営者が虚偽の報告ができる場合に何が起こるかに関し，筆者による研究の知見を 1 つ紹介しましょう。**図表 7 - 1** は，第 6 章の第 3 節でみた自発的開示の生起を検証するための経済実験のルールを変更し，会社・経営者すなわち実験中の商品の売り手が，商品の価値に関して虚偽の報告もできるようにした場合の実験結果を示したものです。具体的には，第 6 章の実験中の売り手の選択肢は，買い手に対して(1)商品の価値を

図表 7 - 1 ■虚偽の情報が伝達可能な場合の実験結果

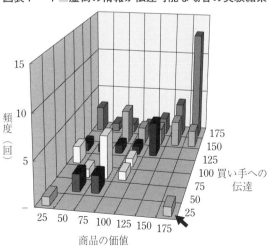

正確に伝えるか，⑵何も伝えないかの２つでしたが，新たな実験では，⑴起こりうる７つの値すなわち25，50，75，100，125，150，175のどれか１つを伝えるか，⑵何も伝えないかの２つに変更されました。たとえば，売り手は，商品の真の価値が「50」であるときに「100」という虚偽の報告ができるようになったのです。その他のルールは，第６章でみた経済実験と同一であり，売り手のみが商品の真の価値を知り，３人の買い手からなる市場は売り手による報告後に商品に対する評価をし，最高の評価をした買い手がその金額で商品を購入しました。虚偽の報告の可能性がある場合，売り手がどのような値を伝達してきたとしても，買い手はそのまま信頼して受け取ることができませんし，何ら開示がないことは，最悪の事態，すなわち最低の商品の価値である「25」の発生であると推論することができません。このため，意思決定にとって有用な情報は自発的には開示されないと予想されます。

　さて，図表７－１では，商品の価値の実現値ごとに，起こりうる７つのうちどの値がある買い手に伝達されたかに関し，それぞれ両者の組み合わせの頻度を３次元のグラフによって示しています。たとえば，「175」という商品の真の価値が「25」と珍しく過小報告された図表７－１の右下隅の事例も１件あったことがわかるでしょうか（図表中の太い矢印◤を参照）。図表７－１からは，虚偽の情報の伝達が許容される場合，一般的には，実際の商品の価値がたとえば「25」であっても「100」以上であると買い手に伝達するような，商品の真の価値を超える値の開示がなされたことが読み取れます。もちろん，こうした過大報告の傾向は買い手の知るところでもあり，彼（女）らが一方的に取引損失という被害を受けたわけではありません。すなわち，買い手らには，売り手の伝達する情報を信頼しない傾向がありました。よって，比較的高い商品の価値の売り手にとっては，その事実を信憑性をもって伝える術がないことが悩みの種となっていました。とはいえ，利益マネジメントと不正な財務報告を扱う本章の冒頭で述べておくべきなのは，会社・経営者の裁量的な財務報告の機会が存在するもとでは，資本市場の適切な機能のため，会計情報の作成・公表に関わる制度と基準が果たす一定の役割がありうるということです。

## 本章の構成

　本章の構成は，次のようです。第２節は，利益マネジメントのある状況のゲームによるモデル化と均衡の導出により，起こりうる経済的帰結のある１つの側面

をみることにします。第3節では，利益マネジメントや不正な財務報告がなされる動機や方法について説明します。第4節は，利益マネジメントや不正な財務報告の経済的帰結に関して述べたいと考えています。不正な財務報告はともかく，利益マネジメントにはある意味においては良い面，すなわち会社外部の利害関係者にとって利益となるものもありうるといわれたら，どうでしょうか。第5節では，本章全体の議論をまとめ，関連する事項の説明の補足を行うことにします。

# 2　ゲームの均衡としての利益マネジメントと不正な財務報告

## 会社・経営者と投資家のゲームの設定

スコットとオブライエン（Scott and O'Brien 2019, 339-343）を参考にして，会社・経営者と投資家の間の関係についてゲームによるモデル化をします。**図表7－2**は，戦略型（strategic form）とよばれるゲームの表現であり，会社・経営者には，正直に報告する（H）と利益マネジメントする（O）の2つの戦略があり，投資家の側は，同社の株式を購入する（B）と購入しない（R）の2つの戦略から行動を選択します[3]。

**図表7－2■会社・経営者と投資家の間のゲーム（A）**

| | | 会社・経営者 | |
| --- | --- | --- | --- |
| | | 正直に報告（H） | 利益マネジメント（O） |
| **投資家** | 購入する（B） | 60，40 | 20，70 |
| | 購入しない（R） | 30，10 | 30，20 |

（出典）　Scott and O'Brien（2019, 340, Table 8.1）を一部変更

図表7－2の数値は，会社・経営者と投資家の選択のもとで得られる効用を表す利得の大きさであり，前側の数字が投資家の効用，後ろ側の数字が会社・経営者の効用を表す利得をそれぞれ示しています。たとえば，会社・経営者が正直に報告（H）し，投資家が株式を購入する（B）左上のセルの場合，投資家の効用は「60」，会社・経営者の効用は「40」となるのです。

均衡導出と分析にあたり，図表内の数値の大小に関わる仮定は決定的な役割を果たすことから，妥当性を議論しておきましょう。投資家にとって，株式を購入しない（R）場合の効用は，会社・経営者の選択とは関係なく「30」と一定になっているのは，会社と何ら関係をもたないためです。これに対して，株式を購入す

る（B）場合は，会社・経営者の選択によって効用は相違し，正直に報告する（H）が選択されれば，購入しない場合の「30」よりも投資家の効用は高い「60」になりますが，利益マネジメント（O）がなされるならば，購入しない場合の「30」よりも投資家の効用は低い「20」になります。正直に報告（H）される場合，透明性の高い情報環境を構築するために投資と努力がなされる結果として，投資家のリスクは相対的に低くなる一方で，利益マネジメント（O）がなされる場合，会社・経営者が真実を歪め，実態よりも好ましくみえるような会計情報を裁量的に作成・公表する結果として，投資家のリスクは相対的に高いものとなるでしょう。上記の「60」や「20」という投資家の効用の大小は，こうした仮定を反映したものと考えられます。次に，会社・経営者の側から考えると，投資家が株式を購入してくれる（B）ならば，購入してくれない（R）場合よりも，高い効用となると考えるのが自然でしょう。このため，自らの選択，すなわち正直に報告（H）と利益マネジメント（O）を所与とすれば，投資家の選択が購入する（B）のほうが購入しない（R）よりも，会社・経営者の効用は高くなっています（40＞10，また70＞20）。投資家の選択，すなわち購入する（B）と購入しない（R）が所与の場合，会社・経営者にとっては，利益マネジメント（O）するほうが，正直に報告（H）するよりも高い効用となっています（70＞40，また20＞10）。これは，正直に報告（H）するには，透明性の高い情報提供環境の構築のための投資や努力が必要となり，それらを要しない場合と比べて会社・経営者の効用が減少することによるものです。

## 純粋戦略ナッシュ均衡の導出

　それでは，図表7－2のゲームの均衡を求めることにしましょう。なお，簡略化のため，以下では，投資家と会社・経営者の戦略の組（strategy pairs）は略字表記，すなわち購入する（B）と正直に報告（H）ならば，「BH」によって示すものとします。第1に，「RH」と「BO」が均衡にならないことは，容易に確かめられます。なぜなら，会社・経営者が正直に報告（H）を選ぶならば，投資する（B）を選ぶことで「30」から「60」へと投資家は効用を高めることができ，これとは逆に，会社・経営者が利益マネジメント（O）を選ぶならば，投資しない（R）を選ぶことで「20」から「30」へと投資家は効用を高めることができるためです。残る2つの戦略の組のうち，「BH」を先に考えましょう。投資家が投資する（B）を選ぶならば，利益マネジメント（O）することにより「40」から「70」へと会社・

経営者は効用を高めることができるでしょう。このため，「BH」も選ばれそうにありません。したがって，図表7－2のゲームの均衡は「RO」，すなわち投資家は投資しない（B），会社・経営者は利益マネジメント（O）をそれぞれ選択するものとなります。戦略の組「RO」においては，自らの戦略を変えるインセンティブがありません。このことを確認しておくと，投資家は，投資しない（R）から投資する（B）に変更することで効用が「30」から「20」へと減少してしまいますし，会社・経営者も，利益マネジメント（O）から正直に報告（H）に変更することにより効用が「20」から「10」へと減少してしまうことになります。相手の戦略を所与とした場合，どのプレーヤーも自らの戦略を変えることでより高い効用を得られない「RO」のような戦略の組は，**ナッシュ均衡**（Nash equilibrium）とよばれます。

### ゲームの示唆⑴―経済厚生改善の余地

　図表7－2のゲームは，単純化されたものであり，現実世界では付随する機微をとらえるには適しません。しかし，現実世界の重要な側面をとらえているとはいえ，さまざまな示唆を与えてくれます。以下，3つ考えてみましょう。第1に，ゲームの予想される結果である戦略の組「RO」は，投資家と会社・経営者双方にとって満足のいくものではありません。たとえば，戦略の組「BH」の効用（投資家の「60」と会社・経営者の「40」）は，ゲームの均衡の戦略の組「RO」の効用（「30」と「20」）よりも大きく，投資家と会社・経営者はともに，戦略の組「BH」へと移行できるならば経済厚生を高められることになります。しかしながら，各関係者のこうした行動の移行が簡単には起こりえないことを，図表7－2のゲームは教えてくれます。投資家が投資する（B）のならば，会社・経営者は正直に報告（H）よりも利益マネジメント（O）を選択したいと考え，このとき投資しない（R）が投資家にとって最適な選択となるためです。

### ゲームの示唆⑵―規制当局の介入正当化の余地

　第2に，ゲームのプレーヤーの合理的な選択の帰結が利益マネジメント（O）をもたらし，それが社会的に最適な資源配分を達成していない，すなわち均衡の戦略の組「RO」のもとでの両者の効用の合計は「50（＝30＋20）」であり，最大の効用の合計である「100（＝60＋40）」となる戦略の組「BH」よりも低いという事実は，規制当局による何らかの介入を正当化する余地を与えるものです。

　たとえば，規制当局が介入し，利益マネジメント（O）ができないように許容される会計処理の原則・手続の「幅」を狭め，そこからの逸脱を厳しく監視し，結果的に発生する逸脱に対しては重い罰則を科した場合，ゲームの効用を示す利得の数値は，**図表7－3**のように変化すると新たに仮定しましょう。なお，図表7－2から変化した利得表の数値部分は，**ゴシック体**で示してあります。このとき，以前と同様の思考法を適用すれば，戦略の組「BH」がナッシュ均衡となることがわかります。すなわち，制度変化は，社会的に最適な，すなわち両者ともに利得が最大となる資源配分を達成し，実際には罰則を科すこともないという意味においては，成功しているといえるでしょう。「社会的に最適」というからには，利益マネジメントの実施を難しくするための規制のコストも考えなければなりませんが，それは別の文脈の話であり，会計実務に関する問題の発生が現実の規制強化を招いてきた数多の事例をわれわれは思い起こすことができます。

### 図表7－3 ■会社・経営者と投資家の間のゲーム（B）

|  |  | 会社・経営者 | |
| --- | --- | --- | --- |
|  |  | 正直に報告（H） | 利益マネジメント（O） |
| **投資家** | 購入する（B） | 60，40 | 20，**0** |
|  | 購入しない（R） | 30，10 | 30，**0** |

（注）　**図表7－2**のゲーム（A）からの変更点は，**ゴシック体**で表示。

## ゲームの示唆(3)―継続的な関与（の期待）の影響

　第3に，図表7－2の1回限りの選択のゲームの設定をより現実的なものとなるように変更し，同一のルールによるプレイが複数回繰り返されるゲームを考えることができます。このとき，投資家と会社・経営者は長期間にわたって相互に経済的影響を及ぼしあう関係になります。そして，ゲームの終了時点が明確ではないほどの長期的な関係が予想され，両者がこの間の効用の「合計」に注目するようになれば，場合によっては，協調的な（cooperative）戦略の組である「BH」が均衡となるかもしれません。なぜならば，図表7－2の利得構造のゲームにおいて互いに協調（「BH」）し続けられれば，1回限りのゲームのナッシュ戦略「RO」よりも高い効用が得られるからです。このことは，(1)1回限りの，すなわち短期的な関係が協調行動を生むことの困難さを示す一方で，(2)長期的な関係あるいは関係が長期にわたり継続するという期待は，互いに協調的な選択をもたらし，本

節のゲームにおける社会的に最適な資源配分を達成する可能性も示唆しているようです。

# 3　利益マネジメントと不正な財務報告の動機と方法

　本節では，利益マネジメントと不正な財務報告を行う会社・経営者の動機と方法について説明していきます。会計数値（の大小）や会社の財務的な報告の内容が外部の利害関係者により評価され，会社・経営者の経済厚生に影響するならば，情報の操作や調整すなわちマネジメントが実施されても不思議はありません。先にみたように，会計情報はコントロール・システムに組み込まれ，関係者間の利害調整という重要な機能を果たしてもいます。加えて，一般に公正妥当と認められる会計処理の原則・基準にしたがう手続には相応の「幅」が存在し，さらにそうした「幅」を超える不正な財務報告もなされえます。現実的にも，真の経済状態はどうあれ，隠蔽，誇張や歪曲などにより財務報告を操作・調整し，自己にとって都合のよいように機会主義的な（opportunistic）行動がとられる事例は後を絶ちません。以下，デチョーとスキナー（Dechow and Skinner 2000）とヒーリーとウォーレン（Healy and Wahlen 1999）という2つの学術論文を参考にしながら，利益マネジメント—以降，不正な財務報告という記述は省略—の動機と方法をより詳しくみていきましょう。

## 3−1　利益マネジメントの動機

### 契約関連の動機

　利益マネジメントの動機としては，次の3つすなわち(1)契約関連の動機，(2)資本市場関連の動機，および(3)規制関連の動機が一般に挙げられます。第1に，(1)契約関連の動機とは，経営者報酬契約や債務契約といった契約に端を発するものです。たとえば，会計利益が高いほど経営者が報酬も高くなるという利益連動型の経営者報酬の決定制度が採用されているならば，会社・経営者には，報告する会計利益を高めるような会計処理の原則・手続を採用するインセンティブがあるでしょう。また，金融機関からの資金借入時の債務契約のなかに，会計数値を利用した財務制限条項[4]（financial covenants）が組み込まれた場合，テクニカル・デフォルト（technical default），すなわち条項違反や条項への抵触により借入金（負債）を即時に弁済しなければならない事態を避けるため，裁量的な会計方法の選

択をすることがありえるでしょう。

## 資本市場関連の動機

　(2)資本市場関連の動機とは，利益マネジメントによって市場を誤導できるならば，あるいは少なくとも一部の投資家が誤導されるならば，それにより会社・経営者にとって有利な経済的帰結を得ようと考えることであるといえます。たとえば，減益や赤字を回避したい，自社の過去のある時点の会計数値やアナリストの予測などのベンチマークを達成したい，将来の増資に向けて株式発行条件を有利なものとしたい，マネジメント・バイアウト（MBO，現経営陣による自社の経営権の買収）にあたり買収額を低めたいなどの動機により，会計数値を直接的に操作する，あるいは株価の操縦を目論んだ間接的な会計数値の操作が行われるかもしれません。また，経営陣の交代や大規模なリストラクチャリング（restructuring，事業再構築）がなされるさい，会社の過去の財務上の負の遺産を一掃するべく，巨額の損失を一時的に計上するビッグ・バス（big bath，入浴して垢を落としさっぱりすること）という会計実務もよく知られています。ビッグ・バスによりその事業年度の会計利益は大きく落ち込みますが，翌年度以降にはV字回復する可能性が高まることから，資本市場に対して業績の復調をより鮮明にアピールできるのです。このほかにも，利益平準化（income smoothing）という会計実務も存在するとされ，会社・経営者がある一定範囲内に自社の報告利益の変動の「幅」を抑制することが望ましいと何らかの理由で考えるならば，会計方法の選択によるある特定の水準を志向するような報告利益の誘導すなわち平準化がなされうるでしょう。

## 規制関連の動機

　(3)規制関連の動機とは，金融や建設など産業固有の規制，および反トラスト法（antitrust law）に起因するものが考えられます。たとえば，金融機関に対して資産から負債を差し引いた純資産の充実を求める，赤字（当期純損失）を計上した建設会社は公共事業の入札に参加できないなどの法規制にしたがうべく，あるいは大規模企業の影響力の大きい行動による公共の利益の毀損の恐れゆえになされる政府規制当局の介入を回避すべく，会社・経営者はそれらに適応するために利益マネジメントをするよう動機づけられるかもしれません。これらに加え，会社に課せられる税金の制度は関連するコスト負担を抑制するように，政府からの補

助金等の援助を望む会社は支給基準に沿うように，会計方法を裁量的に選択するインセンティブを有するようになるでしょう。

## 3－2　利益マネジメントの方法

### 会計的裁量行動と実体的裁量行動

　利益マネジメントのために会社・経営者が採りうる方法は，一般に，(1)**会計的裁量行動**（accounting discretion）と(2)**実体的裁量行動**（real discretion）とに大別されます。(1)会計的裁量行動とは，会計情報の作成・公表時に許容される会計処理の原則・基準がもたらす「幅」を恣意的に用い，会計数値（特に会計利益）を目標に向けて操作することをいいます。会計的裁量行動では，会計数値は帳簿上でのみ操作され，会社のキャッシュ・フローには直接の影響を及ぼしません。したがって，会社・経営者は，会計利益の長期にわたる「合計」額の各期間に対する配分方法のありかたを変えているのみであって，ある期間に多額の会計利益を一時的に計上することは，将来の期間の会計利益の同額の減少を招きます。たとえば，今年度末に貸倒引当金を過小に，本来は「100」必要なところ，半額の「50」を設定して会計利益を高めたとしても，将来の貸倒れの発生年度の会計利益を同じ額，すなわち「50」だけ低めてしまうのです。したがって，期間全体を通じた会計利益の合計額には，変化がありません。

　これに対し，(2)実体的裁量行動は，現実の取引を通じて，会計記録の対象となる事実そのものを変えてしまう行動をいいます。たとえば，ある取引の創出や取消し，取引時点や金額の変更，さらには予算の事後的な改訂などがこれに該当するでしょう。たとえば，広告宣伝や設備投資などに関わる予算は，最適な金額が「事前に」設定されるでしょうが，望ましい会計利益の達成のためにこれを「事後的に」動かすのです。また，過少または過剰な生産とそれらに伴う販売活動のありかたの変化によっても，利益数値は一般に増減することになります。実体的裁量行動は，会計事実の変更を伴い，よってキャッシュ・フローの金額に対しても影響を及ぼすことから，許容される会計処理の原則・基準にしたがう手続の「幅」の超越の問題とは無関係であり，不正な財務報告につながりません。しかしながら，会社・経営者が経済合理的に最適であると考えて計画した事業活動を遂行している場合，そこから逸脱するという意味で最適ではない実体的裁量行動がなされるならば，会社にとって負（マイナス）の経済的影響があるかもしれません。たとえば，200億円の設備投資をある会社が計画していたところ，会社・

経営者の都合によって100億円へと半分に減額されたとしたらどうでしょうか。
将来的な競争力や収益性にとって良い影響はないといえそうです。

## 利益マネジメントの数値例

　図表7－4は，利益マネジメントなしの場合（左），会計的裁量行動（中央）や
実体的裁量行動（右）がとられる場合の損益計算書に関し，数値例を用いて示し
ています。利益マネジメントがない場合，この会社の販売費及び一般管理費（以
下，販管費と言及）は50となり，売上総利益の45を超えることから，営業損失5（＝
45－50）が発生します。営業損益段階での赤字を回避するように，会社・経営者
が利益マネジメントをした結果，損益計算書上の販管費が40に抑制され，今度は
一転して営業利益5（＝45－40）が発生することになります。会計的裁量行動では，
将来の費用・損失にかかわる引当金の計上額の見積りに伴う会計処理の原則・基
準の許容する「幅」を利用し，利益マネジメントしない場合の20から10に会計上
の費用を減額しています。他方で，実体的裁量行動は，当初予定していた研究開
発を延期・中止するなどして，同様に当初の15から5へと10だけ費用支出を減額
したものです。

図表7－4■利益マネジメントの方法の数値例

| 【利益マネジメントなし】 | 【会計的裁量行動】 | 【実体的裁量行動】 |
|---|---|---|
| 損益計算書 | 損益計算書 | 損益計算書 |
| Ⅰ 売上高　　　　　　100 | Ⅰ 売上高　　　　　　100 | Ⅰ 売上高　　　　　　100 |
| Ⅱ 売上原価　　　　　 55 | Ⅱ 売上原価　　　　　 55 | Ⅱ 売上原価　　　　　 55 |
| 　売上総利益　　　　 45 | 　売上総利益　　　　 45 | 　売上総利益　　　　 45 |
| Ⅲ販売費及び一般管理費 | Ⅲ販売費及び一般管理費 | Ⅲ販売費及び一般管理費 |
| 　○○引当金繰入　20 | 　○○引当金繰入　10 | 　○○引当金繰入　20 |
| 　研究開発費　　　15 | 　研究開発費　　　15 | 　研究開発費　　　 5 |
| 　・・・　　・・・ 50 | 　・・・　　・・・ 40 | 　・・・　　・・・ 40 |
| 　営業損失　　　　　 5 | 　営業利益　　　　　 5 | 　営業利益　　　　　 5 |
| Ⅳ営業外収益 | Ⅳ営業外収益 | Ⅳ営業外収益 |
| 　（以下略） | 　（以下略） | 　（以下略） |

# 4　利益マネジメントの功罪

　利益マネジメントの功罪とは，換言すればメリットとデメリットのことですが，罪とデメリットならともかく，功やメリットなんてあるのだろうか，と考えられるかもしれません。自らに都合の良いように会社・経営者が報告利益などの会計数値を作成・公表すると聞かされると，確かに，さもありなんという気もします。しかし，現実には，利益マネジメントにも，功とメリットというと大げさですが，相応の役割があると考えられています。本節では，利益マネジメントの功罪，あるいはメリットとデメリット，さらにもう一度だけ言い換えるならば，利益マネジメントが利害関係者や社会に対して及ぼしうる影響や効果に関して考えることにします。

## 利益マネジメントの負（マイナス）の影響

　第1に，直観的に予想されるように，利益マネジメントには，利害関係者や社会に対する負（マイナス）の影響がありそうです。すなわち，会社・経営者のこうした裁量的行動により，投資家ひいては資本市場が誤導されるならば，その判断と意思決定とを通じて何らかの損失が発生することになります。また，実体的裁量行動がとられる場合，会社の将来時点の株主は，とられない場合と比較して，最適ではない生産，販売や投資の意思決定のために，低い収益性に甘んじるかもしれません。さらに，利益マネジメントの利用により要件が整うことによって公的な補助金が不適切に支給されるならば，こうした搾取の被害者は，社会全体であるといえそうです。ほかにも，ある会社が利益マネジメントによって高く評価される一方で，利益マネジメントを行わない同業他社が相対的に低く評価されるならば，当該ライバル会社の利害関係者にとって負（マイナス）の影響があるといえるでしょう。

## 利益マネジメントの情報提供的な役割

　これに対して，利益マネジメントには，メリットや正（プラス）の影響とまでは明確にいえないまでも，一定の役割があると考える論者も存在しています。ここで紹介する2つのうちの1つは，情報提供的な役割とでもよぶべきものです。利益マネジメントは，ルールに則ってなされる機械的・自動的な手続とは異なり，

会社・経営者の判断・意思決定を経てなされる主体的な行為です。このため，内部経営管理者しか知りえない私的情報が反映されることがありえます。たとえば，予算外の設備投資がなされた場合，(a)付随する減価償却費の増加による節税や(b)経済合理性のない不適切な支出などの意図が排除できるならば，会社の営業活動は将来的に（も）好調であるという経営者の信念を反映した行動であるかもしれません。利害関係者がこうした事実を会計報告書から読解するならば，会社の将来性に関する予測能力の向上という恩恵を受けることになります。会社・経営者と利害関係者の間の情報の非対称性を減殺するようなタイプの利益マネジメントは，外部者に対して会社の内部情報を顕示し，もってそれを伝達するコミュニケーション手段として働き，情報提供的な役割を果たしうるのです。言い換えれば，一般に公正妥当と認められる会計処理の原則・手続に存在する「幅」が有効に活用され，関係者の意思決定にとって有用な情報を提供する事例といえるでしょう。このように，情報優位にある経済主体が，信憑性のあるメッセージ，言い換えればシグナルを他の経済主体に伝えることにより，自らを他と区別させるような行動は，特に**シグナリング**[5]と言及されます。

## 事業運営の効率化と利益マネジメント

　利益マネジメントには，上で述べたほかにも，事業運営の効率化という役割があるかもしれません。すなわち，会社・経営者は他の利害関係者の利益を害するという悪意からではなく，節税や税務上の恩典の享受，政府規制機関の事業への介入によるコストの回避，さらには主要な取引先や金融機関との関係の改善といった目的のためにも，利益マネジメントをなしうると考えられるのです。当該行為は，究極的には，会社の利害関係者にとっての利益につながることになるでしょう。

## 利益平準化

　このほかにも，第2節でみたスコットとオブライエン（Scott and O' Brien 2019, 451）は，利益マネジメントの1パターンである利益平準化（第3節参照）により，会社の持続的に維持可能な収益力という内部情報を資本市場に伝達できる可能性があるとしています。たとえば，**図表7－5**にある架空の会社の6年間の利益の推移のグラフをみたとき，この会社の長期的な利益の傾向をより良く示しているのは，年度ごとに浮き沈みの大きな実際利益（**点線 - - -**）よりむしろ，平準化さ

れた100前後の会計利益（**実線 ——**）であるといえそうです。彼らはまた，利益
平準化には，現実世界の契約が硬直的かつ不完備（incomplete）である場合に，
不測の事態への柔軟な対処法を会社・経営者に与えるという有用性があるとも指
摘しています（同478）。

**図表 7 － 5 ▧仮想の利益の流列と利益平準化のメリット（？）**

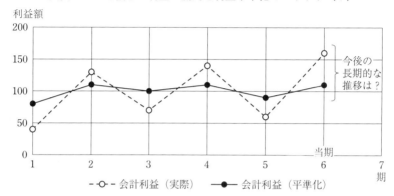

## 利益マネジメントは奏功するのか

　以上，本節は，利益マネジメントの功罪ないし実際に果たしている役割に関し
て説明してきました。いくらかの前提となる条件こそ必要としますが，利益マネ
ジメントは，会社・経営者のみを利するのものではないことが理解できたでしょ
うか。最後に指摘しておくべきこととなりますが，いわゆる効率的市場の仮説
（efficient market hypothesis）に基づき，利益マネジメントはなんら役割を果たさ
ないという考えもありえます。すなわち，会社・経営者によっていかなるタイプの
操作や調整が会計情報や財務報告に施されたとしても，合理的な利害関係者がこ
れを看破できるならば，意図した目的は達成されません。これは，資本市場は，
会社・経営者がなす小手先の利益マネジメントについて，何もかもお見通しであ
るという状況であるともいえるでしょう。実体的裁量行動は，このとき，会社の
価値を損なうとして厳しく戒められるでしょうし，キャッシュ・フローには影響
しない，よって企業価値を変えない会計的裁量行動もその大半は実施する意味を
失うことになります。

# 5　本章のまとめと論点にかかわる補足的な説明

## 本章のまとめ―合理的な選択としての利益マネジメント

　本章は，利益マネジメントと不正な財務報告の諸論点を取り扱いました。以前の章においては，会計情報の開示（ディスクロージャー）の「有無」を主たる論点としていました。これに対して，本章は，作成・公表される会計情報の「内容」にも焦点を当てるものでした。もっとも，財務会計の個別の会計処理の論点を扱わない本書では，会計処理の原則・基準により許容される「幅」が議論の発端でした。すなわち，一般に公正妥当と認められる会計処理の原則・基準にしたがう手続は，ただ１つではなく「幅」を有し，当該「幅」の範囲内で会計情報が作成・公表される場合，真実の報告であると考えられるのです。これに対し，それら「幅」を超過する会計行為は，一般に，不正な財務報告となります。しかしながら，もう１つ重要な点として，会社・経営者には，少なくとも短期的には，それによって評価され，経済厚生に影響を及ぼすならば，自らに都合の良いように恣意的に会計数値を操作するインセンティブがあることです。こうしたインセンティブは，「幅」を利用した利益マネジメントを招来するかもしれません。このとき，どのようなことが起こりうるのでしょうか。

　本章は，上記のような問題意識に基づき，第６章の自発的開示に関する経済実験のルール改訂版の結果を説明するところから始めました（第１節の後半）。ここでは，開示内容に対する信憑性が失われるならば，真実の自発的開示が起こらなくなるという，理論の予測が確認されました。第２節は，いわゆる囚人のジレンマ・タイプのゲームのモデルを導入し，ナッシュ均衡を求めました。ここでは，⑴個々の利害関係者の合理的な選択の帰結として，利益マネジメントがなされる均衡が存在すること，⑵制度や法規制により個別に，また社会的に，より利得の高い均衡を実現できる可能性があること，さらに⑶長期的な関係が期待されると状況は改善されるかもしれないことなど，単純なゲームであるとはいえども，寓意にみちた結果を示してくれました。第３節では，利益マネジメントと不正な財務報告の動機と方法に関し，先行する学術研究を参考にしながら説明しました。契約，市場および規制による動機は，会計的裁量行動と実体的裁量行動という２つの方法を通じて，利益マネジメントにつながることになるといえるでしょう。その後，第４節においては，利益マネジメントの功罪と銘打ち，具体的には，利

益マネジメントが現実世界で果たしうる役割を議論しました。利益マネジメント
は，会社・経営者が自らにとり都合の良いように企図する裁量的な行動であるこ
とから，直観的には，他の利害関係者や社会全体を誤導し，よって負（マイナス）
の経済的影響を及ぼすものといえるでしょう。とはいえ，それら悪影響ばかりで
はなく，会社運営を効率的にし，あるいは情報提供の手段となるというような，
会社とその関係者にとって正（プラス）の影響を与えるような役割も果たしえて
いる，というのがここでの重要な示唆といえます。

## 「現実の」会計実務と実証研究

　本章の補足事項として述べておきたいことが，いくつかあります。1つは，企
業会計にある機会，すなわち本章でいう「幅」と会社・経営者の動機がこうして
存在するとすれば，「現実の」会計実務はどうなっているのかという論点です。
これに関しては，わが国において実証会計理論（positive accounting theory, PAT）と
一般に訳出される，実際のデータによって会社・経営者の会計方針選択行動を説
明・検証しようとする研究アプローチが採られてきました。そこでは，第3節と
第4節で議論されたように，報酬契約，会社の資本構成や利益額など負債契約，
政治的なコストなどの存在により，会社・経営者がどのような会計方針の選択を
行うのか，さらに提案される新規の会計処理・表示の基準に対してどのような反
応が示されるかに関し，膨大な数の実証研究が1980年前後から行われてきました。
その結果，会社・経営者の裁量的行動の理解が進んできたといえるのです。外部
者である研究者にとって，会社・経営者の行動の意図はもとより，利益マネジメ
ントがなされたか否かも，知るのは容易ではありません。このため，それらを把
握するべく，さまざまな検証手法の工夫もなされてきました。関心をもたれた読
者のかたは，実証会計理論（PAT）の仮説や知見に加え，その検証手法にも焦点
を当てて先行研究をフォローしてみてください。なお，実証会計理論（PAT）では，
一般に，会社の組織運営はもっとも効率的になされており，存続の可能性を高め
るべく利益最大化が企図されていると仮定していることも，付け加えておきたい
ところです。

　さらに，もう一組の実証研究の知見として，グラハムら（Graham et al. 2005）
と須田・花枝（2008）を紹介しておきましょう。両研究では，大会社の財務担当
役員（CFO, chief financial officers）を対象として，財務報告のありかたに関する考
えを問うべく，アンケート（質問紙）とインタビューによる調査を実施しています。

調査の結果は，(i)日米の財務担当役員らは会計利益数値を重要視していること，(ii)前年度の利益やアナリスト予想などターゲットとなる利益の達成のために裁量的会計行動がとられうること，(iii)実体的裁量行動のように，会社の長期的な利益を犠牲にすることも時にはやむなしと考えられていることを示唆するものでした。

## 利益マネジメントへの制度的な対応

　最後に指摘すべき事項は，利益マネジメントへの制度的な対応です。本章の説明は，もしかすると，会社・経営者は，一般に公正妥当と認められる会計処理の原則・手続の「幅」の内側ならば，自由自在に利益マネジメントが可能であると誤解させたかもしれません。実際には，第1節でもみた『企業会計原則』は，**継続性の原則**という一般原則を設けており，不当な利益マネジメントを牽制し，複数期間の財務諸表の比較可能性を維持するため，正当な理由がない限り，いったん採用した会計処理方法を毎期継続して適用することを要求しています。また，正当な理由があったとしても，重要な会計方針を変更したさいには，その旨と財務諸表上の会計数値に対する主たる影響額が開示されることになっているのです。このように，一定の歯止めが存在していることは，伝えておかねばなりません。

 **確認クイズ（考えてみよう／調べてみよう）**

1．複数の会計処理の手続が容認される事例を調べて挙げてください。
2．利益マネジメントのデメリット，あるいは負（マイナス）の経済的影響について説明してください。
3．利益マネジメントのメリット，あるいは果たしている（と考えられる）正（プラス）の役割について説明してください。
4．利益マネジメントであると考えられる企業の会計処理の事例を調べてみてください。

■注
1　論者により，利益操作，利益調整，報告利益管理あるいは利益数値制御などとも邦訳されます。
2　もっとも，たとえば，ネルソンら（Nelson et al. 2003）では，(1)一般に公正妥当と認められる会計処理の原則（GAAP）に準拠するもの，(2)GAAP に準拠しているかどうかの判断が難しいグレーゾーンのもの，および(3)明らかに GAAP に違反しているものの3つすべてを利益マネジメントとして扱うような分類法も提示されています。
3　補足すれば，略字「B」と「H」は，「購入する（Buy）」および「正直（Honest）」の頭文字を，また略字「R」は購入を「拒絶する（Refuse）」の頭文字から，さらに略字「O」は，

利益マネジメントのための会社・経営者による「機会主義的な（Opportunistic）」行動からとられています。

4　財務制限条項には，「経常利益が赤字にならないこと」のように損益計算書の項目に関わるもの，また「純資産がある閾値，たとえば100億円を下回らないこと」のように貸借対照表の項目に関するものなどがあります。

5　シグナリングに関して実地で確認できる実験研究としては，たとえば，キュブラーら（Kübler et al. 2008）を参照なさってください。キュブラーらの実験の設定を変形し，会計環境に適合するようにした実験のインストラクションに関心があれば，筆者（上枝）までリクエストしてください。

第8章
## 公認会計士・監査法人による監査
### —経済実験による説明

■**本章の目的**■

　本章では，経済実験を通じて監査制度の必要性および社会的・経済的な役割を説明することになります。個人的な体験に基づく感想に過ぎませんが，監査制度に関する一般社会の，すなわち会計専門家以外の理解の程度は相当に低いと思われます。

　本章の第2節でみる経済実験は，利害関係者間の情報の非対称性がある市場において，信頼できる情報が伝達されることは，会社の関連当事者双方にとって，ひいては社会全体にとって便益をもたらすことを明らかにしてくれます。

　その後，第3節では，監査の失敗の可能性や低廉監査など，監査に関連する論点を取り扱います。ここでは，監査制度が適切に整備・運用されるためには，いかなる制度環境や条件が追加的に必要となるのだろうか，という視点から考察していきたいと考えています。

　なお，本章で扱う経済実験の教示書（インストラクション）は，章末の**補遺**に収録しています。

## 1　はじめに

　本章では，監査制度の必要性と社会的・経済的な役割を主として取り扱い，さらに関連する諸論点を考察します。会計情報は，一般に公正妥当と認められる会計処理の原則・基準に準拠して会社・経営者によって作成され，開示制度にしたがい伝播されます。第7章で確認したように，一般に公正妥当と認められる会計処理の原則・基準にしたがう手続には相応の「幅」があり，記録の対象となる単一の取引に対して複数の会計処理と表示の方法が存在することがあります。さらに，将来時点における予測や見積りは，帰結に関する不確実性を伴うことから関係者ごとに相違し，一意に定まらないのが通常であるといえるでしょう。これらに加えて，会社・経営者と投資家や債権者といった利害関係者の間の利害は，常に一致するわけではありません。したがって，会社・経営者は，他の利害関係者を犠牲にして自らの都合の良いように開示情報を歪曲するインセンティブをもつ

ことがあり，これが昂じて，許容される手続の「幅」を飛び越してしまうならば，不正な財務報告や粉飾・逆粉飾とよばれる状況となりえます。倫理的な是非や感情論はともかくとして，現実世界においては，そうした不正な財務報告が発生する事例は，後を絶ちません。

## 不正な財務報告の悪影響と監査

　不正な財務報告は，それを参考にして判断・意思決定をする当事者の損失を招くことになりえます。深刻な悪影響は，さらに，当事者以外の利害関係者や市場全体に及ぶかもしれません。すなわち，「ある少数の」会社の財務報告が歪曲され真実の姿を伝えていない可能性があれば，情報の非対称性や虚偽の情報の存在からくるリスクゆえに，利害関係者は，財務報告（制度）自体を信頼しなくなり，「すべての」会社と関係をもつことを差し控えるかもしれないのです。

　このような悲劇的な結末を避けるための制度的な手当ての1つが，監査（audit or auditing）であるといえましょう。監査は，「会社・経営者とは独立の第三者である監査人，すなわち公認会計士や監査法人が財務情報の信頼性の程度，すなわち情報が一般に公正妥当と認められる企業会計の原則・基準に準拠して作成・表示されている程度につき，会計の専門家として調査し，監査報告書により意見表明する一連の行為」と定義されます。現行のわが国の制度では，金融商品取引法のもと，上場されている有価証券の発行会社等が同法の規定により提出する財務諸表等は，一定の場合を除き，「その者と特別の利害関係のない公認会計士又は監査法人の監査証明を受けなければならない」（第193条の2第1項）ことになっています。ところで，会計情報ないし財務諸表に含まれる重要な虚偽記載，すなわち不正や誤謬を監査プロセスにおいて発見したとしても，いわゆる**二重責任の原則**[1]のもと，修正を強制する権限は監査人にはありません。その代わりに，監査人は，公表される会計情報ないし財務諸表のどの箇所にどのくらいの金額的影響をもつ重要な虚偽記載が含まれるのかに関し，監査報告書に記載することによって，注意・警告機能を発揮するのです。適切な監査の実施により，会社外部の利害関係者は，開示された情報の信頼性の程度を知ったうえで，会社に関する判断や意思決定ができるのです。

## 監査制度に対する誤解と本章の構成

　以上が，監査という行為の標準的な説明方法の1つ[2]となります。しかしなが

ら，個人的な経験上，監査の意義や必要性，および社会的・経済的な役割に関しては，一般的に，十分に理解されていないように感じます。本書は，監査論の教科書ではありませんから，監査手続や監査人に求められる判断・意思決定の詳細は，もとより議論の対象ではありません。しかしながら，現在の会計・財務報告制度に組み込まれた監査という行為や関連する制度上の論点に関しては，俯瞰的にとらえ，できる限り本質的な考察を進めたいと考えています。

　かような目的を達成するため，本章においても，経済実験を利用し，当事者の立場を体感してもらいながら，議論を進めていきたいと考えています。本章の以降の2つの節，すなわち第2節と第3節では，シュワルツら（Schwartz et al. 2004）の教室実験に主として依拠することになります。具体的に紹介しておくと，第2節は，監査の必要性と役割についてみます。第3節は，第2節の経済実験のモデルやルールに改訂を加えたり，さらに新たな設定の経済実験を導入したりしながら，監査の関連論点の説明をします。ここでは，たとえば，監査の失敗および低廉監査といった問題を取り上げています。本章の最後の第4節では，議論をまとめ，補足しておきたい事項を述べることになるでしょう。

## 2　監査の必要性と役割

　本節では，そもそも監査はなぜ必要とされるのか，その理由，さらに監査が社会的・経済的に果たしている役割などに関し，経済実験を通して説明します。本節の経済実験は，シュワルツら（Schwartz et al. 2004）による教室実験の論文の第2節と第3節を参照したものです。監査（論）に関する根本的な論点は，たとえば，上枝（2010）でもみたボイラン（Boylan 2000）においても教育目的の経済実験が企図されていますが，シュワルツら（Schwartz et al. 2004）の実験モデルは，より抽象化・単純化が進展しており，比較的に短時間で実施可能という利点があります。本章の経済実験については，教示書（インストラクション）を章末の**補遺**につけてあります。

### 2-1　品質・価値の異なる複数の商品の市場における売買取引

　最初の実験では，品質や機能が異なり，よって売り手と買い手にとって保有からもたらされる価値が異なる複数の商品が同一の市場において売買取引される場合，どのような事態が生じるのかが主たるテーマとなります。ここで重要なのは，

商品の品質・価値の違いは取引「前」には買い手にはわからない，という情報の
非対称性が存在する事実です。

## 品質・価値の異なる複数の商品の取引実験の設定

シュワルツら（Schwartz et al. 2004, Section 2）の教室実験は，次のようです。

実験は，それぞれ6人の売り手役と買い手役の参加者がいる合計12人から構成
される仮想の市場において行われます。市場には合計で6個の商品があり，それ
ぞれ1人の売り手が販売しようとしています。買い手にとって，売り手が提供し
ようとしている商品は購入「前」にはどれも同じように見えて区別はつきません
が，購入「後」は商品の品質により価値ないし購入する買い手の利得が異なりま
す。すなわち，商品の品質・価値は，**図表8－1**のように3種類あり，それぞれ
2個，合計6個が存在するのです。たとえば，図表8－1の中央は，全部で3つ
の商品のうち品質・価値の高さが真ん中の2番目であり，購入する買い手にとっ
て50の価値，また保有する売り手にとって40の価値がそれぞれあります。なお，
売り手は，自分の保有する商品の品質・価値について買い手に対して伝達するこ
とができません。

**図表8－1▓商品の品質・価値（3種類・各2個，計6個）**

| 買い手の価値 100 | | 買い手の価値 50 | | 買い手の価値 25 | |
|---|---|---|---|---|---|
| 売り手の価値 80 | ×2個 | 売り手の価値 40 | ×2個 | 売り手の価値 20 | ×2個 |

それぞれ6人の売り手と買い手は，なんらかの市場機構，たとえば，口頭のダ
ブル・オークションを用いて商品を売買します。口頭のダブル・オークションで
は，売り手が商品を売りたい価格（オファー，offers）を，買い手が商品を買いた
い価格（ビッド，bids）を，口頭で言い合い，相手側が受諾すれば，取引が成立
します。たとえば，売り手が70の価格で売りたいと伝え，買い手が受諾すれば，
価格70で商品売買がなされます。反対に，買い手が60の価格で買いたいと伝え，
売り手が受諾すれば，価格60で商品売買がなされます。

売り手と買い手の利得は，市場で決定した**価格**により，以下の(A)から(C)のよう
に計算されます。なお，(B)と(C)における売り手の価値と買い手の価値については，
図表8－1を参照してください。

(A) 販売しなかった売り手・購入しなかった買い手：　0

(B)　販売した売り手　　　　　　　　　　　：　**価格** − 売り手の価値
(C)　購入した買い手　　　　　　　　　　　：　買い手の価値 − **価格**

　売り手は高いほうを好み，買い手は安いほうを好むというように，**価格**に対して両者の利害は相反しています。また，売り手・買い手ともに，取引が成立しない場合には利得は「0」となることから，取引による利益（プラスの利得）が少しでもあるならば，売買を実施したいと考えるでしょう。

## 商品の品質・価値が既知の場合

　このとき，商品の品質・価値が3種類のうちどれであるかが事前にわかっていれば，問題は非常に単純です。たとえば，先にみた図表8−1の真ん中の品質・価値の商品のみが市場で取引されるとしましょう。このとき，売り手の価値が40，買い手の価値が50ですから，恐らくは41から49までの間の価格で売買がなされると考えられます。なぜなら，当該価格帯（41〜49）で取引が成立するならば，売り手・買い手の両者ともにプラスの利得となり，取引しない場合の「0」の利得に比べて経済厚生を高めることができるためです。

## 商品の品質・価値が未知の場合—逆選抜の発生

　これに対して，図表8−1の3種類の品質・価値の商品が，区別なく混在して同時に取引されるとすれば，どのようなことが起こると予想されるでしょうか。**図表8−2**をご覧ください。買い手がわかるのは，図のAからFのように見た目はまったく同じ商品が6個並んでおり，しかしながら購入後には，それぞれ2つずつ「100」，「50」または「25」のいずれかの価値が自らにとってあることのみです。

**図表8−2　3種類（各2個）の商品が同時に取引される場合の買い手の状況**

　上記の環境・設定において，たとえば，取引損失（マイナスの利得）が出てし

まうにしても，なるべくそれを小さくしたいとある買い手が考え，「30」という価格をビッドとして提示したと仮定しましょう。**図表8－3**は，当該状況を表わしていますが，品質・価値が「80」と「40」の売り手は，価格「30」で売ると取引損失（マイナスの利得）となりますから，取引しようとしません。よって，「30」の価格で売ってくれるのは，品質・価値が「20」の売り手のみとなり，このとき買い手は「－5（＝25－30）」という取引損失（マイナスの利得）を必然的に被ることになってしまうのです。結果的に，取引利益（プラスの利得）を買い手が得るためには，「24」以下の価格づけをするほかなく，これに応じるのは3種類のうちで最低の「20」の価値の商品を有する売り手のみとなり，情報の非対称性が導く逆選抜（adverse selection）が生じることになります。

図表8－3 ▉市場全体の需要・供給曲線と価格「30」のときの取引状況

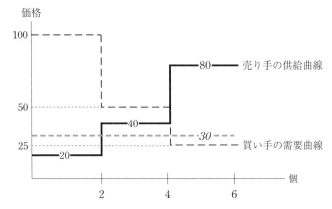

## 監査の必要性と役割—信憑性のある情報の提供

さて，逆選抜が生じるかような状況は，決して望ましいものではありません。最低の品質・価値以外の残る2つの品質・価値の商品は，市場に供されないことから，それらの取引からもたらされる利得が失われます。図表8－1で示されるように，売り手と買い手との間で同じ商品に対してもつ価値が異なることから，取引がなされれば，価格がどのように決まったとしても差額分の正（プラス）の利得が実現するはずなのです。このとき，第三者が商品の品質・価値を取引前に調査し，市場関係者に対して報告するような制度があるならば，状況はどのように変化することになるでしょうか。読者のみなさんで想像してみてください。や

や簡略化しすぎのような気もしますが，監査の必要性や役割はここにあるといえそうです。すなわち，第三者の立場から，ある経済主体の判断・意思決定にとって決定的な情報を提供し，取引やそれに伴う利得を創出するために監査は必要とされ，またそれは監査の果たしている役割を指し示すものなのです。

## ２－２　投資意思決定と監査

### 情報の信憑性の保証（≒監査）のある経済実験の設定

　本小節でみるシュワルツら（Schwartz et al. 2004, Section 3）の第２の実験が言わんとすることは，２－１節でみた実験とよく似ています。すなわち，信憑性のある情報の提供はここでも，社会全体の経済厚生を高めるものとなります。しかしながら，本小節の経済実験は，会社・経営者の投資意思決定の結果に関して不確実性が伴い，さらに会社・経営者による開示（ディスクロージャー）行動が加わることにより，現実世界の会計・監査の環境により近い設定となっているといえるでしょう。

　市場は，売り手４人と買い手６人の合計10人で構成され，双方の間で商品の売買取引が行われることになります。売り手は，第１に，投資をするか否かを決定します。投資は，売り手に対して追加的なコスト「20」を課しますが，市場に提供される商品の品質・価値が高くなる可能性を増大させます。具体的には，投資しない場合，90％の確率で商品は**低**品質であり買い手にとって「０」の価値となり，10％の確率で商品は**高**品質であり買い手にとって「100」の価値となります。これに対して，投資する場合，90％の確率で今度は商品は**高**品質であり買い手にとって「100」の価値となり，10％の確率で商品は**低**品質であり買い手にとって「10」の価値となるのです。要するに，売り手による投資は，商品が**高**品質になる確率を，投資しない場合の10％から90％へと高める効果があります。

　売り手は，次に，買い手に対して投資の有無を伝えます。ここでは，虚偽の情報の伝達も可能であるとされ，たとえば，投資しない場合でも投資したと報告することができるようになっています。買い手は，４人の売り手の投資の有無の報告内容を伝達されたのち，それぞれ外観的には同じであるため，見た目によっては区別できない商品に対して値付けを行います。取引機構は，第一価格封印入札であり，買い手は互いの付け値（ビッド）を知らないままそれぞれの商品に対して入札し，６人の買い手のうち最も高い付け値（ビッド）を提出した買い手が当該価格で商品を落札するものです。

　売り手と買い手の利得は，市場で決定した**価格**により，以下の(A)から(C)のように計算されます。なお，前段落で説明したように，**価格**は買い手たちがある売り手の商品に対して付けた最高の評価額です。また，(C)購入する買い手にとっての商品の価値は，売り手による投資の有無にしたがい購入後に確率的に決定される「0」または「100」の数値となります。

(A)　売り手：　**価格**－投資額（投資する場合「20」，投資しない場合「0」）
(B)　購入しない買い手：　0
(C)　購入する買い手：　商品の価値－**価格**


## 実験の設定における投資の価値

　最初に確認しておきたいのは，本実験の設定における投資の価値についてであり，投資の有無に基づく商品の価値の期待値についてまずは計算してみましょう。

- ・投資ありの場合の商品の価値の期待値：　$100 \times 90\% + 0 \times 10\% = 90$
- ・投資なしの場合の商品の価値の期待値：　$100 \times 10\% + 0 \times 90\% = 10$

　上記のように，両者は「80（＝90－10）」の差をもたらします。「20」のコストがかかることを差し引いても，ある1社の投資から平均して「60（＝80－20）」の価値がもたらされることになるわけです。市場には4人の売り手が存在していますから，合計「240（＝60×4）」の平均的な付加価値が新たに創出される可能性があります。実験の設定にもあるように，現実にも，投資はある程度の確率では失敗に終わるでしょう。しかしながら，世の中にある膨大な数の会社の存在を考えれば，個々の会社の投資の有無は，社会全体の経済厚生に対して大きな影響を及ぼすことになるのです。


## 実験の結果（の予測）と監査の必要性・役割

　しかしながら，「売り手による投資は起こらない」というのが理論的な予測であり，さらに実験の結果もこれを一般的に支持するものとなっています。すなわち，投資の有無に関する虚偽の開示が可能であることから，投資を行った売り手は，その事実を買い手の側に対して信憑性をもって伝達することができません。このため，買い手は，購入する商品の価値に関わる不確実性からもたらされるリスクゆえに，たとえば，投資なしの場合の商品の価値の期待値である「10」以下

で値付け（ビッド）をするかもしれません。こうした買い手の戦略に直面したさい，売り手は，追加的なコスト「20」を負担して投資を行うインセンティブをもちえないのです。売り手が投資しないのならば，投資なしの場合の商品の価値の期待値である「10」以下で値付け（ビッド）するのは，買い手にとって合理的な対応といえるでしょう。よって，実験の結果として予測されるのは，売り手は投資をせず，買い手は投資なしの場合の商品の価値の期待値である「10」以下で値付け（ビッド）することになるのです。なお，投資の有無に関する売り手による開示には信憑性がないため，開示内容が「投資あり」であっても，「投資なし」であっても結果に影響がないと予測されます。

　ここでみたような社会的に最適とはいえない状況への対応手段として捉えるならば，監査の必要性や果たすべき役割が正しく理解できるようになるでしょう。実験の設定において，監査は，「売り手による投資の有無の開示の正しさを取引前に調査し，買い手に対して報告する行為」となります。ところで，二重責任の原則として第1節で説明したように，監査は，売り手に投資をさせるのではないことに注意してください。監査がなされることにより，売り手は投資をした事実を信憑性をもって伝達でき，相応の評価を受けられると考えられます。このため，監査がある市場では，投資がなされ，売り手も買い手も平均して利得を高めることが可能となり，よって社会全体としての価値の創出が見込まれることになるのです。

　以上，本節の各小節（2−1と2−2）では，シュワルツら（Schwartz et al. 2004）の2つの教室実験の設定とそのもとでの結果の予測の解説を通し，監査がなぜ必要とされるのか，その理由，および監査が社会的・経済的に果たしうる役割や機能に関してみてきました。2つの実験は，細かな構造は違っていますが，いわんとすることは同じであるといえます。すなわち，判断・意思決定に当たり重要な情報を信憑性をもって伝えられない状況は，関連当事者たち全員にとって，ひいては社会全体にとって機会損失をもたらすものです。監査は，このとき，信憑性のある情報を公的に伝播することによって取引を成立させ，あるいは会社の効率的な事業運営に資するなどの重要な役割を果たしており，よって社会的な価値や必要性があるといえるのです。

# 3 監査に関連する諸論点

　本節では，監査制度や監査の実施にまつわる基本的な論点についてみていくことにします。具体的には，3－1節においては，監査報酬を支払う（べき）主体は誰かという論点，および監査の失敗の論点を取り扱います。この3－1節では，第2節の実験の設定をそのまま用いており，よって論点の説明に特化してデザインされた実際の経済実験がないことから，その解釈と考察にあたっては，「相応の」想像力を働かせる必要があります。続いて，3－2節はいわゆる低廉監査の問題について，シュワルツら（Schwartz et al. 2004, Section 4）の新規の教室実験を通して考えていきます。

## 3－1　第2節の実験の設定から考えられること

### ①　監査費用・監査報酬の負担の問題

　監査（制度）に関して第1に考えてみたい論点は，監査実施にかかる費用あるいは監査人に支払うべき報酬（以下，監査費用や監査報酬と言及します）は誰が，言い換えればどの経済主体が，負担すべきなのかというものです。現行の制度では，監査の対象となる財務報告を作成する会社自身が，監査人と契約して監査報酬を負担することになります。こうした方式の妥当性は，第2節の2つの教室実験の帰結を考えると，ある程度は理解できるものでしょう。つまり，2－1節でみた品質・価値の混在する商品市場における取引にせよ，2－2節でみた商品の品質・価値を向上する会社・経営者の努力，具体的には，投資の実施の有無が伝わらない市場内の取引にせよ，売り手は，信憑性のある情報を伝播可能とするような監査の存在によって利益を一般に得ることになります。このため，売り手は，あるいは企業会計の環境でいえば会社・経営者は，自らの属性や行為を明らかにし，またその言明の正しさ（の程度）を証明してもらうため，監査人と契約しその費用・報酬を支払うことになるのです。

　しかしながら，こうした方式が社会的に最適なのかどうかは，別に考えるべき問題であるかもしれません。なぜなら，売り手（会社）以外にも，監査による利益を享受する経済主体が存在するからです。たとえば，第2節の教室実験では，取引が成立すれば買い手も正（プラス）の利得を獲得する機会があり，2－2節の実験では特に，監査がなされれば，1社につき「60（＝90－10－20)」だけの投

資による期待利得の純増がもたらされました。監査がなされるかどうかは，社会全体の経済成長にさえ関係するものだったのです。したがって，売り手すなわち会社だけではなく，ともに受益者である市場や一般社会もまた，監査報酬を負担するという方式が考えられないわけではありません。

　もっとも，そうした方式が採用されたと仮定して，監査報酬に相当する金額をどのような負担割合に基づき，どのような方法で各経済主体から徴取し，どのように支払うかなど，別の問題が出てくることは避けられないでしょう。取引関係者から手数料として徴取するとか，税収入から直接に支出するとか，専門の「公務員」が監査を担当しそのコストを間接的に税金から負担するとか，単なる思い付きといってよい案がないわけではありません。しかしながら，どれもよく考えないと，整備・運用に伴う問題が噴出し，現実の制度として適切に機能しないものとなりそうです。

　売り手（会社）が監査報酬を負担することに関しては，これとは別の問題が顕在化するかもしれません。第7章と本章では，利益マネジメントと不正な財務報告を扱ってきています。そこでは，会社・経営者は，他の利害関係者の利益のために滅私奉公するのではなく，自らの利益のために戦略的に思考・行動する独立の経済主体であると想定しています。このとき，会社・経営者は，自らに都合良く意図してなした，場合によっては重大な不正のある会計行為の適正性の程度を監査させることになります。言い様によっては，自分の悪事（?!）の発見を監査人に委ねるという状況も考えられないわけではありません。もっとも，現実の制度では，監査を受けなければならない会社の条件は法令により定められています（第2章参照）。したがって，なんらかの理由で重要な虚偽記載のある財務報告を作成した事業年度の監査のみ，恣意的に回避するような問題は減殺されるものと考えられます。しかしながら，たとえば，2-2節でみた経済実験において，実際には「投資しない」を選択したのに，「投資した」と虚偽の開示をした売り手は，監査人を雇って自発的に監査を受ける，あるいは監査実施に進んで協力するインセンティブはないでしょう。もっとも，すべての会社が監査を受けるのが当然であるような，架空の世界においては，第6章でみた自発的な情報開示（ディスクロージャー）と同様の議論から，監査を受けないことは財務報告に重要な虚偽記載があるのと同義とみなされてしまうがゆえに，すべての会社が監査を受けることになることは推論できます。

## 監査費用・監査報酬の負担と監査人の独立性

　本小節の最後に，監査報酬の負担に関する論点をもう１つ手短に紹介しましょう。売り手（会社）の報告，たとえば２−２節の経済実験でいえば投資の有無を厳正にチェックし，監査意見を表明しなければならないにもかかわらず，当事者の売り手（会社）から報酬を受け取るという現行の監査制度に問題はないのでしょうか。すなわち，場合によっては，報酬という金銭的な誘惑につられ，監査手続の実施や意見の表明にあたり手心を加えることはないのでしょうか。実際には，そうして売り手（会社）の言いなりになるなどして**精神的独立性**（independence in fact）を失い，重要な虚偽記載がある財務報告を適正であると意見表明した監査人は，民事上・行政上その他の責任を負うことになるでしょう。あるいは，監査人を志すようなヒトは，一般に，高度な職業倫理観を有しており，監査報酬の出処に関係なく公正不偏の態度で監査に臨んでいると考えるならば，かような議論は杞憂にすぎないのかもしれません。

　しかし，監査人が精神的独立性をよりいっそう保持しやすくするという観点からは，現行の制度である売り手（会社）負担とは異なる方式も考えられそうです。さらに続ければ，現行制度において，監査人は，監査を受ける側の売り手（会社），すなわち被監査会社との間で特定の利害関係を有さないことを一般にいう，**外観的独立性**の保持を求められています。ここでの特定の利害関係には，売り手（会社）からの報酬の受領は，もちろんのこと，該当しません。とはいえ，売り手（会社）が監査報酬を負担するという事実こそが，売り手（会社）と監査人の間の独立性に関する一般社会の疑念を惹起するものであるならば，**外見的な独立性**[3]（外見的独立性，independence in appearance or independence perceived）の問題は存在するといえるでしょうし，それに対応するような監査制度全般に対する信頼性の確保のための方策もありえるでしょう。

## ②　監査の失敗の問題

　第２節のシュワルツら（Schwartz et al. 2004）の教室実験から考えてみたい２つ目の問題は，監査の失敗です。監査の失敗とは，期待される所定の機能を監査が発揮しないことをいうものとします。これは，２−２節の教室実験を例にとって説明するならば，「投資する」という売り手（会社）の言明を「正しい」とした監査報告自体が間違っており，実際には，「投資しない」が選択されていたなどといった状況を一般に指すものです。

　2−1節でみた商品市場において，売り手に自らの商品の価値・品質を取引前に公表させて監査を実施する，あるいは2−2節でみた投資機会のある商品市場の売り手による投資の有無の開示について監査すると仮定しましょう。監査により，商品の品質・価値や売り手による投資の有無が完全に明らかになれば，第2節でみたように関係者らが利益を得られます。しかし，監査の結果があてにならないとしたらどうでしょう。たとえば，教室実験では，コインやサイコロを投げて，監査の結果を決めるようにするのです。このとき，監査意見には意味がなく，監査がない場合と状況は変わらないことは，すぐに理解できるでしょう。

## 監査の失敗の可能性の影響

　それでは次に，監査の結果は，ある一定の確率で正しいこと，裏を返せば一定の確率で誤っていることがわかっているならばどうでしょう。たとえば，2−1節の実験において，商品の品質・価値は「売り手とって「80」，買い手にとって「100」」とする売り手の報告を監査した結果，この報告は「正しい」とする監査意見が表明されたとしましょう。このとき，当該監査意見は「83.3％（＝5/6）」の確率で正しい，すなわち「83.3％」の確率で「売り手とって「80」，買い手にとって「100」」の品質・価値の商品であると監査報告するように，実験の設定を変更するのです。実際には，たとえば，売り手による商品の品質・価値の公表後に「1」から「6」までの出目のある六面体のサイコロを振り，ある一つの目，たとえば，「1」が「16.7％（＝1/6)」の確率で出た場合には，真実を示さない誤った監査意見となるようにすれば，かような設定は実現できることになります。もっとも，ここでの「一定の確率」は現実には判明しえないものですし，現在実施されている監査では，相当に高い確率で重要な虚偽記載の存否を看破していると思われます。

　しかしながら，自らの不適切な会計行為を隠蔽しようと会社・経営者の側も懸命でしょうし，監査人，すなわち「ヒト」が関わる判断・意思決定ですから，見落としや間違いも起こり得ると考えてしかるべきです。さらに，大規模化・複雑化した現代の会社の監査では，対象となる取引と会計記録の全部が調査（全数調査，精査）されるのではなく，そのうち一部のみが調査（標本調査）されています。試査とよばれるかような統計的な監査手法は，適正な財務報告を作成・公表するための内部統制（internal control）システムの適切な整備・運用を基盤として採られ，有効かつ効率的な監査の実施を可能としているのですが，会社のすべての取

引・会計記録が調査されているのではないのは事実です。

　監査の失敗の問題がある場合，誤っている可能性のある監査意見を参考にして買い手がいかなる判断・意思決定をするのか，またそれは翻って，売り手（会社）のさまざまな行動にどのように影響するのでしょうか。それら経済的帰結の完全な分析は，非常に困難なものとえます。とはいえ，監査意見が正しい確率が高くなるほど，意思決定にあたり情報有用性が高まることはわかります。たとえば，今般の新たな実験では，監査意見が正しい確率を「83.3％（＝5/6）」であると設定しましたが，完全な監査ではこれが「100％（＝6/6）」となり，このとき，買い手は商品の品質・価値や売り手による投資の有無を完全に知ることになります。あるいは逆に，この確率が「66.7％（＝4/6）」まで低下するならば，買い手は，それが「83.3％（＝5/6）」のときよりも監査意見を参考にできなくなるでしょう。監査意見が正しいものとなる確率を上げるためには，調査にかかる時間や資源を増やすなど，結果的に監査費用の増大が避けられません。このため，結局のところ，どの程度の監査の失敗の可能性や経済的影響ならばわれわれは許容するのかという社会的選択の問題となり，さらに監査の失敗が現実に起こった場合の責任のありかたや事後的な救済法などの制度的手当てはどのように設計するのかなどの問題もかかわってくるのです。

## 3－2　低廉監査の問題

### 低廉監査とは

　本小節は，シュワルツら（Schwartz et al. 2004, Section 4）を参考にして，いわゆる低廉監査（low-balling）の問題を取り扱うことにします。低廉監査とは，適正な監査報酬額に比べて不当に安い，低廉な金額により監査人が監査を受注・実施することをいいます。ある会社の監査にあたり必要となる最低限の時間・資源の投入に見合う適正な監査報酬額が確保できないとすれば，監査の品質の低下が懸念されることになります。さらに，監査サービスがなりふり構わず安売りされるとすれば，監査という制度自体に対する一般社会からの信頼さえも揺るがしかねない事態ともいえます。一般的にいって，不当な安売りは，長期的には，あるいはいま即座にも，提供される商品やサービスの品質が「粗悪」であることを意味するからです。このため，適切な水準の監査手続が実施され，それに見合う適正な監査報酬を受けることが重要となるのです。本小節では，低廉監査がもたらすこれら負（マイナス）の経済的帰結に関しては取り扱いません。しかしながら，

複数の監査人の間の相互作用により，合理的な意思決定の結果として低廉監査が起こりうることについて，経済実験を通して示したいと考えています。

## 監査法人間のクライアント獲得競争ゲームの設定

　この実験では，3人の参加者は，複数の公認会計士により設立された監査法人（accounting firm）の代表社員の役割を担い，ある新規のクライアントが依頼してきている2年間の監査の対価として求める監査報酬の額を決定することになります。当該クライアントは，監査法人3社に見積もりを同時に出し，もっとも低い監査報酬を提示したところと契約することになります。

　監査を引き受ける場合，かかる監査費用は，最初の年（1年目）は「100（＝50＋50）」であり，2年目は「50」であると見込まれています。すなわち，通常の監査手続にかかる費用は毎年「50」となりますが，監査を担当する最初の年（1年目）だけは，会社の経営状況や経理システムを調査するなど初期費用が「50」だけ追加でかかります。なお，こうした費用発生の構造は，監査法人3社とも同じであると仮定されます。

　上記の実験の設定のもと，監査法人の代表社員となった参加者は，互いに他の参加者にわからないよう，**図表8−4**のようなカードに1年目の希望監査報酬額を記載して入札します。入札後，もっとも低い入札額であった監査法人が，その金額で1年目の監査を担当することになります。複数の監査法人が同じ最低の入札額となった場合，参加者同士の「じゃんけん」により契約できる法人が決定されます。

図表8−4 ■低廉監査実験における希望監査報酬の入札カード

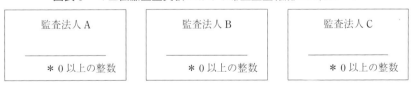

続いて，2年目の監査を担当する法人を決定するため，図表8−4のカードに再び希望監査報酬額を記載して入札してもらうことになります。監査契約は1年更新であることから，2年目には，1年目に契約した監査法人も含めた3社による入札を新たに行うことに注意してください。実験における1年目と2年目の利得は，次のようになります。

(A) 契約が取れなかった監査法人： 0

(B) 契約が取れた監査法人： 監査報酬−監査費用（100または50）

　ここで，(A)契約が取れなかった場合，利得は「0」となります。監査を実施しないため，監査費用の発生はありません。これに対し，(B)契約が取れた場合，監査を担当する1年目か，あるいは継続して監査をする2年目かにより，監査費用は「100」または「50」となります。新規クライアントとの契約から，他の2つの監査法人よりも高い利得になるためには，どのような監査報酬の提示・入札戦略を採用すればよいのでしょうか。

## 均衡入札戦略と低廉監査の生起

　実験を実施すると，さまざまな金額の入札が参加者から飛び交います。ここでは，他社に勝てる，正確には負けることがない戦略について説明することを通じて，本小節のテーマである低廉監査の問題をあぶり出したいと考えます。ポイントは，①監査を2年間担当すると合計で「150（＝100＋50)」の監査費用がかかること，および②1年目に契約が取れない場合，最終の2年目は，自社が「100」の監査費用がかかるのに対し，1年目に担当した監査法人は半額の「50」の監査費用ですむということの2つです。すなわち，2年間の合計でなるべく多くの利得となるように考えなければなりませんし，1年目に契約が取れない場合，そこで契約を取った監査法人に対し，2年目は非常に不利な状況からのスタートとなり，恐らくは契約はとれないでしょう。なお，他の2社の監査法人も同じように考えることから，3社の競争から合計の（純）利得は最小の「1」となり，よって2年間の合計の監査報酬は「151（＝2年分の監査費用150＋1)」まで下げなければならないこともわかってきます。

　前段落における議論から，この実験の入札の1つの必勝法は，1年目に「52」，2年目に「99」と入札することになります。1年目に自社が契約を取ったことを前提にして，2年目に入札で他社に勝つには，他社の1年目の監査費用である「100」を「1」でも下回ればよいことから，2年目の入札額から先に「99」と考えるのです。その後，2年間の合計で「151」の監査報酬を得られるよう，1年目の監査報酬額の要求を「52（＝151−99)」と決めることになります。説明は以上としますが，これ以外の入札戦略では，他の監査法人に2年間の利得合計で勝利できないかもしれません[4]。

　注目していただきたいのは，合理的な監査法人の間の競争により，1年目には，監査費用（100）を下回る監査報酬（52）による契約，すなわち低廉監査がなされうる事実が示唆されることです。より長期的な視点に立ち，たとえば10年間あるいは20年間の合計の利得で考えると，事態はさらに深刻になる可能性もあります。そのとき，監査人は，非常に低い報酬に期間の初期には甘んじることになりますが，監査費用に満たない報酬でも必要十分な質・量の監査手続が可能なのでしょうか。さらに，シュワルツら（Schwartz et al. 2004, 35）が指摘するように，監査人の独立性（3－1①）の崩壊（impaired independence）の問題が生じるかもしれません。すなわち，長期的な契約の継続を見込んで短期的には赤字となる契約をした監査法人は，他の監査法人への途中での交代を回避するため，被監査会社（クライアント）にとって都合のよい監査意見を表明するようになるかもしれないのです。このほか，2002年のサーベンス・オクスリー法（SOX）法によって規制される以前は，監査サービスを安価で提供する見返りとして，監査法人にとって収益性の高いコンサルティング・サービスも購入してもらうような慣行もあったとされます（Agenti 2016, 邦訳255頁）。一般的にいって，監査人は，社会的使命にしたがい懸命に業務に取り組んでいるでしょう。しかし，ここでの単純な経済実験は，完全に非現実的なものではなく，監査実務に内在する問題を顕在化していると考えています。

## 4　本章のまとめと補足事項

　本章は，公認会計士・監査法人による監査の制度と実務上の論点の一端に関し，シュワルツら（Schwartz et al. 2004, Sections 2-4）の経済実験を主として参照しながらみてきました。具体的には，監査制度の必要性や監査が社会的に果たす役割について第1に議論しました（第2節）。信憑性のある財務報告が社会に行きわたることにより，会社の利害関係者すべて，ひいては社会全体が経済的利益を享受しうるというメリットに関して，もう一度確認してみてください。第3節では，第2節の実験の設定をそのまま用いて監査費用・報酬の負担の問題（3－1①）および監査の失敗の問題（3－1②）をみたあと，新規の実験デザインを導入して低廉監査（3－2）の問題をみました。シュワルツら（Schwartz et al. 2004, Sections 2-4）の単純な教室実験を実地経験することにより，監査制度・実務の重要論点のいくつかをより身近に感じてもらえたならば，所期の目的は十分に達成さ

れたといえます。経済実験による監査の論点の説明にさらに関心をもったかたは，途中で紹介したボイラン（Boylan 2000）や上枝（2010）も参照してください。

　なお，本章では，監査人とそのクライアントすなわち被監査会社の間の戦略的な相互作用（strategic interaction），換言するならば，重要な虚偽表示のある財務報告をそのまま公に伝播しようとする被監査会社，およびそれを看破し修正したうえで公表させようとする監査人の間のやりとりについては，取り扱いませんでした。ゲーム理論を用いてそれらをフォーマルに分析しようとする，いわゆる戦略的監査論（strategic auditing）に関しては，たとえば，太田（2020）を参考にしてください[5]。

 **確認クイズ（考えてみよう／調べてみよう）**

1．監査の必要性，および監査が社会・経済的に担っている役割について説明してください。言い換えれば，監査はなぜ必要なのか，また監査があることによりなにがどう変わる（良くなる）のか説明してください。説明にあたっては，第2節でみた経済実験に触れてください。

2．第2節（2－1と2－2）でみた経済実験の設定や各関係者の利得の決定方法などにあなたなりに変更を加え，どのような結果がそのとき導かれるのか考えてみてください。

3．現実の世界における監査の失敗の事例とその帰結について，新聞や雑誌の記事，あるいは書籍を参照しながら調べてみてください。

4．3－2節でみた低廉監査に関する経済実験において，契約する監査法人を毎回変更しなければならない設定とした場合，どのようなことが起こるでしょうか。実験結果を予測してみてください。

---

**補遺**　**監査の教室実験の実験教示書（インストラクション）**

　本補遺では，本文中で紹介した教室実験の実施方法を説明する実験教示書（インストラクション）につき，シュワルツら（Schwartz et al. 2004, Sections 2-4）を参考にしながら自作したものを掲示しておきます。

## ①　2－1節の売買取引実験の実験教示書（インストラクション）

　実験市場には，売り手6人，買い手6人の合計12人が参加します。あなたがど

ちらの役割となるかは，実験に関する説明の後，くじ引きで決定します。売り手は，それぞれ 1 人 1 個の商品を保有しており，よって全部で 6 個の商品が市場にはあります。買い手にとって， 6 個の商品は購入前にはどれも同じように見えますが，購入後に判明する品質にしたがい，売り手や買い手が商品の保有から得る価値は以下のように相違します。

| 買い手の価値　100 | | 買い手の価値　50 | | 買い手の価値　25 | |
|---|---|---|---|---|---|
| 売り手の価値　80 | × 2 個 | 売り手の価値　40 | × 2 個 | 売り手の価値　20 | × 2 個 |

　すなわち，図にあるように，商品の品質・価値は 3 種類あり，それぞれが 2 個ずつ存在していることになります。たとえば，左端の商品は， 3 種類の商品のなかでもっとも品質・価値が高く，購入した買い手は「100」の価値を得ますし，売り手にとっても保有していれば「80」の価値があります。

　実験ではまず，売り手となった参加者の方に，上の図のような情報が書かれたカードを渡しますから，カードの内容を確認してください。このとき，自分の商品の品質・価値を他の参加者には明かさないように注意してください。

　それでは，商品の売買を開始しますから，教室の前に売り手・買い手に分かれて一列に並んでください。

　取引は，口頭のダブル・オークションという方式を用いて行います。売り手は，この金額以上なら売ってもよい価格（オファー，offers）を，買い手は，この金額以下なら買ってもよい価格（ビッド，bids）を，挙手をして教卓のところにいる司会者に伝えてください。たとえば，ある売り手が最初に「55」と言い，またある買い手が次に「45」と言った場合，司会者は，以下のように黒板に記載します。

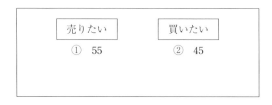

　12人の市場参加者は，各人の発言を聞きあるいは黒板を見て，相手方の売りたいまたは買いたいというオファーやビッドの申し出に応じて取引してもよい場合は，挙手をし，司会者にその旨を伝えてください。たとえば，「55」で買ってもよいと考えた買い手は，挙手をして「「55」で買いたい」と言ってください。司会者は，以下のように黒板に記載し，売り手から買い手に対して価格「55」で商品が引き渡されることになります。

　取引が進展するなかで，以前に出したオファーやビッドを取り消したい，あるいはそれとともに新たなオファーやビッドを出したい場合，挙手をして司会者に伝えてください。たとえば，さきに「45」というビッドを出した買い手が，これを取り消して「50」というビッドを新たに出したい場合，「②番の「45」のビッドを取り消して，「50」に変更する」と言ってください。司会者は，これを聞いて，黒板に以下のように記載します。

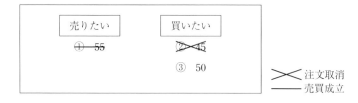

　以下，同じような方法により，6個の商品すべてが販売される，あるいは取引がそれ以上は成立しないと司会者が判断するまで，市場は続けられます。
　売り手と買い手の利得は，次の(A)から(C)のように計算されます。

(A)　販売しなかった売り手・購入しなかった買い手：　　0
(B)　販売した売り手　　　　　　　　　　　　　　　：　**価格** − 売り手の価値
(C)　購入した買い手　　　　　　　　　　　　　　　：　買い手の価値 − **価格**

　先に述べた通り，**価格**はオークションで決まった金額であり，売り手の価値と買い手の価値は3種類のうちのいずれかとなります。

　以上で実験の説明は終わりです。なるべく多くの利得となるよう考え，市場取引に参加してください。

## ②　2－2節の商品売買（投資あり）の実験教示書（インストラクション）

　この教室実験では，売り手と買い手の間において商品売買を行います。

1．市場には，売り手4人，買い手6人の計10人が存在します。どちらの役割となるのかは，実験の説明の後，くじ引きで決定します。

2．売り手となった4人には，カードが入った封筒（表側にA・B・C・Dのいずれかが記載）が渡されます。カードが入った封筒は，このあと市場で販売される仮想の商品であると考えてください。

3．売り手は，封筒から以下のようなカードを取り出し，「投資する」または「投資しない」のいずれか一方に ☑ してから封筒に戻し，封印してください。

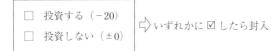

　　カードの「投資する」または「投資しない」の後ろにある括弧内の数字は，投資にかかるコストです。売り手は，投資しない場合，コストはかかりませんが，投資する場合「20」のコストがかかることになります。

　　投資は，販売される商品の品質，すなわち購入する買い手にとっての商品の価値を高める可能性を次のように向上させることになります。

$$\begin{bmatrix} 「投資する」と，商品は \begin{bmatrix} 90\%の確率で高品質（買い手は100の価値） \\ 10\%の確率で低品質（買い手は0の価値） \end{bmatrix} \\ 「投資しない」と商品は \begin{bmatrix} 10\%の確率で高品質（買い手は100の価値） \\ 90\%の確率で低品質（買い手は0の価値） \end{bmatrix} \end{bmatrix}$$

となります。

4．売り手は，「投資する」，「投資しない」のどちらを選択したかを買い手に開示します。開示は，封筒の上に ☑ することで行ってください。なお，実際の投資の有無と開示とは異なってもかまいません。つまり，**実際には投資していなくても，「投資する」に ☑ することが可能です。**

5．4つの商品，すなわち封筒Aから封筒Dは，第一価格封印入札というオークション方式により取引されます。第一価格封印入札のもとでは，6人の買い手が各商品の希望落札額を他の買い手にわからないように記載して提出し，ある商品に対して一番高い希望落額を記載した買い手がその金額（＝価格）で商品を購入することになります。複数の買い手の希望落札額が同じになった場合，誰がその金額（＝価格）で購入することになるかをじゃんけんにより決定します。なお，落札希望額を書く用紙は，以下であり，記入できる金額は0から100までの整数値とします。

6．売り手と買い手の利得は，手続5で決定される**価格**により，次のようになります。

 (A)　売り手：　　**価格** − 投資額（投資する場合「20」，投資しない場合「0」）

 (B)　購入しない買い手：　　0

 (C)　購入する買い手：　　商品の価値 − **価格**

7．手続3でみたように，(C)購入する買い手の商品の価値は，売り手による投

資の有無，および確率（0％または90％）に依存するため，10面体のサイコロ1個を用いて決定します。10面体のサイコロには「0」から「9」までの印字があるため，売り手の手続3の決定が「投資する」の場合は，「0」が出たときのみ商品は低品質となり，残る「1」から「9」までの数字が出たときには，商品は高品質となります。これとは逆に，売り手の手続3の決定が「投資しない」の場合は，「9」が出たときのみ商品は高品質となり，残りの「0」から「8」までの数字が出たときには，商品は低品質となります。

| 投資する | 「0」のときのみ低品質，「1」から「9」のときは高品質 |
| 投資しない | 「0」から「8」のときは低品質，「9」のときのみ高品質 |

8．以上で実験の説明を終了します。数回売買取引を実施することとし，なるべく多くの利得（の合計）となるよう頑張ってください。

### ③　3−2節の監査報酬の決定の教室実験の実験教示書（インストラクション）

この実験では，あなたはある監査法人，すなわち公認会計士が集まった会計事務所の代表社員の役割を担うことになります。あなたはいま，新規のクライアントから最長2年間の監査を依頼され，監査報酬の見積書を提出しようとしています。クライアントは，当監査法人と他の2つの監査法人の3社のうち，もっとも低い監査報酬を提示したところと契約するといっています。

クライアントの監査を引き受けた場合，かかる監査費用は，毎年「50」であると見込まれています。しかし，最初の年だけは，会社の経営の状況や経理システムを一から調べるためにさらに「50」の追加費用（初期費用）がかかることもわかってきています。以上をまとめると，

・最初の年は，「100（＝50＋50）」の監査費用が，
・2年目は，「継続して契約が取れれば，「50」の監査費用が，また
　新規に契約を取る場合には「100（＝50＋50）」の監査費用が，

それぞれ発生することになります。なお，こうした費用（発生）の構造は，監査法人3社とも同じです。

| 監査法人 A | 監査法人 B | 監査法人 C |
|---|---|---|
| ＊ 0 以上の整数 | ＊ 0 以上の整数 | ＊ 0 以上の整数 |

　こうした状況のなか，当監査法人も含んだ3社は同時に，1年目の監査報酬の希望を他社にわからないように書いて入札します。3社のうち1番低い報酬額を提示した監査法人が新規のクライアントと契約でき，自らが記載した**監査報酬**を受け取って監査を担当します。なお，複数の監査法人の希望監査報酬が同じ場合，じゃんけんでどの監査法人がその**監査報酬**で契約するかを決定することになります。監査契約は1年更新であるため，2年目にはまた新たに3社の監査法人による同様の入札があります。

　この実験の利得は，次のようになります。

(A)　契約が取れなかった監査法人：　0
(B)　契約が取れた監査法人：　**監査報酬**－監査費用（100または50）

　ここで，(A)契約が取れなかった場合，利得は「0」となります。監査を実施しないため，監査費用は発生しません。これに対して，(B)契約が取れた場合には，監査を担当する1年目か，あるいは継続して監査を担当する2年目かにより，監査費用が「100」または「50」となります。

　実験の説明は，以上です。新規クライアントとの契約から，他の2つの監査法人よりも高い利得となるため，どのような監査報酬の提示・入札戦略を採ればよいでしょうか。監査法人の代表社員になったつもりで考えてください。

■注
1　二重責任の原則とは，監査（論）における根本的な原則であり，(1)会社・経営者は会計情報ないし財務諸表を作成・公表する責任を負うのに対し，(2)監査人は会計情報ないし財務諸表を監査して意見を述べる責任を負うというように，(1)・(2)両者の責任が明確に区別されていることをいうものです。
2　たとえば，日本公認会計士協会（JICPA）は，そのホームページの「公認会計士監査とは」の説明書きにおいて，これとは異なった観点から監査の説明をしています（https://jicpa.or.jp/cpainfo/introduction/about/work/audit.html，2022年1月21日アクセス）。すなわち，会社・経営者は投資家らに正しい財務情報を伝える責任（アカウンタビリティ）がありますが，自ら作った情報の正しさを自らが証明することはできません。そこで，独立した第三者の専門家である公認会計士・監査法人に証明を依頼し，公認会計士・監査人は証明のための検証，すなわち監査という行為を実施するとしているのです。

3　**外観**的独立性とは，株式投資や債権・債務ないし親族・雇用関係の存在など特定の経済的・身分的利害関係（大矢知1992，37頁）であり，よって法規制の対象となり得るものです。これに対して，**外見**的（な）独立性とは，一般社会の人々のこころのなかにある思いやイメージを指すものですから，法規制の直接的な対象とはなり得ません。かような分類法には異論もあるようですが，ここでは深く議論することはしません。

4　シュワルツら（Schwartz 2004, 33-34）は，1年目を「51」，2年目を「100」とする入札戦略を解説しています。しかしながら，上枝（2010，55頁，脚注59）で指摘したように，「初年度に受注しなかった残る2人の監査人が自らのネットの利得を±0（＝100－100）にするような100のビッドをする場合，新たな問題が生じるかもしれ」ません。すなわち，1年目に「51」で契約を取った監査法人は，「－49（＝51－100）」の利得となりますが，2年目に残る他の2つの監査法人が「100」でビッドしてきた場合，じゃんけんにより2年目の契約が獲得できないことも考えられます。このとき，「－49（＝51－100）」という大きな負の利得のみ被ってしまうことになるのです。したがって，本文中では，1年目に「52」，2年目に「99」としたのです。

5　太田（2020）によれば，会計監査実務の本質はペニー合わせ（matching pennies）とよばれるゲームにあるとされます。ペニー合わせの利得行列は，たとえば**図表8－5**のようにあらわされます。会社・経営者は左側に位置する行プレーヤーであり，財務諸表の虚偽記載をするかしないかから行動を選択します。これと同時に，図表の上側に位置する監査人は，適正意見を出すか，不適正意見を表明するかを決定するのです。

　図表8－5にある利得数値は，恣意的なものですが，会計監査の重要な一側面をとらえてはいます。利得表の左上，「虚偽記載なし」と「適正意見」の組み合わせは，会社・経営者が一般に公正妥当と認められる会計基準（GAAP）にしたがい財務諸表を作成し，監査人がこれに適正であるというお墨付きを与えたわけですから，以降の基準の数値として両者「1」の利得としました。次に利得表の右上，「虚偽記載なし」と「不適正意見」の組み合わせは，会社・経営者は正しい財務諸表を作成したのに，監査人が適正ではないと判断した状況です。このとき，監査人の利得は，この誤った判断ゆえに先の基準から2だけ利得を差し引いて「－1」とし，さらに会社・経営者も監査人の誤った判断に負（マイナス）の影響を受けることから1だけ利得を差し引き「0」としました。続いて利得表の左下，「虚偽記載あり」と「適正意見」の組み合わせは，会社・経営者が一般に公正妥当と認められる会計基準（GAAP）に準拠しない不適切な処理・表示がなされた財務諸表を提示したにもかかわらず，監査人がそれを発見できず適正であると意見表明してしまった状況です。このとき，監査人の利得はやはり，この誤った判断ゆえに先の基準から2だけ利得を差し引いて「－1」とする一方で，会社・経営者にとっては，自らの意図した通りに虚偽記載が看過されたことから，基準よりも2だけ利得を加え「3」としています。最後に，利得表の右下，「虚偽記載あり」と「不適正意見」の組み合わせは，会社・経営者による財務諸表の重要な虚偽記載につき，監査人がこれを看破し，適正ではないという意見を適切に表明できた状況になります。このとき，会社・経営者は，虚偽記載という自らの不適切な行為が露見したことから，先の基準よりも2だけ利得を差し引かれ「－1」となっているのに対し，監査人は通常なすべき職責を果たしたことから基準と同様の「1」の利得となっています。

## 図表8－5 ■会社・経営者と監査人のゲーム

監査人

|  |  | 適正意見 | 不適正意見 |
|---|---|---|---|
| 会社・ | 虚偽記載なし | 1, 1 | 0, －1 |
| 経営者 | 虚偽記載あり | 3, －1 | －1, 1 |

（注）　利得は，前者が会社・経営者，後者が監査人

図表8-5のゲームには，純粋戦略ナッシュ均衡は存在しません。会社・経営者は，監査人が「適正意見」を出すならば，「虚偽記載なし」よりも「虚偽記載あり」を選んだ利得が大きく（1<3），反対に監査人が「不適正意見」を出すならば，「虚偽記載あり」よりも「虚偽記載なし」を選択することで利得を大きくすることができます（-1<0）。一方で，監査人は，会社・経営者が「虚偽記載なし」を選ぶならば，「不適正意見」よりも「適正意見」を表明するほうが大きな利得となり（-1<1），反対に会社・経営者が「虚偽記載あり」を選ぶならば，「適正意見」ではなく「不適正意見」を選んでより大きな利得を得たいでしょう（-1<1）。このように，会社・経営者と監査人の両者の思惑が一致することはなく，4つのどの組み合わせとなって，どちらかのプレーヤーは行動を変えてそこから逸脱したいというインセンティブをもち，よって純粋戦略ナッシュ均衡が存在しないのです。

# 第9章 法人税を巡る会社の行動

**■本章の目的■**

本章では，法人税制を巡る会社の行動に関する論点をみます。

第1節では，わが国の制度会計に関して説明した第2章の第4節において触れた，「逆基準性」についてより詳しく議論します。ここでは，確定決算主義という課税システムの採用が会社の財務会計処理に及ぼしうる影響，換言すれば課税システムの特性から財務会計上の処理へと向かう，通常想定されるものとは「逆の」方向の影響に関して確認することになります。

次に，第2節と第3節では，いわゆる脱税，換言すれば意図的な過少申告の論点に関して考察します。すなわち，申告納税方式というわが国の法人税の徴収方法は，会社・納税者が本来あるべき金額に比べて課税所得を偽って過少に申告し，税負担を不当に回避するインセンティブを与えうるかもしれません。第2節では，かような過少申告という不法行為に立ち向かうべく設けられる制度的な対応について概説します。第3節は，会社・納税者と税務当局との間の戦略的な相互作用によって過少申告の有無や程度が決定する，税務コンプライアンス・ゲームのフォーマルなモデルと均衡の結果とを紹介し，関連する諸変数（の値）の変化に応じてその帰結がどのように影響を受けるかという比較静学分析へとつなげることにします。

## 1　はじめに

### 確定決算主義と法人税額の算定

第2章第4節においては，法規制に準拠してなされる会計の1つとして，法人税法による会計，すなわち税務会計について触れました。該当する箇所の説明をここで振り返っておくと，次のようになるでしょう。税務会計を規制する法律には，「法人税法」，「法人税法施行令」，「法人税法施行規則」，および「法人税基本通達」などが存在し，法人税額は，以下のように算定されます。すなわち，①法人税額は，ある事業年度の**課税所得**の額に税率を乗じて，また②**課税所得**は，税務上の益金から損金を差し引いて，それぞれ計算されることになるのです。

法人税額　＝　**課税所得**　×　税率　　　　　　　　　　　　　　　…①

**課税所得**　＝　益金(の額)　－　損金(の額)　　　　　　　　　…②

　ここで関連してくるのが，確定決算主義あるいは基準性の原則（conformity rule）とよばれるわが国の課税計算の基本ルールです。確定決算主義は，法人への課税が初めてなされた明治期から織り込まれており，会社法による会計処理の手続にしたがう当期純利益の金額を基盤として，法人税法の規定により必要となる調整が施されて**課税所得**が計算されます[1]（たとえば，法人税法第74条第1項）。また，1965（昭和40）年の法人税法の全文改正時には，**課税所得**の計算において，決算上，費用または損失として経理されていることが要件とされました（損金経理の要件，法人税法第2条第25号）。さらに，1967（昭和42）年の改正では，「別段の定め」のあるもの以外は，「一般に公正妥当と認められる会計処理の基準」にしたがい益金と損金を計算するように求めています（法人税法第22条第4項，公正処理基準の規定）。これら関連する法人税法の条文の内容については，**図表9－1**を参考にしてください。

**図表9－1▉確定決算主義に関連する法人税法の規定の条文**

| |
| --- |
| **法人税法第2条（損金経理）**<br>　25号　法人がその確定した決算において費用又は損失として経理することをいう。<br>**法人税法第22条（各事業年度の所得の金額の計算）**<br>　4項　第2項に規定する当該事業年度の収益の額及び前項各号に掲げる額は，一般に公正妥当と認められる会計処理の基準に従って計算されるものとする。<br>**法人税法第74条（確定申告）**<br>　1項　内国法人（清算中の内国法人である普通法人及び清算中の協同組合等を除く）は，各事業年度終了の日の翌日から2月以内に，税務署長に対し，確定した決算に基づき次に掲げる事項を記載した申告書を提出しなければならない。＜以下省略＞ |

　以上をまとめれば，具体的な手続としては，(i)財務会計上の収益（費用，以下括弧同士は対応）が税務会計上の益金（損金）とならない場合，益金不算入（損金不算入）として減算（加算）し，(ii)財務会計上の収益（費用，以下も括弧同士は対応）ではないが税務会計上の益金（損金）になる場合，益金算入（損金算入）として加算（減算）の調整処理をすることになるのです（第2章の**図表2－5**参照）。したがって，式②における益金と損金の額は，財務会計の損益計算書の収益と費用の額と原則的に一致しますが，双方の目的の相違に起因する部分のみが税務上調整されることになります。

## 財務会計 ⇒ 税務会計という関係—基準性

　以上みてきた基本的な構造ゆえに，財務会計と税務会計には相応の結びつきが存在しており，税務申告は財務会計に依存するという**図表9−2A**のような一義的な相互関係があるといえましょう。そこでは，公正妥当な企業会計の基準で計算された財務会計の当期純損益が税務上の課税所得を決めるという関係（基準性）が成り立っているのです。かような相互関係により，法人税制の簡素化が図られるほか，会社・納税者は，財務会計・税務会計の完全な二重計算を実施することに比べて事務処理を簡便化することができます。さらに，法人の判断により経理処理がなされる内部取引，たとえば減価償却費の計上や引当金の設定などについても，確定した決算において表明された会社・納税者の意思を重視することにより，計算の信頼性や客観性を確保することができるという一定の合理性があるとされます。

**図表9−2A**■確定決算主義のもとでの財務会計と税務会計の関係①

## 税務会計 ⇒ 財務会計という関係—逆基準性

　現実には，しかし，図表9−2Aのような一方向だけの影響には留まらず，財務会計上の特定の費用計上処理の手続にあたり，法人税法の規定が先行して適用され，翻って会計処理に実質的に影響を及ぼしているという，図表9−2Aとは逆方向の関係が生じているとされることがあります（**図表9−2B**参照）。すなわち，財務会計上妥当と考えられる費用計上額が税務上許容される損金算入限度額を下回っている（費用＜損金）場合，会社は，財務会計の損益計算の段階から当該差額分を費用として計上しておくという事態が起こりうるのです。たとえば，財務会計上妥当な費用計上額が500，税務上の損金算入限度額が550，収益（＝益金）の額が1,000，また法人税率が30％であると仮定しましょう。このとき，会社・納税者は，節税の目的のため，財務会計上妥当な500を超えて，税法上の限度額550いっぱいの損金経理を行うかもしれません。このとき，財務会計上妥当な500の損金経理では，税引前当期純利益は500（＝1,000−500）であり，法人税額は<u>150</u>（＝500×30％），税引後の当期純利益は350（＝500−150）となります。対

して，税法上の限度額550いっぱいの損金経理を行った場合，税引前当期純利益は450（＝1,000−550）であり，法人税額は135（＝450×30％），税引後の当期純利益は315（＝450−135）です。費用額が大きくなったことから，会計上の最終利益は350から315へと35だけ減少しているものの，法人税額も15（＝150−135）減っています。これに対して，財務会計上妥当と考えられる費用計上額が税法による算入限度額よりも大きいとき，法人税法にしたがうならば，会社が外部利害関係者に公表する利益数値は会計上あるべき額よりも高いものなりえます。

**図表 9 − 2 B■確定決算主義のもとでの財務会計と税務会計の関係②**

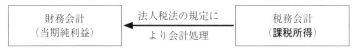

## 逆基準性に関する議論

　いずれにしても，図表 9 − 2 Aのように財務会計に基づき必要な調整がなされるという本来の想定とは反対に，図表 9 − 2 Bのように税法を先行してあるいは主導的に適用する会計処理がなされうることが理解できたでしょうか。こうした事象をいう「逆基準性」に関しては，企業の実態開示（ディスクロージャー）の阻害，あるいは法人税法の側からの企業会計に対する意図せざる介入を示すものとして，どちらかといえば批判的に議論されることがあります。確かに，前述の設例を用いれば，財務会計上の利益が実態に基づく本来あるべき数値より低くなっていることから，外部の利害関係者によっては，会社の収益性について誤った判断をしないとはいえません。しかしながら，会社・納税者にとって，税法上もっとも有利になる会計処理を行うのは，営利目的の法人としてはある意味で当然ともいえます。

# 2　税務調査や罰則に関する制度の概要

## 申告納税の方式と過少申告の誘因（インセンティブ）

　本節では，第 3 節の経済学のモデル分析に先立って，税務調査や罰則に関する法人税の制度の内容について簡単にみておきたいと考えています。わが国の法人税法では，第 1 節でもみたように，会社・納税者の申告により課税所得・税額が基本的に確定する申告納税方式が採用されています。政務当局（税務署・国税局）

の処分により税額が確定し，送付される納税通知書にしたがい納付する賦課納税
方式とは相違して，申告納税方式のもとでは，「自己賦課（self-assessment）」す
なわち会社・納税者「自ら」が税額を確定させます。このとき，会社・納税者は，
できる限りにおいて法人税の納付額を低く抑えたいと考えることが想定されます
し，そうした誘因（インセンティブ）が行き過ぎれば，課税所得が実際よりも低
くなるように計算を操作し，過少に申告することが起こりえるのです。

## 税務調査と不正行為に対する罰則

　これに対抗して，税務当局は質問調査権を有しており，納税申告書記載の課税
標準や税額等について，計算が国税に関する法律の規定にしたがっていないとき，
あるいは調査内容と異なるとき，会社・納税者に修正報告書を提出させたり，あ
るいは税務当局自身が課税標準や税額等を計算する行政処分（更正，国税通則法
第24条）を行ったりします。

　過少申告が発見された場合，会社・納税者は，本来納付すべきであった法人税
額との差額を遅滞なく支払う義務を負うのはもちろん，正当な申告・納税を行っ
た事業者との衡平を図るために，追加的な税負担すなわち「附帯税」が課される
ことになります。過少申告にかかる附帯税としては，過少申告加算税や重加算税
などがあります。過少申告加算税は，過少申告に関して修正申告書の提出や更正
があった場合に，一般に，増加した所得の金額のうち重加算税の対象となるもの
を除いた部分に対応する税額（増差税額）につき，10％（増差税額のうち期限内申
告税額と50万円のいずれか多い金額を超える部分については，これに5％を加えた
15％）の割合で課されます（国税通則法第65条第1項）。さらに，重加算税は，仮
装や隠蔽によりなされた過少申告がある場合，過少申告加算税に代替して課され
るものであり，当該行為による過少申告の部分の税額の35％を追加的に納付しな
ければなりません（国税通則法第68第条1項）。これらに加え，本来の法定納期限
までに税金が納付されない場合，法定納期限の翌日から納付日までの期間につき
所定の延滞税も課されることになります（国税通則法第60条第1項・第2項）。

　以上，罰則については，細かな規定も存在しており，完全な説明は省略しまし
たが，(1)会社・納税者には法人税の過少申告の誘因（インセンティブ）があること，
(2)税務当局は，これに対し，税務調査を実施して過少申告を発見し，本来あるべ
き適正な納税を行わせることが制度上可能であること，さらに(3)過少申告が発覚
した場合，会社・納税者には罰則（ペナルティ）が科せられるという流れが確認

できたでしょうか。倫理的・道徳的な問題はさておき，会社・納税者にとっては，過少申告がばれなければ得をし，税務調査によりそれが露見してしまえば，当初から適正に申告したよりも損をしてしまうという構図が存在しているといえるのです。

# 3 税務コンプライアンスの経済学

## 本節の概要─納税者と税務当局のゲーム

　本節では，税務コンプライアンス（tax compliance）の経済学と銘打ち，納税者（taxpayers）と税務当局（tax authority）─わが国でいえば，税務署・国税庁─の間の相互作用のあるゲームを取り上げます。参照するのはグレーツら（Graetz et al. 1986）のモデルであり，そこでは納税者と税務当局はそれぞれ，課税所得（taxable income）を過少申告して脱税するかどうか，税務調査（tax audit or tax auditing）に入るかどうかを決定します。ところで，彼らのモデルは，田村（2011）でも，具体的な「数値例」を用いた説明がなされています。このため，本節ではアプローチを変え，数式を用いた原著のモデル自体の紹介を通して，問題の諸相を議論していきたいと考えています。3－1節では，基本モデルを紹介し，段階を踏みながらナッシュ均衡を導出します。3－2節では，基本モデルの分析結果を受けて，比較静学分析を実施することになります。

## 3－1 グレーツら（1986）の税務コンプライアンス・ゲーム

### 税務コンプライアンス・ゲームの設定

　グレーツら（Graetz et al. 1986）のモデルの詳細について，まずはみていきましょう。彼らのモデルには，戦略的（strategic）と習慣的（habitual）という2タイプの納税者の集団（グループ），および税務当局が存在します。機会があれば脱税する，換言すればそれが自らの効用を増すならば過少申告しようとするという意味で戦略的と言及される納税者は，全納税者の $\rho$（$0<\rho<1$）の割合を占めていると仮定されます。全納税者の $1-\rho$ の割合となる残りの習慣的な納税者は，常に適正に税務申告するものとします。納税者たる会社の課税所得額は，$I_高$ または $I_低$ の2つのうちのいずれかとなり，それぞれ $T_高$ または $T_低$ の法人税額が課されることになります。ここで，$T_低 \leq I_低$，$T_高 \leq I_高$，また $T_低 \leq T_高$ と仮定されます。すなわち，課税所得（I）を超える法人税（T）の額にはなりませんし，法人税額は課税所得の増大

に応じて高くなります。さらに，課税所得が高い（$I_高$）会社の割合は，全体の q（0
<q<1）であるとします。

　税務当局の税務調査がなされ，実際には高い課税所得（$I_高$）であるにもかかわ
らず，低い課税所得（$I_低$）と虚偽申告したことが判明した場合，納税者には罰金
F（≥0）が科されることになります。適正に申告している会社は，もちろん，罰
金や税務査察に伴う費用を負担することはありません。ただし，税務調査は，税
務当局にコスト c（≥0）を発生させることになります。ここで，$T_高 + F - T_低 > c$，
$T_低 + F ≤ I_低$，また $T_高 + F ≤ I_高$ とされています。すなわち，税務当局にとって，実
際には高い課税所得（$I_高$）であるのに低い課税所得（$I_低$）であると過少申告した
納税者を発見する純便益はコストを上回りますし，納税者にとって，法人税と罰
金の合計が課税所得を超えることはありません。

図表 9 − 3 ▉グレーツら（1986）の税務コンプライアンス・ゲーム

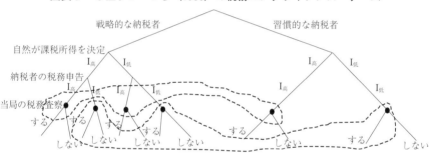

（出典）　Graetz et al.（1986）, Figure 1, 10

　以上みてきたモデルの設定は，**図表 9 − 3** のようなゲーム木（game tree）とし
て示されます（Graetz et al. 1986, Figure 1, 10）。もう一度確認しておくと，彼らの税
務コンプライアンス・ゲームは，戦略的・習慣的の 2 つのタイプの納税者および
税務当局がプレーヤーとなります。自然（Nature）が納税者たる会社のその期の
課税所得を高（$I_高$）または低（$I_低$）のいずれかで最初に決定したあと，適正に申
告して課税所得に見合う法人税（$T_高$ または $T_低$）を支払う習慣的な納税者とは異な
り，戦略的な納税者は，機会があれば過少申告しようとする存在です。税務当局は，
コスト（c）をかけて税務調査を行うと，実際には高い課税所得であるにもかかわ
らず低い課税所得であると偽って過少に申告し，法人税額を低く抑えている納税
者を発見し，罰金（F）を科すことができます。ただし，税務当局は，納税者の

真の課税所得を税務査察前には知り得ませんから，図の点線で囲まれた部分は，税務当局が「事前に」得る情報は高・低2つの納税者の申告のみであることを示しています。すなわち，たとえば，低い課税所得（$I_{低}$）であるという申告があっても，①実際は高い課税所得（$I_{高}$）なのに戦略的な納税者が過少申告した，②実際に低い所得（$I_{低}$）を戦略的な納税者が適正申告した，あるいは③実際にも低い所得（$I_{低}$）を習慣的な納税者が適正申告したという3つのケースがあるのです。

## ゲームの均衡の導出①─過少申告の確率

それでは，当該ゲームの均衡を求めていきましょう。均衡の解概念はナッシュ均衡であり，均衡において，戦略的な納税者と税務当局は，互いに相手方の戦略を所与として最適反応（best response）をし，自らの戦略を変更するインセンティブを両者ともに有しません。まずは，戦略的な納税者の戦略からみることとし，高い課税所得の場合に低い課税所得であると過少申告する確率を $\alpha$（$0 \leq \alpha \leq 1$）とします。このとき，税務当局にとって，低い課税所得であると申告した納税者が実際には高い課税所得である確率 $\mu(\alpha)$ は，ベイズの法則（第5章**補論❶**参照）を用いて，(1)式のように示されます。(1)式の分母は，低い課税所得が報告される確率を示しており，それは実際には高い課税所得である戦略的な納税者が低い課税所得であると過少申告する確率（$\rho q \alpha$）と実際に低い課税所得である納税者の確率（$1 - q$）の和となるのに注意してください。

$$\mu(\alpha) = \frac{\rho q \alpha}{\rho q \alpha + 1 - q} \qquad \cdots (1)$$

## ゲームの均衡の導出②─税務当局の調査と期待利得

次に，税務当局の戦略を表すべく，低い課税所得であると申告した納税者に対して税務調査を行う確率を $\beta$（$0 \leq \beta \leq 1$）とおくと，このときの税務当局の期待利益 $\Pi(\alpha, \beta)$ は，(2)式のように示されることになるでしょう。(2)式は，税務当局の期待利益 $\Pi(\alpha, \beta)$ は，税務査察する場合の期待利得（$\beta[\mu(T_{高} + F - c) + (1 - \mu)(T_{低} - c)]$），および税務査察しない場合の期待利得（$(1 - \beta)T_{低}$）からなっています。さらに前者は，税務査察によって過少申告が発見された場合の期待利得（$\beta \mu(T_{高} + F - c)$）と税務査察によって過少申告は発見できなかった，すなわち適正申告がなされていた場合の期待利得（$\beta(1 - \mu)(T_{低} - c)$）から構成されています。なお，税務当局は，リスク中立的（risk-neutral）であると仮定されます。

$$\Pi(\alpha, \beta) = \beta[\mu(T_{高} + F - c) + (1 - \mu)(T_{低} - c)] + (1 - \beta)T_{低} \qquad \cdots(2)$$

## ゲームの均衡の導出③——戦略的な納税者の期待効用

　これに対して，戦略的な納税者の期待効用 $U(\alpha, \beta)$ は，過少申告する確率 $\alpha$ と税務査察される確率 $\beta$ のもとで，(3)式のようになります。なお，ある所得のもとでの納税者の効用関数は，$u(\cdot)$ で表されるとものします。(3)式は，過少申告した場合の期待効用 $(\alpha[\beta u(I_{高} - T_{高} - F) + (1 - \beta)u(I_{高} - T_{低})])$，および適正申告した場合の期待効用 $((1 - \alpha)u(I_{高} - T_{高}))$ の和となっており，前者はさらに，税務調査により過少申告が露見して罰金を科される場合の期待効用 $(\alpha\beta u(I_{高} - T_{高} - F))$，および過少申告しても税務調査がなされない場合の期待効用 $(\alpha(1 - \beta)u(I_{高} - T_{低}))$ とに分けられます。グレーツら（Graetz et al. 1986, 12）では，効用 $u(\cdot)$ は，所得の増加関数 $(u'(\cdot) > 0)$ であり，その増加率すなわち限界効用は逓減し $(u''(\cdot) < 0)$，よって納税者はリスク回避的と仮定しています。

$$U(\alpha, \beta) = \alpha[\beta u(I_{高} - T_{高} - F) + (1 - \beta)u(I_{高} - T_{低})] + (1 - \alpha)u(I_{高} - T_{高}) \qquad \cdots(3)$$

## ゲームの均衡の導出④——相手の戦略への最適反応としての均衡

　税務当局の最適反応は，納税者の申告戦略を所与として自らのネットの，すなわち税務査察のコストを差し引いた後の収入を最大化するものとなり，戦略的な納税者の最適反応は，税務当局の税務査察戦略を所与として，自らの期待効用を最大化するものとなります。そして，当該税務コンプライアンス・ゲームのナッシュ均衡は，互いに最適反応となる戦略の組となり，このとき両者ともに自身の戦略を一方的に変更するインセンティブを有しません。グレーツら（Graetz et al. 1986, 12）に倣い，上記をより公式に表すと，戦略的な納税者の所与の戦略 $\alpha$ に対する税務当局の最適反応は，他のすべての戦略 $\beta$ にとって $\Pi(\alpha, \hat{\beta}(\alpha)) \geq \Pi(\alpha, \beta)$ であるような戦略 $\hat{\beta}(\alpha)$ であり，同様に，戦略的な納税者の最適反応は，他のすべての戦略 $\alpha$ について $U(\hat{\alpha}(\beta), \beta) \geq U(\alpha, \beta)$ であるような戦略 $\hat{\alpha}(\beta)$ となります。さらに，ナッシュ均衡は，$\alpha^* = \hat{\alpha}(\beta^*)$ かつ $\beta^* = \hat{\beta}(\alpha^*)$ であるような戦略の組（$\alpha^*$, $\beta^*$）です。

## ゲームの均衡の導出⑤—税務当局の戦略

　戦略的な納税者による過少申告の任意の確率 $\alpha$ について，税務当局は，その
ネットの期待利益を最大化するような税務査察の戦略 $\beta$ を選択したいでしょう。
このため，$\Pi(\alpha, \beta)$ を最大化する $\beta$ を求めるべく，低い課税所得であると申告す
る納税者に税務査察に入る税務当局の限界便益を(2)式から計算すると，(4)式のよ
うになります。

$$\frac{\partial\Pi(\alpha, \beta)}{\partial\beta} = \mu(T_{高} + F - T_{低}) - c \qquad \cdots(4)$$

　(4)式からは，低い課税所得を申告する納税者に対して税務査察を行う税務当局
の限界便益は，①低い課税所得を申告する納税者が実際には高い課税所得である
（条件付きの）確率（$\mu$），②高い課税所得にかかる法人税（$T_{高}$），および③罰金（F）
の増加関数となっていることがわかります。さらに，①に関しては，$\mu(\alpha)$ の計
算式である(1)式から示唆されることもあります。たとえば，全納税者に占める戦
略的な納税者の比率（$\rho$）や全納税者に占める高い課税所得の納税者の比率（q）
が高まれば，$\mu$ も増大することになります。反対に，ここでの限界便益は，④低
い課税所得にかかる法人税（$T_{低}$）や⑤税務査察のコスト（c）の減少関数であり，
両者が高まると低くなってしまます。しかし，税務当局は期待利益の最大化を
目的にすると仮定していることから，税務査察の確率（$\beta$）自体は限界便益に影
響しません。このことから，税務当局は，低い課税所得の納税者が実際には高い
課税所得である条件付き確率（$\mu$）に依存し，それが税務査察の限界便益を「正」
にするような水準であれば税務査察に入り，反対に，それが税務査察の限界便益
を「負」にするような水準であれば税務査察を行わないといえます。このため，
(4)式がちょうどゼロとなるような（条件付きの）確率を $\bar{\mu}$（$= c/(T_{高} + F - T_{低})$）と
すれば，以下の(5)式により，税務当局の最適反応を求めることができます。なお，
(5)式中の $\hat{\beta}(\alpha)\varepsilon[0, 1]$ は，税務当局にとって任意の税務査察の実施確率は無差別
であることを意味しています。

$$\hat{\beta}(\alpha) \begin{cases} = 1 & \mu(\alpha) > \bar{\mu} \text{のとき} \\ \varepsilon[0, 1] & \mu(\alpha) = \bar{\mu} \text{のとき} \\ = 0 & \mu(\alpha) < \bar{\mu} \text{のとき} \end{cases} \qquad \cdots(5)$$

　(5)式の $\mu(\alpha)$ は，(1)式によって与えられますが，戦略的な納税者の戦略 $\alpha$ を用
いて(5)式を書き換えると，(6)式と(7)式となります。

$$\hat{\beta}(\alpha) \begin{cases} =1 & \alpha > \bar{\alpha} \text{のとき} \\ \varepsilon[0,1] & \alpha = \bar{\alpha} \text{のとき} \\ =0 & \alpha < \bar{\alpha} \text{のとき} \end{cases} \quad \cdots(6)$$

$$\bar{\alpha} = \frac{(1-q)c}{\rho q(T_{高} + F - T_{低} - c)} \quad \cdots(7)$$

## ゲームの均衡の導出⑥——税務当局の戦略の特性

　それでは，(6)式と(7)式から，税務当局の戦略について示唆される事項を確認しておきましょう。定義により，$0 < q < 1$ かつ $c > 0$ ですから，罰金 F が無限大でない限りは，(7)式は正，すなわち $\bar{\alpha} > 0$ となります。ここで，$F \leq I_{高} - T_{高}$，すなわち課税所得以上の罰金は科せられないとされていたことから，罰金 F は無限大ではなく，閾値となる $\bar{\alpha}$ よりも実際の過少申告の確率 $\alpha$ が高い場合には税務査察がなされます。しかし，$\bar{\alpha} > 0$ であることから，実際の過少申告の確率 $\alpha$ が正である，すなわち過少申告が一定割合で発生するといっても，税務査察を確率 1 （100％）で実施するのが最適反応とはいえないこともわかります。また，税務査察のコスト c が高いなどの理由から，閾値 $\bar{\alpha}$ は 1 を超えることがありえますが，このとき税務査察の実施はコストに見合う便益をもたらしません。したがって，$\bar{\alpha} > 1$ のときには，税務査察は実施されないと考えられます。

## ゲームの均衡の導出⑦——戦略的な納税者の戦略と特性

　次に，税務当局の戦略 $\beta$ のもとでその期待効用 $U(\alpha, \beta)$ を最大化する，戦略的な納税者の過少申告の戦略 $\alpha$ をみていきましょう。以下の(8)式では，実際には高い課税所得のときに低い課税所得であると過少申告する限界便益につき，(3)式から計算しています。

$$\frac{\partial U(\alpha, \beta)}{\partial \alpha} = (1-\beta)[u(I_{高} - T_{低}) - u(I_{高} - T_{高})] + \beta[u(I_{高} - T_{高} - F) - u(I_{高} - T_{高})] \cdots(8)$$

　(8)式からは，実際には高い課税所得について低い課税所得であると過少申告する納税者の限界便益は，①税務査察の確率（$\beta$），②罰金（F），および③低い課税所得の場合の法人税額（$T_{低}$）の減少関数となっていることがわかります[2]。ただし，高い課税所得の納税者が訂正申告により徴取される法人税額（$T_{高}$）を変化させる影響は明確ではなく，なぜなら，税務査察されない場合の過少申告による「利得」

を高めると同時に、税務査察され過少申告が見つかる場合の追加の法人税と罰金の額の支払いの「損失」も高めるためです[3]。さらに、(8)式からは、高い課税所得を低い課税所得であると過少申告する限界便益は、戦略的な納税者の申告の戦略 $\alpha$ とは無関係であることもわかります。このため、戦略的な納税者は、税務査察の確率（$\beta$）を勘案し、それが自らの過少申告の限界便益を「負」にするような水準であれば適正申告し、反対に、それが自らの限界便益を「正」にするような水準であれば過少申告することになります。これら2つの行動の分岐となる閾値となる、換言すれば(8)式がゼロとなるような税務査察の確率を $\bar{\beta}$ とすれば、以下の(9)式となります。

$$\bar{\beta} = \frac{u(I_{高} - T_{低}) - u(I_{高} - T_{高})}{u(I_{高} - T_{低}) - u(I_{高} - T_{高} - F)} \qquad \cdots (9)$$

よって、実際の税務当局の戦略（$\beta$）への納税者の最適反応を $\hat{\alpha}(\beta)$ で示せば、以下の(10)式のようです。なお、(10)式中の $\hat{\alpha}(\beta)\varepsilon[0, 1]$ は、税務当局にとって任意の税務査察の実施確率は無差別であることを示しています。

$$\hat{\alpha}(\beta) \begin{cases} = 1 & \beta < \bar{\beta} \text{ のとき} \\ \varepsilon[0, 1] & \beta = \bar{\beta} \text{ のとき} \\ = 0 & \beta > \bar{\beta} \text{ のとき} \end{cases} \qquad \cdots (10)$$

(9)式の分母と分子は、罰金（F）の有無の違いしかありませんから、$0 < \bar{\beta} < 1$ であることは容易に理解できるでしょう[4]。(10)式は、戦略的な納税者の最適反応は、高い課税所得の場合には、税務当局が税務査察する確率（$\beta$）がある閾値 $\bar{\beta}$ を上回っているならば過少申告し、反対に、下回っているならば適正申告することであると示しています。

## ゲームの均衡の導出⑧—ナッシュ均衡とその図示

ここまでの戦略的な納税者・税務当局の最適反応の関数 $\hat{\alpha}(\beta)$・$\hat{\beta}(\alpha)$ から、その交点としてゲームの均衡を導くことができます。以下、横軸に $\alpha$、縦軸に $\beta$ を取った2次元のグラフ—$0 < \alpha < 1$、$0 < \beta < 1$—を用いて説明していきます。なお、$0 < \bar{\beta} < 1$ となる一方で、$\bar{\alpha}$ は1を超える（$\bar{\alpha} > 1$）ことがあり、均衡とグラフには2つのタイプが存在することになります。

第1に、$\bar{\alpha} > 1$ の場合につき、**図表9－4**をみてください。このとき、戦略的な納税者は必ず、すなわち確率1（100%）で高い課税所得を過少に申告し、税

**図表9－4**■グレーツら(1986)の税務コンプライアンス・ゲームの均衡（ā＞1 の場合）

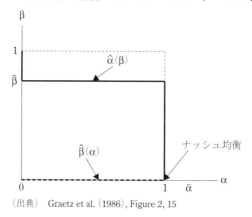

（出典）　Graetz et al.（1986）, Figure 2, 15

**図表9－5**■グレーツら(1986)の税務コンプライアンス・ゲームの均衡（ā＜1 の場合）

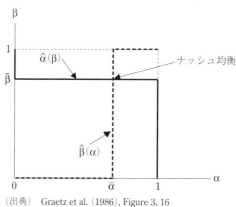

（出典）　Graetz et al.（1986）, Figure 3, 16

務当局は税務査察を行いません。したがって，$(\alpha^*, \beta^*) = (1, 0)$ が均衡となります。税務当局は，戦略的な納税者の全員が過少申告していることを知っていても，税務査察のコスト（c）が高い，全納税者に占める戦略的な納税者の割合（ρ）が低い，低い課税所得の納税者の割合（q）が高いなどの理由から，税務査察しないのが合理的な選択となります。

　第2に，ā＜1 の場合に関しては，**図表9－5**をみてください[5]。このとき，2つの最適反応の関数の交点である $(\alpha^*, \beta^*) = (\bar{\alpha}, \bar{\beta})$ がナッシュ均衡となり，戦略的な納税者は確率 ā で高い課税所得を低い課税所得であると偽って過少申告し，

税務当局は低い課税所得を申告する納税者を確率 $\bar{\beta}$ で税務査察することになります。

## 3－2　グレーツら（1986）のゲームの追加的な分析

### 税務コンプライアンス・ゲームの比較静学分析

　本小節においては，3－1節でみたグレーツら（Graetz et al. 1986）の税務コンプライアンス・ゲームの基本モデルの均衡の結果を受けて，比較静学分析を追加的に実施します。3－1節においても，それぞれのプレーヤーの戦略（α や β）がパラメータ（の値）の変動に伴い「個別に」どのように影響されるのかをみました。本小節では，さまざまなパラメータ（の値）の変動が当該ゲーム「全体の」帰結にどのように影響するのかについて，主としてグレーツら（Graetz et al. 1986, Sections 4 and 5）を参照しつつ確認していくことにしましょう。なお，ゲーム「全体の」帰結としては，均衡における各プレーヤーの戦略（$\alpha^*$ と $\beta^*$）のほかに，(1)無作為に選ばれた納税者が過少申告している確率をいう $P_{過少申告}$（＝$q\rho\bar{\alpha}$），および(2)無作為に抽出された申告（書）が税務査察を受ける確率をいう $P_{査察}$（＝$\bar{\beta}(q\rho\bar{\alpha}+1-q)$）の2つが検討の対象となります。追加の2つはそれぞれ，全納税者中の過少申告者の割合（$P_{過少申告}$），また全納税者のうち税務査察を受ける割合（$P_{査察}$）であると言い換えることも可能です。以上の4つの「全体の」帰結を示す変数は，戦略的な納税者と税務当局との間の相互作用から導かれる均衡に依存し，よって各プレーヤー単独の行動の予測からは反直観的といえるものもあるように考えられます。追加的な比較静学分析の結果の要約を最初に行っておくと，グレーツら

図表9－6 ■グレーツら（1986）の基本モデルの比較静学分析の要約

| 内生的変数 | ① 罰金 (F) | ② 税務査察のコスト (c) | ③ 高い課税所得の割合 (q) | ④ 高い課税所得にかかる法人税 ($T_{高}$) | ⑤ 低い課税所得にかかる法人税 ($T_{低}$) | ⑥ 戦略的な納税者の割合 ($\rho$) |
|---|---|---|---|---|---|---|
| 戦略的な納税者の戦略（$\bar{\alpha}$） | － | ＋ | － | － | ＋ | － |
| 過少申告の割合（$P_{過少申告}$） | － | ＋ | － | － | ＋ | 0 |
| 税務当局の査察の戦略（$\bar{\beta}$） | － | 0 | 0 | ＊ | － | 0 |
| 税務査察を受ける割合（$P_{査察}$） | － | ＋ | － | － | ＊＊ | 0 |

＊　　影響は一般に不明（納税者がリスク中立的ならば「＋」）
＊＊　影響は一般に不明（納税者がリスク中立的ならば，F≥c(≤c)）のとき$\partial P_{査察}/\partial T_{高}=-\partial P_{査察}/\partial T_{低}\geq0$（≤0））

（出典）　Graetz et al.（1986）, Table 1, 17

の表１（Graetz et al. 1986, Table 1, 17）を再掲した**図表9－6**となります。以下，①罰金（F），②税務査察のコスト（c），③高い課税所得の納税者の割合（q），④高い課税所得の納税者に課される法人税の額（$T_低$），⑤低い課税所得の納税者に課される法人税の額（$T_低$），および⑥戦略的な納税者の割合（ρ）の順番で簡単にみていきましょう。

## 比較静学分析①―罰金（F）の影響

　過少申告が発見された場合の①罰金（F）の増大は，4つの変数すべてを低下させることになります。すなわち，①罰金（F）が高くなると，税務当局にとって税務査察の実施からの限界便益を高めると同時に，納税者にとって過少申告の限界費用を高めることから，戦略的な納税者は過少申告を減少させます。過少申告の減少は，新たなナッシュ均衡において，税務当局が税務査察の実施確率を減少することを可能とするのです。

## 比較静学分析②―税務査察のコスト（c）の影響

　税務査察を行うコスト（c）が高まると，戦略的な納税者が個々に，また全体として過少申告する割合である$\bar{α}$と$P_{過少申告}$，さらに全納税者のうち税務査察を受ける割合$P_{査察}$は高まりますが，低い課税所得を申告する個々の納税者が税務査察を受ける確率である$\bar{β}$には影響がなく，よって図表9－6では「0」と記載されています。すなわち，税務査察のコスト（c）の増大は，戦略的な納税者がより高い確率で過少申告するインセンティブを高め，個々の，また全体の過少申告の割合（それぞれ$\bar{α}$と$P_{過少申告}$）を高めます。これに対して，税務当局の側でも税務査察実施のインセンティブが高まりますが，新たな均衡においては，税務査察のコストの増加をちょうど打ち消すだけの過少申告の増加が起こるため，税務当局の戦略，すなわち低い課税所得であると申告する個々の納税者を査察する確率（$\bar{β}$）は影響を受けないのです。しかし，全体の過少申告の割合（$P_{過少申告}$）が高くなることから，そのうち税務査察を受ける割合（$\bar{β}$）が変わらないとしても，全納税者のうち税務査察を受ける割合（$P_{査察}$）は，税務査察のコスト（c）の増大に伴って高くなります。

## 比較静学分析③―課税所得の事前分布（q）の影響

　第3に，課税所得の事前分布，すなわちある納税者が実際に高い課税所得であ

る割合（q）が高まることの影響をみましょう。このとき，低い課税所得である
と申告する納税者が実際にも低い所得である確率（1−q）は低くなり，よって税
務当局にとっては税務査察を実施するインセンティブを高めます。これに対応し
て，戦略的な納税者は，高い課税所得の場合に過少申告する割合（$\bar{\alpha}$）を低めま
すが，新たな均衡においては，それは税務査察の限界便益の増大をちょうど打ち
消すような水準となります。このため，税務査察のコストに関する先の議論と同
様に，均衡における税務当局の戦略（$\bar{\beta}$）に影響はありません。これら2つの影
響に伴い，全納税者のうち過少申告する者が占める割合（$P_{過少申告}$）と全納税者の
うち税務査察を受ける割合（$P_{査察}$）は，ともに減少することになります。

## 比較静学分析④—税率（T）の影響

　第4に，税率の変更の影響をみます。高い課税所得にかかる法人税（$T_{高}$）の上
昇は，過少申告の限界便益を高める一方で，税務査察（により過少申告の事実を発
見すること）の限界便益も高めるのですが，後者の効果の方が大きいことから，
新たな均衡においては，戦略的な納税者の過少申告の割合（$\bar{\alpha}$）と全納税者のう
ち過少申告する者の割合（$P_{過少申告}$）は，ともに減少することになります。これに
対して，均衡における税務当局の戦略（$\bar{\beta}$）の変化は，納税者の危険選好に依存し，
図表9−6下の「注＊」にも示してあるように，納税者がリスク中立的であるな
らば当該確率（$\bar{\beta}$）は高くなります。続いて，低い課税所得にかかる法人税（$T_{低}$）
の上昇について説明しますが，先にみた高い課税所得にかかる法人税（$T_{高}$）の上
昇と比較すると，戦略的な納税者の均衡における行動（の指標である$\bar{\alpha}$および
$P_{過少申告}$）に及ぼす影響が「正反対」といえます。しかしながら，高い課税所得に
かかる法人税（$T_{高}$）のケースとは相違し，税務当局が低い課税所得の申告（書）
に対して税務査察する確率（$\bar{\beta}$）は低くなる一方，全納税者のうち税務査察を受
ける割合（$P_{査察}$）の変化は，罰金（F）と税務査察のコスト（c）それぞれの金額
の大小に依存することになります（図表9−6下の「注＊＊」参照）。

## 比較静学分析⑤—戦略的な納税者の割合（ρ）の影響

　第5かつ最後に，納税に関する倫理観の変化などの理由により，戦略的な納税
者の割合（ρ）が増えた，逆にいえば常に適正申告する習慣的な納税者の全体に
占める割合（1−ρ）が減った場合を考えることにしましょう。これは言い換える
と，隙あらば過少申告して納税額を低めようとする納税者の割合が増えた状況と

もいえるのですが，グレーツら（Graetz et al. 1986）のモデルにおける影響は，図表9−6で示したようにただ1つ，戦略的な納税者が高い課税所得を過少申告する確率（$\bar{\alpha}$）の減少が予測されるのみです。すなわち，戦略的な納税者の割合（$\rho$）の増大は，低い課税所得の申告が実際には高い課税所得を過少申告したものである可能性を高め，新たな均衡においては，全納税者のうち過少申告する割合（$P_{過少申告}$）が変化しない水準まで，戦略的な納税者による過少申告の確率（$\bar{\alpha}$）が低下するのです。これに対応し，税務当局は自らの税務査察の戦略（$\bar{\beta}$）を変えることはありませんし，よって全納税者のうち税務査察を受ける者の割合（$P_{査察}$）も変化しません。関連して，グレーツら（Graetz et al. 1986, 20）はさらに，戦略的な納税者の割合（$\rho$）の増大は，税務当局の期待収入にも影響しないことを明らかにしています。これを確認するため，税務査察のコストを控除した後の税務当局の期待収入（R）を求めると，以下の(11)式となります。

$$R = (1-q)\left[\bar{\beta}(T_{低}-c)+(1-\bar{\beta})T_{低}\right]+\left[q(1-\rho)T_{高}+\rho(1-\bar{\alpha})T_{高}\right]$$
$$+ q\rho\bar{\alpha}\left[\bar{\beta}(T_{高}+F-c)+(1-\bar{\beta})T_{低}\right] \qquad \cdots(11)$$

　先に定義した $P_{過少申告}$（$=q\rho\bar{\alpha}$）と $P_{査察}$（$=\bar{\beta}(q\rho\bar{\alpha}+1-q)$）を用いて(11)式を書き換えたものが，(12)式となります。このとき，$P_{過少申告}$，$P_{査察}$および $\bar{\beta}$ は戦略的な納税者の割合（$\rho$）の変動の影響を受けないことから，税務当局の期待収入（R）もまた，その影響を受けないことがわかるのです。

$$R = \left[(1-q)+P_{過少申告}\right]T_{低}-P_{査察}\cdot c-P_{過少申告}\left[T_{高}-\bar{\beta}(T_{高}+F-T_{低})\right] \qquad \cdots(12)$$

　以上，本小節では，3−1節のグレーツら（Graetz et al. 1986）の税務コンプライアンス・ゲームの基本モデルの分析を受けて，各々のパラメータ（の値）の変動により，納税者・税務当局の相互作用から導かれる新たな均衡行動がどのように影響を及ぼされるか，その比較静学分析をみました。われわれの直観に反する経済的な帰結となるケースも含め，非常に興味深い示唆もあります。グレーツら（Graetz et al. 1986）の論文自体は，基本モデルの拡張の議論も含めてさらに続きますが，本節での内容の紹介はここまでとしておきます。

## 4　本章のまとめと補足事項

### 税務会計の基準性・逆基準性のまとめ

　本章では，会社（法人）に課される税のうち特に法人税に関して，わが国が採用する課税制度の特徴から導かれうる2つの経済的帰結をみました。第1節においては，確定決算主義ないし基準性の原則を取り上げました。その内容の1つが損金経理の要件であり，税務上損金として認められ，課税所得よって法人税額を低めるためには，確定した決算において費用または損失として経理しておく必要があります。損金経理の要件には，特に経理処理に際して会社の判断を伴う内部取引につき，計算の信頼性や客観性が確保されるなどメリットもあります。反対に，本来的には「財務会計 ⇒ 税務（計算上の調整）」という流れであったところ，税務上の恩典を受けるために（事前に）決算時に税務基準に沿った処理を行う，「税務 ⇒ 財務会計」という逆方向の影響が起こりえます。財務会計の目的は，一般に会社の実態の開示（ディスクロージャー）となりますから，趣旨・目的の異なる法人税法の規定により「過度に」影響・支配され，財務諸表の利用者が誤導される事態にまで陥るならば，かような逆基準性は問題になるものと考えられます。

### 逆基準性の変容

　上記に関する補足事項としては，時の経過による「逆基準性」自体の歴史的な変容があります。1つは，法人税法の改正に伴うものです。たとえば，平成10（1998）年の改正では，当時のいわゆる金融ビッグバンや外国為替自由化などの日本経済のボーダレス化に対処すべく，法人税率（基本税率）が37.5％から34.5％へと3％引き下げられた一方で，国の財政事情の厳しさに鑑みて課税ベースの拡大を図るためとして，所得計算の大幅な見直しがなされました。後者の課税ベースの拡大に関連して，引当金の多くが税務上は縮減ないし廃止され，また建物の減価償却の方法が規制されるなどしたのです。それらに準拠した会計処理のなかには，会社の実態の開示（ディスクロージャー）という財務会計の趣旨・目的とは相容れないものも出てきました。かような流れは以降も継続・加速していると考えられ，したがって，財務会計と税務会計との関係や結びつき（特に，図表9－2B）は弱まっているといえるでしょう。

　もう1つ挙げるとすれば，会計基準の国際的なコンバージェンス（収斂）（第10章参照）も，当該問題に対して影響を及ぼしうるでしょう。すなわち，先ほどの法人税法の改正の事例とは反対に，会計基準の側から課税所得計算とは乖離していくものであることから，どちらに重きを置くかにより，税務上の恩典を得られないという問題，あるいは逆基準性の問題が顕在化してくると考えられるのです。

## モデル分析のまとめと補足

　第2節と第3節は，申告納税方式というわが国の法人税額の確定方法の特徴から導かれる，納税者の過少申告のインセンティブおよびその経済的な帰結に関して取り扱いました。具体的には，関連する法人税の制度の概要を第2節でみたあと，第3節では経済学のモデル分析を紹介しました。後者のモデル分析では，グレーツら（Graetz et al. 1986）の税務コンプライアンス・ゲームを取り上げ，会社・納税者と税務当局との間の戦略的な相互作用からもたらされるナッシュ均衡を導き（3-1），それから各々の関連パラメータ（の値）が変化した場合に生起する影響をみました（3-2）。紹介した経済モデルでは，現世の機能にとって必須の事象から抽象がなされ，会社・納税者と税務当局というゲームのプレーヤー双方の相手の戦略に対する最適反応が均衡となることが図表（図表9-4と図表9-5）によって明確に示されたと考えます。また，図表9-6に要約される比較静学分析の結果も，直観的に理解できるものもあれば，そうでない部分や影響の確定には追加的な仮定を必要とするものもあり，興味深い制度的な示唆を有していると考えています。もっとも，会社・納税者の所得・法人税の起こりうる水準が2つ（$I_高$と$I_低$，$T_高$と$T_低$）のみであったり[6]，税務調査によりすべての過少申告が発見可能であるとされていたり，モデルの現実性に改善の余地はありそうです。また，税務制度に関する経済分析は，膨大な数が行われてきており，本章で取り扱いえたのは，1980年代後半という30余年前になされた1研究にすぎないことも断っておかねばなりません。

 **確認クイズ（考えてみよう／調べてみよう）**

1．「逆基準性」とはなんでしょうか。確定決算主義ないし基準性の原則の説明を交えつつ，それが発生するメカニズム，および社会的・経済的にみた場合のメリットとデメリットを述べてください。

2．法人税の過少申告は，なぜ発生しうるのでしょうか。申告納税方式という課税システムの説明を含め，簡単に述べてください。

**■注**

1　これとは異なり，税法固有の計算規定により課税計算を行い，よって財務会計と税務申告が分離した方式は，独立方式あるいは申告調整（separate reporting）主義などとよばれます。

2　たとえば，(8)式をさらに①税務査察の確率（$\beta$）で微分すると，$-u(I_{高}-T_{低})+u(I_{高}-T_{高}-F)$ …(8)'となります。効用関数 $u(\cdot)$ は所得の増加関数であることから，(8)'式が負であることは容易にわかります（$I_{高}-T_{低}>I_{高}-T_{高}-F$）。

3　しかしながら，納税者がリスク回避的ではなく，リスク中立的である場合，高い課税所得のさいの法人税額（$T_{高}$）が高くなるほど，実際には高い課税所得であるのに低い課税所得であると過少申告する限界便益は高まります。

4　納税者の効用の仮定，すなわち効用は所得の増加関数であることから，$u(I_{高}-T_{低})-u(I_{高}-T_{高})>0$，$u(I_{高}-T_{高})-u(I_{高}-T_{高}-F)>0$，および $u(I_{高}-T_{高})>u(I_{高}-T_{高}-F)$ となることに注意してください。

5　ちなみに，残る $\bar{\alpha}=1$ の場合ですが，このとき，戦略的な納税者は全員が過少申告し，税務当局は低い課税所得を申告する納税者を任意の確率で税務調査します（$\alpha=1$，および $\beta\varepsilon[0,1]$，本文中の(6)式参照）。後者については，税務当局にとって，税務調査する確率の選択は，どのようなものでも無差別となると言い換えることもできます。

6　グレーツら（Graetz et al. 1986, Sec. 5.4, 27）においても，「2つ以上の所得水準」と題して，当該論点は取り扱われています。彼らは，高・低の2つの所得の水準しか起こりえないことは，モデルの「最も強い仮定（27）」であると述べ，ある範囲内の任意の値を取りうるようなモデルの分析を展開した別の論文（Reinganum and Wilde 1986）の結果を紹介しています。すなわち，そこでは，会社・納税者は，自身のある事業年度の所得の水準，および税務当局の税務査察の戦略―申告所得ごとの税務査察の実施確率―のもとで，①過少申告するかどうかに加え，②どの程度の過少申告をするかの2つの決定をすることになり，よって「その分析は数学的に非常に複雑かつ極度に技術的である」（27）と説明されています。

会計基準のコンバージェンスの諸問題

■**本章の目的**■

　本章では，会計基準のコンバージェンス（収斂）にまつわる諸問題を取り扱います。

　第1節では，各国間の会計基準の差異がもたらした問題に関して2つの事例を紹介します。相異なる会計基準に準拠して会社の財務情報が作成されることに起因する，負（マイナス）の経済的帰結の生起について知っていただければと考えています。

　第2節では，会計基準のコンバージェンス（収斂）に向けた過去数十年にわたる国際的な，さらには最近のわが国の，それぞれの取組みの一端に関してみます。経済的であると同時に，政治的なものでもある概要を知っていただくことも，ここでの目的であるといえましょう。

　会計基準のコンバージェンス（収斂）に対する賛否両論をまとめる第3節では，特に，学界・研究者らが呈した世界統一の基準に対する懸念と冷静な指摘について吟味してください。

　第4節は，会計基準のコンバージェンス（収斂）を2国間の協調・調整行動としてとらえ，コーディネーション・ゲームとして表現・分析する方法と帰結をみたあと，経済実験の知見も紹介することになります。会計基準のコンバージェンス（収斂）の問題をどのように経済学的な分析の俎上に載せるのかはもちろんのこと，各国間の協調・調整が不首尾に終わる場合の制度的解決法の工夫，さらに現実のヒトの参加者による実験室の場における意思決定のいかんなど，確認してください。

　最後の第5節では，議論をまとめかつ補足することになります。

# 1　はじめに

## 経済活動のグローバル化と会計基準の問題

　本章のテーマは，会計基準の**コンバージェンス**（convergence，収斂）となります。経済活動がグローバル化するのに伴い，会社は，販売や製造の拠点，さらに資金調達の場所について国境を越えて他国へと展開するようになることがあります。このとき，ある国の会計基準と当該国の会計基準に差異があるならば，自国の基

準に準拠して作成された財務諸表は，現地（相手国＝他国）の利害関係者，たとえば取引先，金融機関や投資家にとっては読み解くのが困難である可能性があります。会計は，「事業（ビジネス）の言語」であり，会計基準は会社の業績・財務の状況を測る「ものさし」でもあるわけですから，それらの相違が導きうる理解可能性の低下や消失，あるいは誤導の可能性の高まりは，当然に起こりうる経済的帰結といえるのです。また，会社の側からしても，事業活動を執り行う国や法域の数だけ異なる財務諸表の作成が要求されるとすると，時間的・経済的なコストが巨額となります。このように述べると，「国家（や法域の）間で会計基準に本当に差異があるのか」という質問を受けることがありますし，会計（学）になじみのない一般のかたの認識にしても，似たようなところもありうると推察されます。本章では，他の章と同様に，各国間の会計基準の差異の内容自体の解説はしません。しかしながら，国家間の会計基準の差異は相当大きな場合もかつては存在しており，調整やコンバージェンス（収斂）に向けた取組みが現在も続けられている事実は，それら差異がいまもなお残っているのと同義であることは指摘できるでしょう。

## ダイムラー・ベンツ社の事例（1993年）

　国家間の会計基準の相違によって財務諸表に大きな影響が及んだ事例としては，ドイツのダイムラー・ベンツ社が知られています。以下，倉田（1995）と森川（1998）を参照しながらみていきましょう。時は，現在（2021年）から30年近く前の1993年のこと，ダイムラー・ベンツ社は，ニューヨーク証券取引所（NYSE）に株式を上場するため，米国基準（US-GAAP）に準拠した連結財務諸表を作成・公表しました。**図表10−1**は，1992年から1995年にかけての同社の純損益と株主持分の推移について，ドイツ商法典（HGB，Handelsgesetzbuch）に準拠した会計の基準と米国基準（US-GAAP）に分けて示したものです。なお，図表中の単位は，百万ドイツ・マルク（DM）となっています。図表10−1では，両基準のもとでの金額の差を計算した行も設けられており，このとき「△」印は，純損益の行では純損失（赤字）を示しているのに対して，金額の差を示す行においてはドイツの会計の基準に準拠した場合の数値から減算調整することを意味することに注意してください。たとえば，1995年の①「ドイツの会計基準による連結純損益」の「△5,734」は5,734百万DMの純損失（赤字）を意味するのに対し，1992年の「差額②−①」の「△101」はドイツと米国の会計基準のもとでの連結純損益の差額

が101百万DMある，すなわち米国基準に準拠すると，ドイツ基準よりも当期純
利益がそれだけ少なくなることを意味します。

**図表10－1 ■ダイムラー・ベンツ社の1992年から1995年の純利益および株主持分の推移**

| （単位：百万DM） | 1992年 | 1993年 | 1994年 | 1995年 |
|---|---|---|---|---|
| ① ドイツの会計の基準による連結純損益 | 1,451 | 615 | 895 | △5,734 |
| ② 米国基準（US-GAAP）による連結純損益 | 1,350 | △1,839 | 1,052 | △5,729 |
| 差額（②－①） | △101 | △2,454 | 157 | 5 |
| ③ ドイツの会計基準による株主持分 | 19,719 | 18,145 | 20,251 | 13,842 |
| ④ 米国基準（US-GAAP）による株主持分 | 27,604 | 26,281 | 29,435 | 22,860 |
| 差額（④－③） | 7,885 | 8,136 | 9,184 | 9,018 |

　図表10－1で一番目を引く，あるいは当時目を引いたのは，やはり1993年の連
結純損益に関する数値となるでしょう。ドイツの会計の基準では，615百万DM
の純利益（黒字）だったものが，米国基準（US-GAAP）では1,839百万DMの純損
失（赤字）（△1,839）に変わっており，差額は2,454百万DM（△2,454）となります。
当時の為替レートを約60円/DMから約70円/DMとして換算すれば，邦貨換算後
の差額は，約1,500億円から約1,700億円にも上ることがわかります。このほか，
株主持分は，米国基準（US-GAAP）のほうがドイツの会計の基準による場合より
も，約1.5倍前後一貫して高く計上されていることも読み取れるでしょうか。筆
者は，どちらが正しいとか間違っているとか，あるいは米・独両基準の間に優劣
の差があるとかいいたいわけではありません。しかしながら，1993年の連結純損
益計算に関していえば，ドイツの会計の基準では許容される費用計上，たとえば，
貸倒引当金の一部の費用化が米国基準（US-GAAP）では認められないこと，さら
に繰延税金の計上範囲が異なることなどを理由として，ドイツ基準では黒字なの
に米国基準では赤字というように，両基準で「正負（黒字・赤字）」の符号さえも
が逆転しています。さらに，両基準の間の差異の原因は数多くありうる（森
川 1998，333-339頁）ことから，それらを調整する首尾一貫した規則性はありませ
ん。すなわち，度量衡や時差，あるいは為替レートなどのように，各国間で異な
るとはいえ，差異は比較的容易に調整可能なものではないのです。このような状
況のもとでは，財務諸表を用いて意思決定しようとする外部の利害関係者によっ
ては，どちらの会計数値に信を置けばよいのかわからず，さらに調整や読解に伴
うコストが多大なものとなり，彼ら・彼女たちが困惑する原因となる場合もある

でしょう。利用者の意思決定にとって有用性が低い会計情報は，本来ならば成立したはずの商取引や株式売買が差し控えられるなどして，関係者個々の経済厚生，ひいては社会・経済全体における効率的な資源配分さえも低めます。世界各国の会社の財務諸表間の**比較可能性**を高めるという目的での会計基準のコンバージェンス（収斂）の第1の意義は，こうした負（マイナス）の経済的帰結を避けることにあるといえるでしょう。

## わが国のレジェンド（警句）問題（1999年）

　次に，わが国が関係した事例を紹介しておきましょう。今度は，現在（2021年）から20余年前の1999年，わが国の当時の会計基準にしたがい作成され，英訳された財務諸表に対して，わが国の当時の監査基準による英文の監査報告書を添付する場合，標準的な文言に追加して，いわゆる「レジェンド（legend，警句）」が付されるようになりました。ここでレジェンド（警句）の文言（legend clause）の内容は，たとえば監査報告書においては，「当該財務諸表は日本において一般に認められた会計基準・監査基準および実務に準拠して作成されており，これら基準と実務には，国際的に認められる財務報告の基準の適用および開示要件とは異なるものがある」というものでした。

　これは，停滞中であった当時のわが国の経済状況やアジア経済危機にさいし，世界銀行と国際通貨基金（IMF, International Monetary Fund）からの指摘を受け，当時の米国の5大会計事務所（Big 5，ビッグ5）が特別な付言を要求したものとされています。当該実務の意図は，日本の会計基準による財務諸表に対してそのまま署名してしまうと，その財務諸表は国際的に認められる会計基準に準拠していると誤解され，場合によっては，ビッグ5が責任を負わされうる可能性があるためと考えられています。以降，わが国は，日本公認会計士協会（JICPA）のプロジェクト・チームの取組みや国際的な会計基準との間の整合性を図る作業の進展もあり，2004年3月期決算からは，こうしたレジェンド（警句）は削除されることになりました。しかしながら，品質の低い会計基準による作成・公表であることを暗に示すかのような文言が付された財務諸表は，該当するわが国の会社にとってどのような経済的帰結をもたらしたのでしょうか。筆者の推察の域を出るものではありませんが，資金調達や取引に対して正（プラス）の影響が及ぼされたとは考えにくいところです。

### 会計基準の国際化への2つの対処法

　会計基準の国際化への対処法には，本章でみるそのコンバージェンス（収斂）のほかにも，(1)相互承認の導入，および(2)調整表の作成の2つが考えられます。前者の(1)相互承認は，相手国が自国の基準を認容することを条件として，自国も相手国の基準を受け入れるものであり，後者の(2)調整表の作成とは，図表10－1でみたダイムラー・ベンツ社のように，自国の会計基準と対象相手国の会計基準の相違による会計数値の差異を利害関係者にもわかるように調整するものであるといえるでしょう。相互承認によれば，両国の会社ともに自国の会計基準にしたがう会計情報のみを作成・公表すれば足り，よって会社の負担は軽減されますが，会計情報自体の比較可能性は低いままであり，調整と比較分析の労苦を利用者側に転嫁することになりかねません。また，調整表方式によれば，自国の会計基準によりまずは作成し，その後に調整することにより，最初から相手国の基準で作成するのと比べて負担を軽減でき，さらに会計情報の比較可能性も確保されるでしょうが，両国間の会計基準の差異が大きい場合，調整にかかる会社側の追加的な作業負担も大きくなることが予想されます。

## 2　会計基準のコンバージェンス（収斂）に向けた試みの歴史

　第1節では，会計基準が国際的に統一されていることの意義や必要性を述べ，あるいは逆に，各国間の会計基準がばらばらな場合に起こりうる負（マイナス）の経済的帰結の可能性をみました。経済活動のグローバル化の進展とともに，特に国際的な事業活動を遂行する一部の会社にとって，これら問題は無視できないほど大きくなっていきました。また，複数の国同士や地域内において経済提携や統合が企図される場合，「事業（ビジネス）の言語」や「ものさし」であるといえる会計の処理と表示の方法が異なっていることは，会社間の会計情報の分析や比較のさいの有用性と信頼性とを低め，提携や統合の障害となりうるでしょう。このため，数十年前から，各国間の会計基準の差異を縮小し，あるいは国際的に通用する会計基準を開発しようなどの試みが連綿と続けられてきました。本節では，こうした会計基準の国際的な統一に向けた動きを先導し，世界共通の会計基準を志向する国際財務報告基準（IFRS, International Financial Reporting Standards）を設定している国際会計基準審議会（IASB, International Accounting Standards Board）の歴史を振り返ってみましょう。

## 国際会計基準委員会（IASC）の成立

　国際会計基準審議会（IASB）は，英国のロンドンを拠点とする民間団体であり，その前身は国際会計基準委員会（IASC, International Accounting Standards Committee）といわれていました。国際会計基準委員会（IASC）は，英国，カナダ，米国の会計士団体によって1966年に設立された会計士国際スタディ・グループ[1]（AISG, Accountants International Study Group）に代替するものとして，1973年6月，9か国（米国，英国（とアイルランド），カナダ，オーストラリア，オランダ，西ドイツ，フランス，メキシコおよび日本），16の会計士団体によって設立されました。国際会計基準委員会（IASC）の目的は，世界的に容認され，かつ遵守される会計基準の開発と基準の調和化にありました。国際会計基準委員会（IASC）は，1975年の第1号「会計方針の開示」と第2号「取得原価主義会計における棚卸資産の評価及び表示」を皮切りに，国際会計基準（IAS, International Accounting Standards）の作成を1970年代後半から精力的に手がけたものの，遵守や適用に対して十分な強制力をもたないプライベート・セクターの活動という限界もあり，各国の基準設定機関（パブリック・セクター）からの注目や関心は相対的に低いものでした。そうした状況が変わったのは，2つの要因があったためとされます。

## 国際会計基準委員会（IASC）による会計基準の国際的調和化

　第1に，国際会計基準委員会（IASC）は，1989年1月に公開草案第32号（ED32, Exposure Draft No. 32）「財務諸表の比較可能性（Comparability of Financial Statements）」を公表しました。国際会計基準委員会（IASC）の公表する当時の国際会計基準（IAS）は，代替的な会計処理方法の存在を相当程度に弾力的に認めるものでしたから，基準に準拠したとしても財務情報の比較可能性が高いとはいえないとされていました。こうした批判や懸念に対応して，公表されたED32においては，選択可能な会計処理方法を統一的に絞り込んでいき，財務情報の比較可能性を高めることを目的としていました。

　第2に，上記のような活動が，証券監督者国際機構（IOSCO, International Organization of Securities Commissions）から賛同・支持を受けるようになったことです。証券監督者国際機構（IOSCO）は，1974年に発足したアメリカ州証券監督者協会（Inter-American Association of Securities Commissions）を前身として各国の資本市場の監督当局が加盟してできた団体であり，わが国からは大蔵省証券局（当時，現在は金融庁）が参加しました。経済の自由化や国際化の進展に伴い，会社の財務

開示の国際的な調和化や相互承認の道を探っていた証券監督者国際機構（IOSCO）
は，1987年からは国際会計基準委員会（IASC）の諮問グループと起草委員会のオ
ブザーバーとして参加するようになりました。そして，1995年7月には，国際的
に事業活動する会社が最低限保持するべき体系的な基準をいう「コア・スタン
ダード（Core Standards）」が設定されることを条件にして，証券監督者国際機構
（IOSCO）は国際会計基準（IAS）を承認することで合意しました。その後，国際
会計基準委員会（IASC）は作業を続け，1998年12月の国際会計基準（IAS）第39
号「金融商品―認識及び測定―」の公表をもってコア・スタンダードは完成しま
した。証券監督者国際機構（IOSCO）は，2000年5月に審議を行い，一定の条件
のもと，加盟国メンバーに対して国際会計基準（IAS）の使用を認めるように勧
告する決議をしたのです。これにより，2000年前後からは，国際会計基準を全面
的にないし一部強制的に適用する，あるいは任意適用を可能とする国・法域の数
の増加ペースが上がることになりました。

## 国際会計基準審議会（IASB）への改組

　ここまで，国際会計基準委員会（IASC）による会計基準の国際的な調和化の取
組み，および金融証券行政を司る政府・監督機関（の団体）からのバックアップ
やコミットメントという流れをみてきました（**図表10-2**）。その後，国際会計基
準委員会（IASC）は，会計基準の国際的統合化をより強力に推進するための制度
改革の組織改編に合意（1999年）し，2001年4月には，国際会計基準審議会（IASB）
として新たな活動を開始しました。以降，国際会計基準審議会（IASB）から公表
される基準は，国際財務報告基準（IFRS）と言及されますが，以前の国際会計基
準（IAS）と国際財務報告基準（IFRS）の双方を併せて，国際会計基準（IFRS，以
降本章で利用）や国際財務報告基準（IFRS）と一般的に表現されます。

### 図表10-2　会計基準のコンバージェンス（収斂）に向けた代表的な動き

| 年　月 | 関連事象 |
|---|---|
| 1962年 | 第8回　国際会計士会議（於　ニューヨーク） |
| 1966年 | 国際会計士スタディ・グループ（AISG）の設立 |
| 1973年6月 | 国際会計基準委員会（IASC）の設立 |
| 1987年 | 証券監督者国際機構（IOSCO）がIASCのオブザーバーになる |
| 1989年1月 | 公開草案第32号「財務諸表の比較可能性」公表 |
| 1995年7月 | 「コア・スタンダード」完成後にIOSCOが承認することで合意 |

| | |
|---|---|
| 1998年12月 | 「コア・スタンダード」概ね完成 |
| 2000年5月 | IOSCOによる国際会計基準（IAS）の承認と使用の勧告の決議 |
| 2001年4月 | 国際会計基準審議会（IASB）による活動の開始 |
| 2002年9月 | 米財務会計基準審議会（FASB）とIASBによる共同開発の合意：「ノーウォーク合意」 |
| 2005年以降 | 欧州連合（EU）域内の上場企業への国際財務報告基準（IFRS）の強制適用 |
| 2007年8月 | 日本の会計基準をIFRSに収斂させる方針：企業会計基準委員会（ASBJ）とIASBとの間の「東京合意」 |
| 2009年6月 | 企業会計審議会「我が国における国際会計基準の取扱い（中間報告）」 |
| 2011年6月 | 金融担当大臣談話「IFRS適用に関する検討について」 |
| 2013年6月 | 企業会計審議会「国際会計基準（IFRS）への対応のあり方に関する当面の指針」 |
| 2014年以降 | 政府の成長戦略・金融庁行政方針：IFRS任意適用企業の拡大促進，日本基準の高品質化，IFRSに関する国際的な意見発信，国際的な会計人材の育成 |

＊2007年8月以降は，わが国（日本）の状況に特化

## 会計基準の国際的統一に向けた動き

　国際会計基準審議会（IASB）の監督機関であるIFRS財団（International Financial Reporting Standards Foundation）は，その目的を「高品質，理解可能，執行可能かつ世界的に認められる国際的な会計基準一式（a single set of high-quality, understandable, enforceable, and globally accepted accounting standards）」の開発であるとしています。ここでは，その後の2つの重要な動きを紹介しておきましょう。1つは，2002年9月，国際会計基準審議会（IASB）と米国の財務会計基準審議会（FASB, Financial Accounting Standards Board）は，高品質であり，米国内でも広く利用できる会計基準を共同で開発していくことに合意しました。会議のあったコネチカット州の地名から取ったこの「ノーウォーク合意（The Norwalk Agreement）」に基づき，両者は，覚書（MoU, Memorandum of Understanding）を2006年2月に取り交わし，両者の会計基準間の差異を解消し，中長期的にはコンバージェンス（収斂）を達成させるためのプロジェクトを立ち上げました。当該プロジェクトは，2008年9月の覚書（MoU）改訂を経て，現在も続いていると考えられます。なお，各国の基準設定主体同士が連携して共同して行うこうした方式は，ジョイント・アプローチ（joint approach）とも言及されます。もう1つは，加盟国の証券市場の上場会社の連結財務諸表の作成基準として，2005年1月以降は国際会計基準（IFRS）の適用を義務づけるとした，欧州連合（European Union, EU）による2002年7月の決定，すなわちいわゆるIAS適用命令―正式名称は省略―の採択です。

実際には 2 年後の2007年へと延期されましたが，こうした決定により，2005年時点に国際会計基準（IFRS）の強制適用法域数は，前年の30から64へと著しく増加することになりました。

## わが国の近年の取組み

　本節の最後に，この間の，とはいえ長い歴史はさておき，概ね2000年代後半以降のわが国の状況を簡単に確認しておきましょう。欧州連合（EU）は，域内で資金調達する域外の会社に対しても，国際会計基準（IFRS）ないしそれと同等と認められた会計基準に準拠する財務諸表の作成を求めるようになりました。わが国の会計基準は，このため，欧州証券規制当局委員会（CESR, The Committee of European Securities Regulators，その後2011年 2 月に欧州証券市場監督局（ESMA, The European Securities and Markets Authority）へと改組）による同等性評価を受けることになったのです。2005年 7 月に公表された技術的助言（Technical Advice,「第三国基準の同等性評価に関する技術的助言（CESR/05-2306)」）と題された報告書において，わが国の基準は，「全体として（taken as a whole）国際会計基準（IFRS）と同等（equivalent）である」と評価されつつも，重要な差異の残る26項目に関しては，補完措置（remedies）が必要であるとの指摘がなされました。かような状況のもと，企業会計基準委員会（ASBJ）は，同（2005）年 3 月から始まっていた国際会計基準審議会（IASB）との共同プロジェクトを推進し，両基準間の相違を縮小しようと取り組みました。その後，2007年 8 月の国際会計基準審議会（IASB）の議長トゥイーディー（D. P. Tweedy）氏の来日時には，⑴欧州証券規制当局委員会（CESR）の技術的助言中の補完措置提案項目については，短期コンバージェンス（収斂）項目として2008年までに差異を解消するか代替可能なようにすること，および⑵残る両者の差異については，2011年 6 月末までに解消を図ることなどを骨子とする「東京合意」（会計基準のコンバージェンスの加速化に向けた取組みへの合意）を行いました。こうした取組みにより，2008年12月には，欧州連合（EU）の政策執行機関である欧州委員会（EC, European Commissions）から，わが国の会計基準は国際会計基準（IFRS）と同等であると認める旨の発表がなされました。

## 国際会計基準（IFRS）の強制適用（アドプション）

　以上，会計基準のコンバージェンス（収斂）に向けたわが国の取組みをみましたが，これとは別に，国際会計基準（IFRS）自体を日本の会社に強制的に適用（ア

ドプション，adoption）するかどうかも議論の俎上に載せられてきました。企業会
計審議会による2009年6月公表の「我が国における国際会計基準の取扱いについ
て（中間報告）」では，2010年3月期（年度）から国際的な財務・事業活動を行っ
ている一部の会社の連結財務諸表（およびその上場子会社等の連結財務諸表）に任
意適用することが適当であるとし，また2012年を目途として強制適用（アドプ
ション）の判断を行い，その後数年の準備期間をおいて適用を開始するものとし
ました。しかし，2011年3月の東日本大震災の発生，米国やインドなど国外の動
向，および日本国内の産業界の要望などを受けて，2011年6月に，最短ならば
2015年3月期からとされていた強制適用の判断自体が見送られました。以降，
2012年7月の企業会計審議会の「国際会計基準（IFRS）への対応のあり方につい
てのこれまでの議論（中間的論点整理）」では，国際会計基準（IFRS）の強制適用
に関しては継続的に審議する一方で，任意適用の実例を積み上げるなかでメリッ
ト・デメリットを把握し，わが国としてもっともふさわしい対応を検討していく
という基本姿勢が明らかにされています。なお，国際会計基準（IFRS）の任意適
用企業数の2010年以降の推移については，**図表10－3**のように表されます。また，
日本取引所グループのホームページ[2]によると，上場企業3,822社のうち，2021年
12月時点における国際会計基準（IFRS）適用済会社数は238社，同適用決定会社
数は12社，合計250社とされています。

**図表10－3 ■国際会計基準（IFRS）の任意適用・適用予定企業の推移**

| | 会社数 | 時価総額に占める割合（%） |
|---|---|---|
| 2010年12月末 | 3社 | 0.5% |
| 2011年12月末 | 4社 | 0.8% |
| 2012年12月末 | 10社 | 3.1% |
| 2013年12月末 | 25社 | 9.3% |
| 2014年12月末 | 54社 | 12.9% |
| 2015年12月末 | 99社 | 19.1% |
| 2016年12月末 | 133社 | 22.2% |
| 2017年12月末 | 165社 | 25.9% |
| 2018年12月末 | 201社 | 33.3% |
| 2019年12月末 | 224社 | 35.9% |
| 2020年10月末 | 242社 | 42.4% |

（注）「会社数」には，非上場企業を含む。
（出典）金融庁「会計基準を巡る変遷と最近の状況」（2020年11月6日）ほか

## 修正国際基準（JMIS）の開発と承認

　このほか，2010年代に入ってからは，エンドースメント・アプローチ（endorsement approach），すなわち国際会計基準（IFRS）自体によって自国基準を完全に置き換えるのではなく，国家主権の観点から（も），必要に応じて一部の基準を削除ないし修正したうえで自国基準に取り込む方式も提案されてきました。企業会計審議会の2013年6月公表の報告書でも，純粋な国際会計基準（IFRS）とは別に，「あるべき国際会計基準（IFRS）」や「我が国に適した国際会計基準（IFRS）」の世界に向けた意見発信の手段として，当該アプローチによる「日本版」の国際会計基準（IFRS）の策定が提案されました。こうした提案は，国際会計基準（IFRS）の規定の一部を適用除外とするカーブ・アウト（curve-out）をなした，2015年6月の「修正国際基準（国際会計基準と企業会計基準委員会による修正会計基準によって構成される会計基準）（JMIS: Japan's Modified International Standards: Accounting Standards Comprising IFRSs and the ASBJ Modifications）」（金融庁告示第69号第4条）の承認（endorsement）へとつながりました。

# 3　会計基準のコンバージェンスに対する賛否両論

## 会計基準の国際的統一の必要性とメリット

　本節では，会計基準のコンバージェンス（収斂）への賛否に関する議論を簡単にまとめておきたいと考えています。賛成派の第1の論拠はもちろん，財務情報の比較可能性の確保といえるでしょう。そして，財務情報の比較可能性の確保は，効率的な資源（資金）の配分を通じた世界経済の活性化に有効であるとされます。また，わが国に目を向けても，邦人企業の活動や資金調達に有益であることに加え，日本の資本市場の国際競争力の確保に資するものであると指摘されます。確かに，企業活動の国際化と資本市場の国際化・自由化に伴い，投資家やアナリストなど財務諸表の利用者側からは比較可能性の確保がより強く求められるでしょうし，作成側にとっても，多国籍化したグループ会社の連結財務諸表を作成するさい，会計基準が国や法域ごとに異なる状況は重大な問題を引き起こすものといえるでしょう。

　このとき，ある国が独自の会計基準に固執することは，第1節で紹介した「レジェンド（警句）問題」のような負（マイナス）の経済的帰結を当該国の会社に対して及ぼすかもしれません。認められる会計基準がある一国内で複数個存在す

るようなことがあれば，どのようなことが起こりうるだろうかと考えを巡らせるならば，その問題の深刻さをより現実味をもって認識できるでしょう。A社はX基準で，B社はY基準，そしてC社はZ基準を適用していて，ある取引の会計処理はある基準では…。大きな混乱を招きそうです。

　上記以外にも，世界中で単一の会計基準が適用されるならば，海外子会社を含むグループ全体を共通の「事業（ビジネス）の言語」や「ものさし」によって管理・評価できるなど，会社の内部管理上の役立ちも指摘されています。

## 会計基準の国際的統一に対する疑念や議論

　しかしながら，そうした理想とは裏腹に，会計基準のコンバージェンス（収斂）は第2節で辿ったように難事業であり，遅々として達成されないものでもあります。本節の残りでは，この点にも関し，学界・研究者の視点からの冷静かつ本質的な議論のうちのいくつかを紹介しておきましょう。なお，以下は，学界において一般に主張されるところ，あるいは学界で主導的な役割を果たしてきた研究者らが指摘してきたものです。

　第1に，財務情報の比較可能性は，会計基準のコンバージェンス（収斂）によって当然に高まるわけではないかもしれません。なぜなら，各国の法制度や商慣習など実務の統一がなされていない場合，会計基準だけが統一されたとしても，同一の経済事象・取引が同一の会計情報として認識・測定される保証はないからです。第2に，国際会計基準（IFRS）の目的は，前述の通り，①高品質，②理解可能，③実施可能，かつ世界的に利用される，④単一組の会計基準の設定とされています。しかしながら，これら4つが相互に齟齬なく同時に達成可能な目標であるか否かには，疑問も呈されているのです。たとえば，画一化（④）は財務情報の均質性や比較可能性を高めるかもしれませんが，それと高品質（①）さの程度が一致する保証はありません（斎藤2011，6頁）。第3に，国際会計基準（IFRS）は英語を用いて記述されますが，それをある国の別の公用語，たとえば，わが国の日本語への訳出を得たうえで基準の詳細を世界中で統一させることは，非常に困難な実務上のタスクと考えられます。たとえば，国際会計基準（IFRS）の目的の1つにある英語表現「enforceable」を，「実施可能」と訳すと，あるいは「強制可能」と別の言葉で訳すと，どちらが良いと考えられるでしょうか。同じように，「understandable」に対して「理解可能」という訳語をあてたとして，「理解可能」とはどのようなものであると考えられるでしょうか。そこでは，同一の

言語を用いていてさえ，解釈の問題が伴ってくるでしょう。第4かつ最後に，国際的な会計基準設定の「独占」に関わる諸問題も議論されてきているところです。たとえば，国際会計基準審議会（IASB）が世界で唯一の会計基準設定機関となった場合，複数の基準設定機関が 鎬（しのぎ）を削ることによりのみ達成されうる会計基準の質の不断の向上があるとするならば，そうした競争による改善の道筋の消滅を意味することになります[3]。また，独占の怖さ，すなわち優れた会計基準が必ず採択されるとはいえないこと，さらに唯一の機関の意思決定に対しては，自国・自団体にとって有利な影響を及ぼすためのロビー活動（lobbying）のような政治的な動きが激しくなることなどもまた，望ましくない影響として指摘されます。

　以上，本節では，会計基準のコンバージェンス（収斂）の必要性やメリットを改めて述べたあと，そうした賛成派の主張に水を差すような学界・研究者による冷静な議論を4つほど紹介しました。このほか，会計基準のコンバージェンス（収斂）に慎重なわが国の議論としては，国際会計基準（IFRS）の特徴とされる原則主義（principle-based）による実務対応の混乱や作業量の増大，また経営者の裁量の拡大などに対する懸念が呈されたり，資産・負債アプローチ，包括利益および公正価値会計といった国際会計基準（IFRS）の根本思考がわが国の社会・経済環境や一般的な経営感覚と相容れないなどと主張されたりすることもあることは，触れておかねばならないでしょう。さらに，日本基準は欧州連合（EU）によって国際会計基準（IFRS）と同等であるとすでに認められており，あるいはわが国の会社は国際会計基準（IFRS）の任意適用が認められていることから，強制的な適用は必要ではないといわれることもあります。以前の章でも述べてきたように，会計基準がどのようなものであるかは，会社とその利害関係者，ひいては社会・国家全体にとって経済的な影響をもたらしうるのです。したがって，国際的な会計基準の設定については，国内の議論に比較しても，よりいっそう政治的な様相を帯びるのは当然であるといってもよいでしょう。

## 国際会計基準（IFRS）適用の影響の実証研究

　本節の最後に，国際会計基準（IFRS）の適用により会計情報の有用性がどのように変化したのかを問うアーカイバル・データによる実証研究1つを簡単に紹介しておきましょう。バースら（Barth et al. 2008）は，世界21か国を対象として，国際会計基準（IFRS）の強制適用が欧州連合（EU）域内で始まる前の1994年から2003年の間に国際会計基準（IFRS）を適用した会社に関し，会計の質の改善がみ

られたかどうかを調査しました。ここで会計の質は，国際会計基準（IFRS）の適
用前後における，(1)利益マネジメント，すなわち利益の平準化や特定の目的に向
けた操作が減少したか，(2)損失認識の適時性，すなわち損失の認識がより適時に
なされ，よって大幅な純利益の変動がなくなったか，および(3)価値関連性（value
relevance），すなわち会計情報と資本市場での企業価値の評価―ここでは株価と
株式リターン―との関連性が高まったかという3つの評価規準の改善，すなわち
相対的にみて良い方向への変化により代理されました。検証の結果，彼女らは，
国際会計基準（IFRS）を適用した会社（群）は，そうでない会社（群）と比べ，
一般に，上記の会計の質の代理尺度が改善したとしています。

# 4　会計基準のコンバージェンスの経済分析

## コーディネーション・ゲームとしての会計基準の国際的統一

　本節では，会計基準のコンバージェンス（収斂）をコーディネーション・ゲー
ム（coordination game，調整ゲーム）としてとらえる枠組みを用いてなされる経済
分析についてみることにします。経済のグローバル化の急速な進展を受けて，
ルールや規格を国際的に統一ないし標準化する試みは，本章でみてきた会計基準
以外の諸分野でもなされてきました。

　これら動きは，既存のものとは異なる新たな実務への対応のためのさまざまな
調整コストを関係者に対して発生・負担させることになります。それら調整コス
ト，およびルールや規格の国際的な統一や標準化による便益それぞれの大小は，
一般に，関係者ごとに相当に異なり，かつ事前には不確実性が多分に関係するこ
とから，資源の費消・分配を巡る利害対立が発生するのは必然であるといえるで
しょう。当該状況は，冒頭に掲げたコーディネーション・ゲームと構造が類似す
るがゆえに，その枠組みを用いた理論・実験研究が1980年代以降実施されてきた
のです。本節では，先行する研究群の内容を詳細に辿ることはしませんが，会計
基準のような「規格」や会計「システム」の国際的な統一の問題を分析するにあ
たって，コーディネーション・ゲームの利用が有用であることを示したいと考え
ています。なお，ここでの分析に関心をもったならば，上枝（2013）や田口ら
（Taguchi et al. 2013）も参考になさってください。

## コーディネーション・ゲームの基本構造

　まずは，コーディネーション・ゲームについて，基本的な構造を紹介しましょう。**図表10－4**をみてください。登場人物のプレーヤーは，あなたと相手方となります。あなたは戦略①または戦略②を，相手方は戦略❶または戦略❷を，それぞれ同時に選択することになります。両者の戦略の組み合わせによって利得が決定し，ここでは，戦略①と戦略❶および戦略②と戦略❷の場合はともに「1」の利得であるのに対して，それ以外の戦略①と戦略❷および戦略②と戦略❶の場合はともに「0」の利得となるとしましょう。このゲームでは，あなたと相手方の利害対立はないことから，より高いほうの利得「1」を得られるかどうかのカギは，両者の戦略のコーディネーションすなわち調整や協調にあるといえます。

**図表10－4 ■コーディネーション・ゲームⅠ（Coordination GameⅠ）**

|  |  | 相手方 | |
|---|---|---|---|
|  |  | 戦略❶ | 戦略❷ |
| あなた | 戦略① | 1，1 | 0，0 |
|  | 戦略② | 0，0 | 1，1 |

　（注）　利得は，前者があなた，後者が相手方

　**図表10－4**の同時手番の完全情報のゲームの純粋戦略ナッシュ均衡を求めると，《戦略①・戦略❶》と《戦略②・戦略❷》の2つであることがわかります[4]。会計基準のコンバージェンス（収斂）などの国際的な規格やシステムの統一の事例でいえば，新たな規格やシステムを一から考えている段階であって，それが統一されれば，比較可能性の確保あるいはネットワーク外部性の存在から，双方に利得が発生するような状況といえるでしょう。しかしながら，読者のかたが当該ゲームのプレーヤーであるとして，意思疎通のとれない相手とどのようにして協調・調整するでしょうか。自分が戦略①が良いと考えても，相手は戦略❷を選択してくるかもしれません。

## リスクのない戦略がパレート支配されるゲームの均衡

　**図表10－5**のコーディネーション・ゲームを考えてみましょう。ゲームの構造は，さきの図表10－4のものと同じであり，あなたと相手方が同時に戦略を選択し，その組み合わせにより両者の利得が決定します。もちろんのこと，利得は変更されており，戦略①と戦略❶では両者とも「8」，また戦略②と戦略❷では両

者とも「10」と正（プラス）になります。しかし，戦略①と戦略❷，また戦略②と戦略❶では，戦略①と戦略❶のプレーヤーが「8」の利得であるのに対して，戦略②と戦略❷のプレーヤーは「0」の利得となってしまいます。すなわち，両プレーヤーには，それを採用すれば「8」が得られるリスクのない（riskless）戦略①と戦略❶がありますが，最高の「10」の利得となるためには，相手の選択によっては「0」の利得となるリスクがある（risky）戦略②と戦略❷を互いに協調して選ぶ必要があるのです。このため，図表10－5のゲームにも，《戦略①・戦略❶》と《戦略②・戦略❷》の2つの純粋戦略ナッシュ均衡が存在していますが，プレーヤーたちにとっては性格の異なるものとなっています。

**図表10－5 ■コーディネーション・ゲームⅡ（Coordination Game Ⅱ）**

|  |  | 相手方 | |
|---|---|---|---|
|  |  | 戦略❶ | 戦略❷ |
| あなた | 戦略① | 8, 8 | 8, 0 |
|  | 戦略② | 0, 8 | 10, 10 |

（注）　利得は，前者があなた，後者が相手方

## コーディネーション・ゲームの経済実験

　さて，図表10－5のゲームを実際にヒトが行った場合にはどのような結果となるでしょうか。クーパーら（Cooper et al. 1994）は，経済実験によってこれを検証しようとしました。**図表10－6**は，彼らが実施した実験のセッションの1つであり，「鹿狩り（stag hunt)」という名称が付けられています。「鹿狩り」ゲームでは，行動①・❶は非協力，行動②・❷は協力をそれぞれ意味しており，互いに協力（行動②・❷）を選べば牡鹿を狩猟できますが，両者の足並みが揃わないと牡鹿は狩猟できず，獲物としてはより小さな野ウサギを狩猟できるのみであるというシナリオがあります。図表10－6の利得表の数値は，図表10－5のそれを単純に100倍したものです。このため，図表10－6のゲームにおいても，《行動①・行動❶》と《行動②・行動❷》が純粋戦略ナッシュ均衡となります。また，後者の《行動②・行動❷》のほうが，リスクがなく「800」の利得が確証される前者の戦略《行動①・行動❶》をパレート支配する（parato-diminate）ことも同じです。

　クーパーら（Cooper et al. 1994）の経済実験では，11人の参加者が互いに相手が誰かわからないまま，他の10人と2回ずつ図表10－6のゲームを計20回実施しま

図表10－6 ■コーディネーション・ゲームⅡ'（Coordination Game Ⅱ'：
「鹿狩り」）

| | | 相手方 | |
| --- | --- | --- | --- |
| | | 行動❶ | 行動❷ |
| あなた | 行動① | 800,　800 | 800,　0 |
| | 行動② | 0,　800 | 1,000,　1,000 |

（注）　利得は，前者があなた，後者が相手方
（出典）　Cooper et al.（1994），Figure 7-1, 130

した。なお，彼らは，利得が大きいほど，図表10－6のゲームに続いて行われる
くじ引きで賞金1ドル（$1）が当たる確率を高くすることにより，参加者ができ
る限り大きな利得を獲得する経済的インセンティブを与えました。具体的には，
賞金1ドル（$1）が当たる確率は，「利得÷1,000」に設定され，たとえば，利得
が0のときは「0％（＝0÷1,000）」，800のときは「80％（＝800÷1,000）」，また1,000
のときは「100％（＝1,000÷1,000）」となっていました。彼らの実験の結果は，興
味深いものでした。すなわち，20回の試行の後半の10回，すなわち11回目以降に
ついて，参加者らは約97％（＝160/165，以下当該計算式は「＝観察数／試行数」を
意味します）の機会でリスクのない《行動①・行動❶》を選択し，パレート支配
の均衡の組《行動②・行動❷》が観察されることは一度もなかったのです。

## コミュニケーションのあるコーディネーション・ゲーム

　もう少しだけ，彼らの研究グループの経済実験を紹介しましょう。クーパーら
（Cooper et al. 1994）の追加の実験デザインの1つは，協調・調整を首尾よく達成
させる制度的な工夫として，図表10－6のゲームの前に，参加者による意思伝達
の機会を与えるものでした。たとえば，一方向のコミュニケーション（one-way
communication）と言及されるセッションでは，一方の参加者のみが相手方に対し
て，①（❶）または②（❷）のいずれの行動を選ぶかを事前にアナウンスするこ
とができました。アナウンスしたといっても，必ずその行動を実際に取らなけれ
ばならないわけではなく，したがってここでのアナウンスはチープ・トークでは
ありました。とはいえ，当該操作の影響は絶大であり，《行動②・行動❷》は試
行全体の約53％（＝88/165）で選ばれるようになりました。しかしながら，彼ら
が双方向のコミュニケーション（two-way communication）と言及する，参加者双
方が①（❶）または②（❷）のいずれの行動を選ぶかを，やはり拘束力はないも

のの相手方にアナウンスできたセッションでは，約91%（＝150/165）のパレート
支配の均衡の組《行動②・行動❷》が達成されました。一方向だけの意思表明で
は，②（❷）と約87%（＝144/165）の割合で相手に伝えても，参加者の行動の組
が《行動②・行動❷》となるとは限らないのに対し，双方ともに意思表明できれ
ば，すべてのメッセージ（＝165/165）が②・❷となり，そのうち約91%はその通
りに実現するというのは，まことに興味深い知見といえます。

## 事前の選択肢のあるコーディネーション・ゲーム

　彼らはこのほか，図表10－6のゲームの前に一方の参加者に対して選択肢を与
える経済実験も実施しています。選べる行動は，(i)「900」の利得をもらってゲー
ムを終了するか，あるいは(ii)「900」の利得をもらわずに図表10－6のゲームを実
施するかの二択です。容易に理解できるように，この段階で(ii)を選び「900」の
利得を諦めた参加者は，図表10－6のゲームで①（❶）を選ぶインセンティブは
ないと推測されます。なぜなら，①（❶）を選ぶつもりなら，最初から(i)を選び，
より高い「900」を獲得してゲームを終了するからというのがその理由です。実
際の経済実験でも，最初に(ii)が選択された後の図表10－6のゲームでは，77%
（＝77/100）が《行動②・行動❷》となっています。とはいえ，こうした「前向き
帰納法（forward induction）」が高確率で成功するとしても，選択肢(ii)が選ばれる
確率は60%ほど（＝100/165）に留まりました。逆にいえば，「900」をもらってゲー
ムを終了する参加者が全体の約4割（＝65/165）は存在していたということにな
ります。

## コーディネーション・ゲームによる分析の魅力と制約

　以上，本節は，会計基準のコンバージェンス（収斂）の経済分析として，それ
を各国間の協調・調整行動の帰結として考察する観点を紹介しました。ここでの
現実の事象のモデル化と分析には，以下でみるように非現実的な箇所や制約も伴
いますが，ある種の真実をとらえているようにも考えます。コーディネーショ
ン・ゲームの設定やパラメータを変更することにより，会計基準のコンバージェ
ンス（収斂）の諸相，たとえば歴史や現状，国ごとの差異，および現実にはない
状況などを取り扱えることもまた，魅力の1つであるといえるでしょう。さらに，
ゲームの単純明瞭な設定は，経済実験の実施を比較的に容易にすることから，実
験室内におけるヒトの実際の意思決定によって仮説の検証やモデルの帰結の確認

ができることも，アプローチの優位性です。

　もっとも，かようなモデル分析には制約や知っておくべき議論の機微も存在することもまた，認識しておく必要があるでしょう。リヒト（Licht 1999, 76-82）から引用・参照しながら，いくつかみておきましょう。本節のゲームのプレーヤーである，国家あるいは国に代わって基準設定を担う主体は，国の利害に沿って行動するエージェントであると仮定されていますが，実際には，基準設定主体自身のインセンティブがあるかもしれません（第12章参照）。また，図表10－4から図表10－6までのゲームにおいては，2人（国）のみのプレーヤーの協調・調整の行動が分析されますが，実際には，その百倍を超える数の国が存在しており，国際的な法・経済制度の領域では小国が重要性をもちうる[5]ことから，2人（国）のみというのは非現実な設定とはいえるでしょう。さらに，ゲームにおいて各国の意思決定は同時にかつ1回限りであるとしていましたが，かような設定は，同じ構造のゲームの複数回の試行による両国の相互作用の影響を排除するものでした。もっとも，1回限りというゲームの設定には，規制行動の進展の遅さやある国がいったんなした決定を撤回する困難さを考慮すれば，いくらかの妥当性があるかもしれません。最後に，図表10－4から図表10－6のゲームでは2つのみと，各プレーヤー（国）の選択肢の数は現実的には非常に少ないものであり，モデルの制約ともいえるでしょうが，これにしても，コンバージェンス（収斂）に関わる議論の多くが「諾否」の二者択一の問いの積み重ねであるととらえれば，一定の妥当性をもつものといえるでしょう。

## 5　本章のまとめと補足事項

### 本章のまとめ―少年易老学難成

　本章は，会計基準のコンバージェンス（収斂）をテーマに議論しました。会社の事業活動が国境を越えてグローバル化するとき，自国の会計基準と相手国の会計基準との間で重要な差異があるならば，自国基準に準拠して作成された財務情報は，相手国の利害関係者にとって読解が困難になることが予想されます。このため，各国間の財務情報の比較可能性の向上を主たる目的にして，会計基準のコンバージェンス（収斂）の取組みが過去数十年にわたってなされてきました。第1節ではまず，「事業（ビジネス）の言語」であり，会社の業績・財務状況の「ものさし」である会計基準の相違が引き起こしうる問題に関して，1990年代半ばの

ドイツのダイムラー・ベンツ社の事例，および2000年前後のわが国の会社の事例について述べました。第2節は，会計基準のコンバージェンス（収斂）に向けた国際的な取組み，および2000年代後半以降のわが国の状況について簡単に説明しました。第3節は，会計基準のコンバージェンス（収斂）に対する賛否両論を簡潔にまとめました。比較可能性の向上からもたらされる便益に関してはさておき，学界・研究者らからは懸念や現実的な指摘も表されていることを理解していただければと考えます。さらに，第4節は，会計基準のコンバージェンス（収斂）を2国間の協調・調整行動であるととらえ，コーディネーション・ゲームとして表現・分析する方法，および経済実験の知見を説明しました。第4節の終わりに述べたように，経済分析におけるコーディネーション・ゲームの利用には制約も存在しますが，現実世界における状況をどのようにゲームの形で表現するのか，複数のプレーヤー間での協調・調整がどのようになされるのか，さらに協調・調整を成功に導くための制度的な工夫はいかなるものかなど，非常に興味深い論点を取り扱えるものと考えられます。

　本章の議論は何らかの結論を意図したものではありません。とはいえ，「事業（ビジネス）の言語」たる会計，および業績・財務の「ものさし」である会計基準は，会社の利害関係者の重大な経済的帰結に関係するものです。したがって，会計基準を国際的に統一しようという動きともなると，さまざまな利害関係の錯綜や影響の大きさゆえに，その帰結は国家の経済政策上の一大事といっても過言ではありません。このため，比較可能性の向上という社会全体の明確な便益がたとえあるとしても，実現は一筋縄ではいかない難事業でしょうし，よって長い年月を要するものとなることは疑いありません。

## 会計基準のコンバージェンス（収斂）後の問題

　本章の初稿を執筆中に，ある新聞記事を読みました。日本経済新聞の2019年12月13日付の朝刊の「会計の未来—国際会計基準10年㊤—」という小特集の記事です。具体的な見出しは，「高い自由度 混乱招く」とあります。記事の内容の一部をまとめると，国際会計基準（IFRS）は原則の範囲内において相当の柔軟性を有することから，同じように国際会計基準（IFRS）を採用している会社の財務情報でさえ比較可能性が低い場合があるというのです。具体例を1つ挙げれば，わが国の国際会計基準（IFRS）採用企業100社を調査したところ，会計上の重要な指標の1つである「営業利益」の定義が9種類もあったとされています。同一国内

の会社でさえこうした状況，すなわち同一名称の「事業（ビジネス）の言語」が実際には別の物事を伝達しているのであるとすれば，国際的にはいったいどのようなことが起こっているのでしょうか。国際会計基準（IFRS）が地球上で唯一の認められる会計基準になったとしても，実際のところ，問題は解決したとはいえないのかもしれません。

 **確認クイズ（考えてみよう／調べてみよう）**

1．あなたが本章を読んでいる時点における会計基準のコンバージェンス（収斂）の状況について調べてみてください。
2．会計基準が国際的に統一されることのメリット，およびデメリットについて本章の説明を要約し，さらにあなたなりに議論してください。
3．協調・調整がうまくいくような実験の設定やルールを考え，実際に簡易の経済実験をやり，その結果をまとめてみよう。

### ■注

1　ニューヨークにおいて1962年に開催された第8回世界会計士会議（World Congress of Accountants）の統一論題は，「世界経済と会計」であり，会計基準の統一化問題が取り上げられました。そうした動きのなか，英米加の会計士団体により，国際会計士スタディ・グループ（AISG）が設立され，各国の会計実務やその思考法に関する調査と比較研究がなされました。その後，調査・研究に留まらずに現実の基準統一化，すなわち国際的な会計基準の設定を目指すべく設立されたのが，国際会計基準委員会（IASC）となります。
2　https://www.jpx.co.jp/listing/others/ifrs/index.html（2022年1月21日アクセス）。
3　もっとも，ここでの議論は「…とすれば」という仮定に基づくものであり，逆の立場からは，複数の会計基準設定機関の存在は，「底辺を目指す競争（race to the bottom）」をもたらしていると批判されることもあります。すなわち，自機関の設定する基準がなるべく多くの会社に受容・使用されるように，会社の財政状態や業績を好ましいようにみせるだけが特徴の質の低い基準の設定が志向されるとするのです。
4　相手の戦略を所与として自らの利得を最大化する戦略を「最適反応（best response）」といいます。ナッシュ均衡は，互いに最適反応であるような戦略の組のことをいいます（第7章第2節参照）。たとえば，図表10-4のゲームにおいて，相手方が戦略❶であるときあなたの最適反応は①となります―なぜなら，戦略②であると利得が「0」となるためです―が，あなたが戦略①のときの相手方の最適反応も❶となります―なぜなら，戦略❷だと利得が「0」となるからです。したがって，戦略の組《①・❶》は，1つの純粋戦略ナッシュ均衡であることがわかります。
5　タックス・ヘイブン（tax haven，租税回避地・低課税地域）やデラウェア（Delaware）州の会社法の事例がよく引き合いに出されます。すなわち，租税回避の目的や会社設立の容易さなどのため，小国や単一州（地域）でさえも多くの会社の支持を集めることにより，よって相当の重要性をもつに至ることがありえます。すなわち，米国の大西洋岸中部のデラウェア州を設立準拠法とする会社は，全上場会社の過半数を超えるものとなっていますが，同州は人口規模では全米50州中の45番目に過ぎません。

# 業績評価と経営者の動機づけの装置としての会計

## ■本章の目的■

　本章は，会計の目的・機能の１つである，「契約支援」・「利害調整」について取り上げます。会社をめぐるさまざまな関係者の間の利害は，完全には一致しないのが通常でしょう。場合によっては，経済主体間の利害が相反することも考えられます。かような状況のもと，⑴特定の利害関係者（層）の利益が不当に害される，あるいは⑵関係者相互の不信の連鎖ゆえに当事者双方にとって便益のある関係が結ばれないとすれば，社会的な損失があるといえるでしょう。会計情報（数値）は，このとき，契約や規制のなかに組み込まれ，その履行・遵守の状況を事後的に確認するための装置や道具とされることにより，関係者間の**利害**を適切に**調整**し，効率的な**契約**の締結を**支援**しえるものといえます。

　本章では，会計（数値）のかような機能を確認したあと，第２節において，委託者（プリンシパル）と受託者（エージェント）の間で生じうるエージェンシー問題を取り扱うためのモデル分析を紹介します。会社の所有者（プリンシパル）が経営者（エージェント）に事業運営を委任するさい，どのような契約を提示すれば自らの利得を高めることができるでしょうか。また，経営者（エージェント）が真面目に働いてくれているかどうかを確かめられない場合，どのようなことが起こるでしょうか。第３節は，第２節で導入するエージェンシー問題の基本モデルを援用しつつ，会計情報を追加的に組み込み，経済的帰結がどのように変わるかについてみます。さらに，会計情報，特に会計利益を用いるがゆえに現出する論点である，利益マネジメントの可能性の影響も確認することになるでしょう。最後の第４節は，本章の内容をまとめ，補足事項を述べることになります。

# 1　はじめに

### 会計の契約支援機能・利害調整機能

　会計情報には，以前の章で述べたように，報告に伴う経済的影響から，「契約支援機能」あるいは「利害調整機能」とよばれる機能や役割も存在しています。

たとえば，第1章第3節では，「多数かつ多様な関係者の間にある潜在的な相互の利益・損失の対立・相反の可能性の仲裁にかかわる役割・機能である」とそれを定義しました。すなわち，経済社会における契約や規制のなかに会計情報（数値）が前もって組み込まれ，定期的に計算・報告される会計情報（数値）に基づき，契約や規制の履行・遵守の状況が事後的に確認されることになります。もっとも，経営者と会社の関係者らの間で利害調整のための取り決めをしたとしても，履行・遵守の状況が事後的に確認できないとすれば，当初なした取り決めの効力はないものといえるでしょう。

　しかしながら，契約や規制の履行・遵守の状況が会計情報（数値）によって適時に確認できるのならば，事情は一変し，効率的な契約・規制が実現し，関係者間の利害対立が相当程度に解消される可能性があります。

## 株主と経営者のエージェンシー関係と会計責任

　上でみた状況につき，会社の所有者である株主と経営者の間の関係から考えておくことにしましょう。所有と経営の分離が高度に進展した現代の会社では，資本（財産）を拠出して会社の所有者となった株主は，会社経営に直接的には関与することなく，専門知識や能力をもつ経営者に対して私的財産の運用を預託することになります。そこでは，株主が委託者（プリンシパル），経営者が受託者（エージェント）という委託・受託関係，あるいはエージェンシー関係が成り立っているのです。かような関係のもとでは，経営者は，(1)委託された財産の運用に尽力するのはもちろん，(2)運用の結果を株主に対して事後的に報告する責任を負っています。後者(2)は，第1章第3節の「会計の役割・機能」で述べたように，会計責任（アカウンタビリティ）とも言及され，その遂行や解除にさいして会計情報が重要な役割を果たすことになるのです。すなわち，会計情報からは会社の経営成績と財政状態が読み取られ，よって株主は，会計情報を参考にして，株式をそのまま保有し続ける，株式を新たに買い増す，あるいは保有している株式の一部ないしは全部を売却するなど，会社との今後の関わり合いかたを意思決定することになるでしょう。

　さらに，株主の集合体である株主総会は，経営者の報酬額や選・解任など現在と未来の経営者の処遇を決定することになりますが，会計情報はそのさいの重要な考慮事項や判断材料の1つであるといえるでしょう。

## 業績評価目的の会計情報の利用の諸論点

　さて，会計情報は，業績評価のための重要な手がかりであることは疑いないのですが，実際には，何ら問題を伴わないわけではありません。第1に，「会計情報」が「経営者の努力（水準）」をどのくらい正確に測定・反映させているかという問題があるでしょう。ここで誤解してはいけないのは，「会計情報」が経営成績や財政状態などの「会社の実態（とその変動)」を正確に測定・反映することとここでの問題は，次元が異なるという事実です。すなわち，「経営者の努力（水準）」は，「会社の実態（とその変動)」に重大な影響を及ぼす要因の1‥つであることは疑いないでしょう。しかしながら，それに加えて，あるいはそれとは別に，マクロの社会・経済環境や当該経営者以‥外‥の会社メンバーの働き度合いなど，経営者にとって統制（コントロール）できない諸要因も「会社の実態（と変動)」に対して同様に重要な影響をもつことになるのです。このため，たとえ「会計情報」が「会社の実態（とその変動)」を正確に測定・反映すると仮定しても，それのみで経営者の業績評価を行うことには弊害があるでしょう。

　第2に，株主（プリンシパル）と経営者（エージェント）は異なる経済主体ですから，当然のこと，利害の対立あるいは利害の不一致（misalignment of interests）が存在します。このとき，経営者（エージェント）は，その特権的な地位と情報優位性のもと，株主（プリンシパル）の利益を犠牲にしても自らの利益を追求するというモラル・ハザード（moral hazard，道徳的危険）が起こりえます。これら問題を伴う状況のもと，株主（プリンシパル）は，経営者（エージェント）の行動をコントロールしようと，賞罰のシステムを設定しようとすることがあります。いわゆる成果主義報酬制度を採用し，会計利益のある一定の割合，たとえば30％を株主への配当に，またある一定の割合，たとえば5％を経営者報酬とするような契約を結ぶことができれば，会社の利益の金額の高低いかんに関する両者の利害は一致することになり，経営者（エージェント）の目を会計利益の最大化[1]へと向けられるかもしれません。もちろん，会計利益の額を算定し，さらに経営者による利益マネジメントの実施を監視する方法などに関しては，事前に取り決めておかなければならないでしょう。

　あるいは，ストック・オプション（stock option）を付与するというのも，経営者（エージェント）のやる気を高め，株主（プリンシパル）に有利なように行動をコントロールするのに役立つかもしれません。ストック・オプションとは，将来のある時点において一定の価格で会社の株式を購入することができる権利をいい

ます。将来時点において購入可能な一定の価格（たとえば，1株10万円）が事前
に定められていることから，経営者（エージェント）にとって，株価がその価格
を超えて高くなればなるほど（たとえば，1株15万円），ストック・オプション行
使により入手した株式の市場での売却からの利得（たとえば，1株当たり，15万円
－10万円＝5万円）が大きくなるのです。このため，株価や会計利益の最大化が
株主（プリンシパル）の目的であるとすれば，経営者（エージェント）のインセン
ティブを自らの望むほうへと向けることができるかもしれません。もっとも，こ
こでも，経営者（エージェント）が株価のみを上昇させるような行為，たとえば
利益マネジメントによる会社業績の偽装，あるいは長期的な会社の存続や成長を
犠牲にする一方で短期的には利益が高くなる施策を採っていないかを監視する必
要があります。

### 多様なエージェンシー関係

　以上，株主（プリンシパル）と経営者（エージェント）の間の関係を例にとり，
業績評価と動機づけの装置としての会計情報の役割をみました。かようなエー
ジェンシー関係はほかにも，会社内部の経営管理者（プリンシパル）と従業員
（エージェント）の間の業績評価と昇進や降職，昇給や減給の決定などの局面，金
融機関や取引先など債権者（プリンシパル）と会社（エージェント）の関係など，
会社に関わる数多くの経済主体間の利害関係にも妥当するでしょう。さらに，会
計情報は，産業の保護や育成，または会社経営への公権力の介入をはかるため用
いられることがあります。たとえば，電気やガスといったエネルギー産業におけ
る料金規制や国家の安全保障のための行政のモニタリングがこれに該当し，この
とき行政機関はプリンシパル，会社はエージェントという図式が成り立つともい
えるでしょう。

## 2　エージェンシー問題の基本モデル

　本節では，スコットとオブライエン（Scott and O'Brien 2019, Ch. 9）と小倉・椎
葉（2010）を主に参考にしつつ，会社の所有者と経営者の間の1期間の，さらに
互いに1回限りの意思決定の単純な雇用契約をモデル化することにしましょう。
最初の2－1節は，第3節でも引き続き用いることになるエージェンシー問題の
基本モデルを述べ，何ら特別の契約がなされない場合には，いわゆるモラル・ハ

ザードが生じることを確認します。続く2－2節は，経営者の行動が観察可能な場合には，会社の所有者の期待効用を最大化するような最善（first-best，ファースト・ベスト）の契約が提示できることが示されます。その後，2－3節では，経営者の行動が直接的に観察できない場合には，成果などの別の代理指標による間接的な監視・コントロールが一般には奏功しないこと，2－4節では，所有者が固定額のレンタル料を徴取して経営者に会社を貸し出す，いわゆる小作農システムの経済的帰結を考えることになります。いずれについても，所有者の期待効用は最善（ファースト・ベスト）の水準を下回ることとなり，よって非効率性を伴うことを確認していただければと考えています。

## 2－1　エージェンシー問題の基本モデルの設定・分析

### 所有者と経営者の雇用契約の基本モデルとモラル・ハザード

　所有者1人とその会社の経営者1人がいる単純な会社について考えることにします。かようなモデルの設定は，コンフリクトのある株主（の集団）と経営者の2者の存在を明確に示し，また，「所有と経営の分離」という現代企業の特徴の1つを表しています。所有者（プリンシパル）は，会社経営をある1期間，たとえば特定のプロジェクトの継続期間だけ任せるべく，経営者（エージェント）と雇用契約を結ぼうとしているとします。当該期間経過後の所有者（プリンシパル）の利得 $r_i$（i＝H, L）は，この間の会社経営がうまくいけばより高い $r_H＝60$ となりますが，そうでない場合は低いほうの $r_L＝30$ となるとします。会社経営の成果は，この間の経営者（エージェント）の努力 $a_j$（j＝w, s）に依存しており，懸命に働く（work hard, $a_w$）ならば確率0.7（70％）で高い利得，確率0.3（30％）で低い利得となりますが，怠業する（shirk, $a_s$）ならば確率0.2（20％）で高い利得，確率0.8（80％）で低い利得となります（**図表11－1**参照）。

図表11－1 ■「経営者の努力」と「会社の成果」との関係

|  | 経営者の努力 | |
| --- | --- | --- |
|  | 懸命に働く（$a_w$） | 怠業する（$a_s$） |
|  | 確率 | 確率 |
| 高利得（$r_H＝60$） | 0.7 | 0.2 |
| 低利得（$r_L＝30$） | 0.3 | 0.8 |

　すなわち，経営者（エージェント）が懸命に働くならば，高利得（$r_H$）となる確率が高まるものの，会社経営に付随する不確実性ゆえに確実ではなく，懸命に働いても低利得（$r_L$）となってしまう可能性もあります。なお，ここでいう努力（effort）という言葉は，相当に幅の広い概念を指しており，会社の事業運営に当たり経営者（エージェント）がつぎ込む時間や才能，さらに行使する注意力や部下の動機づけ，利害関係者との交渉など，経営者に要求されるあらゆる事柄を想定したものです。さて，危険中立的な所有者（プリンシパル）と経営者（エージェント）との間の雇用契約が固定給，たとえば「16」でなされるならば，経営者（エージェント）の努力の程度である $a_w$ や $a_s$ によって変動しうる所有者の期待効用（EU$_{所}$, expected utility）ないし利得は，以下のようになります。ここで，(1)＞(2)であることから，所有者（プリンシパル）は，経営者が懸命に働く（$a_w$）ことを望んでいることがわかります。

$$\text{EU}_{所}(a_w) = 0.7(60-16) + 0.3(30-16) = 0.7 \times 44 + 0.3 \times 14 = 35 \qquad \cdots(1)$$

$$\text{EU}_{所}(a_s) = 0.2(60-16) + 0.8(30-16) = 0.2 \times 44 + 0.8 \times 14 = 20 \qquad \cdots(2)$$

　他方，経営者（エージェント）の効用関数 $u(w)$ は，その賃金 $w$ と努力に伴うコスト $c$ から，$\sqrt{w} - c$ により与えられるとします。このとき，任意の確率 $p_1 > 0$ と $p_2 > 0$（$p_1 + p_2 = 1$），また報酬額 $w_1$ と $w_2$（$w_1 \neq w_2$）に対して，$u''(w) = -(1/2)(1/\sqrt{w})^3 < 0$，および $\sqrt{p_1 w_1 + p_2 w_2} > p_1\sqrt{w_1} + p_2\sqrt{w_2}$ が成立し，よって経営者（エージェント）は危険回避的であると仮定していることになります。すなわち，報酬の期待値が同じ $p_1 w_1 + p_2 w_2$ である場合には，確実にその額をもらうことが，確率的に報酬額が決定されるよりも，経営者（エージェント）によって厳密に選好されます。努力に伴うコスト $c$ は，経営者（エージェント）にとって懸命に働く（$a_w$）場合には2，怠業する（$a_s$）場合には1.5であるとしましょう。怠業する（$a_s$）よりも懸命に働く（$a_w$）ほうが不効用がより高いというのは，自然な設定といえるでしょう。また，経営者（エージェント）には，いわゆる経営者労働市場が存在し，そこでは効用「2」の雇用契約が別の会社との間で締結できる次善の機会があるため，彼または彼女の留保効用（reservation utility）は「2」であることになります。換言すれば，これを下回る報酬額の提示では，どの経営者も契約に応じてくれません。以上のような追加的な設定のもと，固定給「16」の雇用契約の場合，経営者（エージェント）の期待効用$^2$EU$_{経}$は，その努力の選択 $a_w$ または $a_s$ にしたがい以下のようになります。(3)＜(4)であることから，所有者（プリンシパル）

とは反対に，経営者（エージェント）は怠業する（a$_s$）ことを選好し，経営者（エージェント）の行動が観察できない，情報の非対称の1つのタイプである隠された行動（hidden action）により，モラル・ハザードの状況が生起することになります。

$$EU_{経}(a_w) = \sqrt{16} - 2 = 4 - 2 = 2 \qquad \cdots(3)$$
$$EU_{経}(a_s) = \sqrt{16} - 1.5 = 4 - 1.5 = 2.5 \qquad \cdots(4)$$

　以上の基本的なエージェンシー・モデルの流れは，**図表11-2**のようにまとめられます。すなわち，①所有者（プリンシパル）が雇用契約を提示し，②経営者（エージェント）はそれを受諾するか拒否するかを決定します。拒否した場合はここで終了し，両者ともに留保効用を得るのみです。②で経営者（エージェント）が提示された雇用契約を受諾した場合，③経営者（エージェント）は懸命に働く（a$_w$），あるいは怠業する（a$_s$）から会社経営につぎ込む努力の水準を決定します。その後，④会社経営の成果が図表11-1でみた確率にしたがい高（r$_H$）・低（r$_L$）のどちらかで実現し，⑤雇用契約（①・②参照）に基づいて経営者（エージェント）に対する報酬の支払いがなされます。

図表11-2 ■エージェンシー・モデルの時間の流れ

| ① 所有者が雇用契約を提示 | ② 経営者が雇用契約の受諾の可否決定 | ③ 経営者が努力水準を決定（a$_w$またはa$_s$） | ④ 会社経営の成果が実現（r$_H$またはr$_L$） | ⑤ 契約（①・②）に基づいて報酬支払い |

## 経営者のモラル・ハザードのコントロールのための諸施策

　基本的な設定のモデルにおいては，所有者（プリンシパル）の望む経営者（エージェント）の行動である懸命に働くこと（a$_w$），および経営者（エージェント）の実際の行動の予測である怠業すること（a$_s$）が異なるという，両関係者の間の利害の不一致があります。このとき，所有者（プリンシパル）の立場であるとして，どのような契約を考案・締結すれば，経営者（エージェント）のモラル・ハザードが相応にコントロールできるのでしょうか。以下本節では，そのいくつかを考えてみることにしましょう。

　第1に，固定給「16」という上記の契約は，怠業する（a$_s$）ことがわかっている経営者（エージェント）に対する報酬額としては，高すぎるかもしれません。このため，たとえば「12.25」へと固定給を下げることにしましょう。このとき，

経営者（エージェント）の期待効用は，以下のようになります。このとき(5)<(6)となりますから，経営者（エージェント）はやはり怠業する（$a_s$）ことになるでしょう。しかしながら，固定給を「16」から「12.25」に低下させたことにより，経営者（エージェント）の期待効用は，「2.5」から留保効用であると仮定した「2」へと下がっています[3]。

$$\mathrm{EU}_{経}(a_w) = \sqrt{12.25} - 2 = 3.5 - 2 = 1.5 \qquad \cdots(5)$$

$$\mathrm{EU}_{経}(a_s) = \sqrt{12.25} - 1.5 = 3.5 - 1.5 = 2 \qquad \cdots(6)$$

このとき，所有者（プリンシパル）の期待効用を求めると，(7)式の解のように「23.75」となり，これは固定給削減前の(2)式の「20」よりも「3.75」だけ高くなっています。もっとも，固定給が「16」であり，さらに経営者（エージェント）が懸命に働く（$a_w$）場合の所有者（プリンシパル）の期待効用である，(1)式でみた「35」には及びません。

$$\mathrm{EU}_{所}(a_s) = 0.2(60 - 12.25) + 0.8(30 - 12.25) = 0.2 \times 47.75 + 0.8 \times 17.25 = 23.75 \quad \cdots(7)$$

次に，雇用した経営者（エージェント）による怠業（$a_s$）が許せないからとして，所有者（プリンシパル）は，(i)他の経営者（エージェント）を雇用する，あるいは(ii)誰にも任せず自分，すなわち所有者（プリンシパル）自身で会社を経営することを考えるかもしれません。しかしながら，これら代替策は，前者(i)については，他のどの経営者の候補者の合理的な選択も怠業する（$a_s$）であることから，また後者(ii)については，そもそも所有者（プリンシパル）には会社の経営能力がないがゆえに専門家に委任しようとしているという実情から，いずれも上手くいきません。

## 2－2　経営者（エージェント）の行動が観察できる場合

### 経営者の行動が観察可能な場合の最適な雇用契約

本小節では，基本的なモデルに仮定を追加し，非現実的ではありますが，コストをかけることなく，所有者（プリンシパル）が経営者（エージェント）の行動を観察可能であるとしましょう。すなわち，所有者（プリンシパル）は，何らかの方法により，経営者（エージェント）が懸命に働いた（$a_w$）のか，それとも怠業した（$a_s$）のかを知ることができると考えるのです。もしそうならば，所有者（プリンシパル）は，経営者（エージェント）の行動，すなわち働きぶりに応じて異な

る報酬額を雇用契約として提示することができるでしょう。たとえば，懸命に働いた（$a_w$）場合には「16」の固定給を，怠業する場合には「10」の固定給を，それぞれ経営者（エージェント）に対して所有者（プリンシパル）は支払うものとしましょう。このとき，経営者（エージェント）の期待効用は(8)式と(9)式のようになります。

$$\text{EU}_{経}(a_w) = \sqrt{16} - 2 = 4 - 2 = 2 \qquad\qquad\cdots(8)$$

$$\text{EU}_{経}(a_s) = \sqrt{10} - 1.5 = 3.16 - 1.5 = 1.66 \qquad\qquad\cdots(9)$$

(8)＞(9)であり，かつ留保効用「2」以上であることから，このとき，経営者（エージェント）は懸命に働く（$a_w$）ことを選択することになります。

さらに，重要なことに，所有者（プリンシパル）の期待効用は，(1)式から「35」という基本的なモデルが想定する最善（ファースト・ベスト）の結果となっていることもわかります。なお，経営者（エージェント）の行動の直接的なモニタリングが可能なケースについて，よりフォーマルに，小倉・椎葉（2010，92頁，図表4－1）を参照して展開型によるゲームの表現で示したのが**図表11－3**です。

**図表11－3 ▓展開型によるゲームの表現：行動が観察可能な場合**

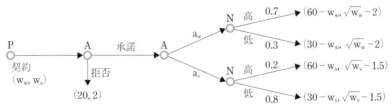

(注)　Pは所有者（プリンシパル），Aは経営者（エージェント），Nは自然を表記
　　　矢印の最終の到達点の括弧内の利得は，左側が所有者，右側が経営者の効用
(出典)　小倉・椎葉（2010），92頁，図表4－1

## 最適な雇用契約の導出①―ゲームの均衡の概要

図表11－3の動学ゲームは，後ろ向き帰納法（backward induction，バックワード・インダクション），すなわちゲームの流れの最後から解くことにより，均衡を求められます。よって，まず後から意思決定する経営者（エージェント，A）の行動の選択から考えることになります。経営者（エージェント）の期待効用は，所有者（プリンシパル）と雇用契約を結ばない場合は留保効用の「2」となり，雇用契約を締結し，懸命に働く（$a_w$）場合は$\sqrt{w_w} - 2$，また怠業する（$a_s$）場合は

$\sqrt{w_s}-1.5$ となります。経営者（エージェント）は，所有者（プリンシパル）の提示する雇用契約をみて，これらの大小関係を確認して自らの行動を決定することになるでしょう。このとき，所有者（プリンシパル）は，(i)経営者（エージェント）が雇用契約を拒否する，(ii)経営者（エージェント）が契約を受諾し，懸命に働く ($a_w$) ことを選ぶ，あるいは(iii)経営者（エージェント）が契約を受諾し，怠業する ($a_s$) の3つのうちのいずれかを誘発するような契約を提示することができるでしょう。以下では，これら(i)から(iii)の最適な雇用契約を導き，さらにそのもとでの所有者（プリンシパル）の期待効用を求め，いずれの雇用契約のもとで所有者（プリンシパル）の期待効用が最大となるかを確認することにより，当該ゲームの均衡を求めることにしましょう。言い換えれば，上記3つのケースにつき，経営者（エージェント）の行動のもとで，所有者（プリンシパル）にとって最も有利となる雇用契約はどのようなものかを考えるのです。ところで，雇用契約間の比較を可能とするため，(i)経営者（エージェント）が雇用契約を拒否した場合の所有者（プリンシパル）の期待効用は「20」であると追加的に仮定します。

## 最適な雇用契約の導出②—雇用契約が拒否される場合

第1に，(i)経営者（エージェント）が雇用契約を拒否する場合，2つの不等式(10)・(11)が成立することになります。すなわち，懸命に働いても ($a_w$)，怠業しても ($a_s$)，雇用契約を拒否して留保効用「2」となるよりも低い期待効用しか得られない場合がこれに該当するでしょう。このとき，(10)式では $w_w = 16$ のとき，(11)式では $w_s = 12.25$ のとき，等号が成立しますから，たとえば，契約 ($w_w = 0, w_s = 0$) を提示することになるでしょう。

$$2 \geq \sqrt{w_w} - 2 \qquad \qquad \cdots (10)$$
$$2 \geq \sqrt{w_s} - 1.5 \qquad \qquad \cdots (11)$$

## 最適な雇用契約の導出③—雇用契約がなされ，懸命に働く場合

次に，(ii)経営者（エージェント）が雇用契約を受諾し，かつ懸命に働く ($a_w$) ことを選ぶためには，不等式(12)・(13)が同時に成立する必要があります。(12)式は，経営者（エージェント）にとって，懸命に働く ($a_w$) と怠業する ($a_s$) よりも高い期待効用になることを意味しています。また，(13)式は，先の(10)式とは逆に，留保効用「2」以上の期待効用を与えることにより，経営者（エージェント）に雇用契

約を受諾させるために必要とされるものです。所有者（プリンシパル）は，これら2つの条件を所与として，期待利得が最大となる契約（$w_w$, $w_s$）を選択することになります。ここで注意すべきは，経営者（エージェント）が懸命に働いた（$a_w$）場合の所有者（プリンシパル）の期待効用は，$51-w_w$となることから，なるべく低い報酬額（$w_w$）を提示するほうがよいことです。このとき，(13)式から$w_w=16$が最適となるため，(12)式は$w_s=12.25$以下とすれば充足されることになります。よって，たとえば，雇用契約（$w_w=16$, $w_s=10$）が提示され，このとき所有者（プリンシパル）の期待効用は35となります（(1)式参照）。

$$\sqrt{w_w}-2 \geq \sqrt{w_s}-1.5 \qquad\qquad \cdots(12)$$
$$\sqrt{w_w}-2 \geq 2 \qquad\qquad \cdots(13)$$

## 最適な雇用契約の導出④—雇用契約がなされ，怠業のある場合

最後に，(iii)経営者（エージェント）が契約を受諾し，怠業する（$a_s$）ためには，2つの不等式(14)・(15)が同時にみたされなければなりません。(14)式は，経営者（エージェント）にとって，懸命に働いても（$a_w$）怠業した（$a_s$）よりも期待効用が低くなることを意味しています。さらに，(15)式は，留保効用「2」以上の期待効用を与えることにより，経営者（エージェント）に雇用契約を受諾させるために必要とされるものです。所有者（プリンシパル）は，これらの条件を所与として，期待利得が最大となる契約（$w_w$, $w_s$）を選択することになります。注意すべきは，経営者（エージェント）が怠業した（$a_w$）場合の所有者（プリンシパル）の期待効用は，$36-w_s$となることから，なるべく低い報酬額（$w_s$）を提示するほうがよいことです。このとき，(15)式から$w_s=12.25$が最適となるため，(14)式は$w_w=16$以下とすれば充足されます。よって，たとえば，雇用契約（$w_w=14$, $w_s=12.25$）が提示され，所有者（プリンシパル）の期待効用は23.75となります（(7)式参照）。

$$\sqrt{w_s}-1.5 \geq \sqrt{w_w}-2 \qquad\qquad \cdots(14)$$
$$\sqrt{w_s}-1.5 \geq 2 \qquad\qquad \cdots(15)$$

## 最適な雇用契約の導出⑤—所有者の期待効用の最大化

以上の分析から，所有者（プリンシパル）の期待効用は，(i)経営者（エージェント）が雇用契約を拒否する場合には「20」，(ii)経営者（エージェント）が契約を受

諾し，懸命に働く（$a_w$）ことを選ぶ場合には「35」，また(iii)経営者（エージェント）が契約を受諾し，怠業する（$a_s$）場合には「23.75」となることがわかりました。したがって，所有者（プリンシパル）は，期待効用が最高の「35」となる(ii)のケースの雇用契約，たとえば（$w_w = 16, w_s = 10$）を選択するのが，この動学ゲームの均衡となります。

## 2－3　経営者（エージェント）の行動が観察できない場合

### 経営者の行動が観察できない場合の契約と利得の変化

　本小節では，所有者（プリンシパル）は，経営者（エージェント）の行動を観察できない状況を考えてみましょう。**図表11－4**は，このときのゲームの表現を示したものです。経営者（エージェント）の行動が観察できる2－2節の図表11－3との違いは，経営者（エージェント）の努力 $a_j$（$j = w, s$）が観察できないため，図の左端の雇用契約は，経営者（エージェント）の行動ではなく，所有者（プリンシパル）が事後的に知りうる自身の利得 $r_i$（$i = H, L$）にしたがい，報酬の組として（$w_H, w_L$）のように提示される点にあります。さらに，これに伴い，図の右端にある利得についても，所有者（プリンシパル）の事後的な利得 $r_i$（$i = H, L$, $r_H = 60$, $r_L = 30$）を基準とし，雇用契約にしたがう報酬額 $w_i$（$i = H, L$）を考慮して計算されています。

図表11－4 ■展開型によるゲームの表現：行動が観察不能な場合

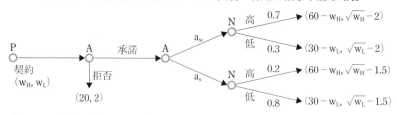

（注）　Pは所有者（プリンシパル），Aは経営者（エージェント），Nは自然を表記
　　　　矢印の最終の到達点の括弧内の利得は，左側が所有者，右側が経営者の効用
（参照）　小倉・椎葉（2010），96頁，図表4－2

### 経営者の行動が観察できない場合の最善の契約の困難さ

　結論からいえば，経営者（エージェント）の行動が直接的には観察できないことから，事後的な利得（の実現）によりいわば間接的にそれを監視し，かつコントロールしようとする試みは，常に奏功するとは限りません。実際にも，事後的

な会社経営の成果の値域（[r_H, r_L]＝[60, 30]）が固定している（fixed support）図表11－4のようなゲームにおいては，経営者（エージェント）のとりうる行動の組，すなわち[a_w, a_s]のもとで何れの利得も起こりうるため，「事後的な成果 ⇒ 経営者（エージェント）のとった行動」という流れでの推論は働かせえません。現実世界においても，図表11－4のゲームにおけるように，会計利益や株価変動のような業績指標は，数百万円から数百億円などと広範なことに加え，正負両方の値をとりうるという意味で値域が固定していると考えられます。たとえば，これら実現値が望ましくない，すなわち巨額の当期純損失や株価の下落が発生したといっても，当該事実だけをもって経営者の怠業（a_s）によるものなのか，それとも経営者の力が及ばないマクロの経済環境の悪化によるものなのかを確信をもって区別することができません。

## 特殊な事例における間接的な監視・コントロールの可能性

もっとも，スコットとオブライエン（Scott and O'Brien 2019, Ch. 9）にあるように，値域が変化する（moving support）事例においては，間接的な監視・コントロールが上手くいくこともあります。たとえば，**図表11－5**のように，経営者（エージェント）の努力と会社経営の成果の関係が成立すると考えてみましょう。図表11－1の同様の関係表との差異は，経営者（エージェント）が怠業する（a_s）場合には，図表中でもゴシック体で強調しているように，0.8（80％）の確率でより低い「20」の事後的な所有者（プリンシパル）の利得となっていることにあります。経営者（エージェント）が懸命に働く（a_w）場合には，それは最低でも「30」であることから，「20」という会社経営の成果の実現は，彼または彼女による怠業（a_s）を意味することになります。

図表11－5 ■「経営者の努力」と「会社の成果」との関係（値域が変化する場合）

| | 経営者の努力 | |
| --- | --- | --- |
| | 懸命に働く（a_w） | 怠業する（a_s） |
| | 確率／成果 | 確率／成果 |
| 高利得（r_H） | 0.7／60 | 0.2／60 |
| 低利得（r_L） | 0.3／30 | 0.8／20 |

　たとえば，このとき事後的な会社経営の成果を観察して，それが「20」であれば「10」，それ以外の実現値，ここでは60ないし30であれば「16」の固定給とするような雇用契約［$w_{60,30} = 16, w_{20} = 10$］を提示できるとすればどうなるでしょう。(16)式と(17)式は，かような状況のもとでの経営者（エージェント）の期待効用を示しています。

$$EU_{経}(a_w) = \sqrt{16} - 2 = 4 - 2 = 2 \qquad \cdots (16)$$

$$EU_{経}(a_s) = 0.2\sqrt{16} + 0.8\sqrt{10} - 1.5 = 0.8 + 2.528 - 1.5 = 1.828 \qquad \cdots (17)$$

　容易に理解できるように，「20」という成果の実現に対して，怠業を意味するものとして「6（＝16−10)」のペナルティを与えることにより，経営者（エージェント）は，懸命に働く（$a_w$）ほうが怠業する（$a_s$）よりも厳密に高く，かつ留保効用「2」以上の期待効用を得られます。さらに，かような雇用契約は，2−2節と同様の結果をもたらし，よって所有者（プリンシパル）にとって最善（ファースト・ベスト）の結果となっていることもわかるでしょう。なお，ここでは詳しく述べませんが，小倉・椎葉（2010，図表4−2，96頁）のように，経営者（エージェント）による努力の選択と起こりうる結果との関係が特殊な，たとえば懸命に働く（$a_w$）場合には，本章の設例と同様に確率的に会社経営の成果（の高低）が決まるのに対し，怠業する（$a_s$）場合には，「必ず（100％の確率で)」低いほうの利得となるケースでも，経営者（エージェント）に対して懸命に働く（$a_w$）ように動機づける雇用契約［$w_H, w_L$］が存在しうるようです（章末の「❓確認クイズ（考えてみよう／調べてみよう)」参照）。

　以上，本小節では，経営者（エージェント）の行動が観察できない場合には，一般的に，間接的な監視・コントロールはうまくいかない，換言すれば，所有者（プリンシパル）にとって最善（ファースト・ベスト）の雇用契約を提示することができないことを解説しました。

## 2−4　所有者が経営者（エージェント）に会社を貸し出す場合

### 小作農システムとエージェンシー・コスト

　第3節において会計情報の議論へと進む前に，本小節では，所有者（プリンシパル）が会社を経営者（エージェント）へと貸し出し，固定額のレンタル料，たとえば「29.75」を徴収することを考えてみましょう。

　すなわち，所有者（プリンシパル）は，会社経営の成果を自ら収受し，雇用契

約に基づきその一部を経営者（エージェント）へと分配することを断念して，固定額のレンタル料の徴収と引き換えにリスク負担を回避しようとするのです。これは，いわゆる小作農（tenant farming）のシステムとも言及されます。さて，このとき，その行動の選択に基づいた経営者（エージェント）の期待効用は，(18)式と(19)式によって示されます。

$$EU_{経}(a_w) = 0.7\sqrt{60 - 29.75} + 0.3\sqrt{30 - 29.75} - 2 = (0.7 \times 5.5) + (0.3 \times 0.5) - 2$$
$$= 3.85 + 0.15 - 2 = 4 - 2 = 2 \quad \cdots(18)$$
$$EU_{経}(a_s) = 0.2\sqrt{60 - 29.75} + 0.8\sqrt{30 - 29.75} - 1.5 = (0.2 \times 5.5) + (0.8 \times 0.5) - 2$$
$$= 1.1 + 0.4 - 1.5 = 1.5 - 1.5 = 0 \quad \cdots(19)$$

上記において，(18)＞(19)，さらに(18)≧2から，経営者（エージェント）は，雇用契約を受諾し，懸命に働く（$a_w$）ことになるでしょう。しかしながら，所有者（プリンシパル）の利得が，固定額のレンタル料「29.75」となり，(1)式でみた最善（ファースト・ベスト）の場合の期待効用である「35」を下回ります[4]。両者の差額分（5.25）は，エージェンシー・コストと言及され，リスク回避的な経営者（エージェント）に会社経営の成果に伴うリスクの負担をさせたことにより発生した非効率性です。これまでは，リスク中立的な所有者（プリンシパル）が「16」や「12.25」などの固定報酬を支払うことにより，リスク負担を自らなしていたことから，経営者（エージェント）はリスクを負担していなかったことに注意してください。

## 3　雇用契約における会計情報の役割の一例

### 基本モデルへの会計情報（利益）の導入

本節では，経営者（エージェント）の行動は直接的には観察できないという一般的な状況（2－3参照）において，雇用契約にあたって会計情報が果たしうる役割の一例についてスコットとオブライエン（Scott and O'Brien 2019, Ch. 9）を参考にしながら説明します。

対象となる会計情報は，「会計利益」であるとここでは仮に考えましょう。所有者（プリンシパル）と経営者（エージェント）は，会社の業績を測定するために会計情報システムを導入し，**図表11－6**で示したように，以前にみた図表11－2のタイムラインの「③経営者による努力水準の決定」のあと，「④会社経営の成

232

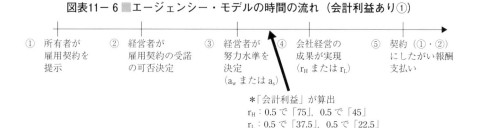

図表11－6 ■エージェンシー・モデルの時間の流れ（会計利益あり①）

果が実現」する前に、「会計利益」が算出されるとしましょう。図表11－6の特に、下からタイムラインに向かって上へと引かれた太い矢印をみてください。雇用契約では、経営者（エージェント）がこの「会計利益」のうちどのくらいの割合を報酬として与えられるのかが規定されます。たとえば、「会計利益」が100と算定され、経営者（エージェント）の契約上の取り分が40％であれば、経営者（エージェント）は40（＝100×40％）の報酬を得ることになります。

## ノイズのある会計情報（利益）のモデル化

　もちろんのこと、経営者（エージェント）の働きぶりを測定する指標として、「会計利益」は完全ではありません。マクロな社会・経済環境の影響はその最たるものでしょうし、会計の処理面の特徴、たとえば認識の遅れ[5]なども忘れてはならないでしょう。しかしながら、「会計利益」が経営者（エージェント）のなした努力の重要な一面をとらえていることは疑いなく、したがって情報有用であるといえます。かような実態を捉えるべく、ノイズのある「会計利益」のモデル化を考えていきましょう。すなわち、会社経営の成果が高い（$r_H=60$）場合、0.5（50％）の確率で「会計利益」は75に、0.5（50％）の確率で「会計利益」は45になるとします。また、会社経営の成果が高い（$r_H=30$）場合、0.5（50％）の確率で「会計利益」は37.5に、0.5（50％）の確率で「会計利益」は22.5になるとしましょう。言い換えれば、ここでみた会計システムは、所有者（プリンシパル）の利得につながる会社経営の成果の近似値を測定することはできますが、その測定結果には誤差（ノイズ）を伴っているのです。ここで読者の皆さんにご注意いただきたいのは、「会計利益」は会社経営の成果との対応関係があるのみで、経営者（エージェント）の努力水準との直接的な対応関係はないことです。したがって、「会計利益」をみただけでは、経営者（エージェント）が懸命に働いた（$a_w$）のか怠業した（$a_s$）のかはわかりません。もう1つ、ここでみる「会計利益」には誤差（ノイズ）が

ありますが，その実現にさいしては確率的要因のみが影響し，よって偏り（バイアス）はないことにも注意してください。

## 会計情報（利益）の存在とエージェンシー・コストの低減

⑳・㉑の両式から，経営者（エージェント）に懸命に働いてもらう（$a_w$）ために，所有者（プリンシパル）は「会計利益」の「0.326（32.6％）」を与えるような雇用契約を提示することが必要となります。確認しておくと，このとき，⑳＞㉑となり，かつ⑳式が留保効用「2」を上回ることから，経営者（エージェント）は懸命に働く（$a_w$）ことになり，当該雇用契約のもとでは両者の間の利害が一致します。

$$EU_{経}(a_w) = 0.7[0.5\sqrt{75 \times 0.326} + 0.5\sqrt{45 \times 0.326}] + 0.3[[0.5\sqrt{37.5 \times 0.326}$$
$$+ 0.5\sqrt{22.5 \times 0.326}]] - 2 = 2(2.0019\cdots) \qquad \cdots ⑳$$

$$EU_{経}(a_s) = 0.2[0.5\sqrt{75 \times 0.326} + 0.5\sqrt{45 \times 0.326}] + 0.8[[0.5\sqrt{37.5 \times 0.326}$$
$$+ 0.5\sqrt{22.5 \times 0.326}]] - 1.5 = 1.8593\cdots \qquad \cdots ㉑$$

「会計利益」に基づくかような雇用契約のもと，所有者（プリンシパル）の期待効用は，㉒式から，34.374となります。当該数値は，経営者（エージェント）の行動の直接的な観察が可能な最善（ファースト・ベスト）のケースの「35」に比べると低くなっています。しかしながら，0.626（＝35 − 34.374）というここでのエージェンシー・コストは，たとえば2 − 4節でみた，いわゆる小作農システムのケースにおける5.25と比較すると，大幅に低いものといえるでしょう。

$$EU_{所}(a_w) = 0.7[0.5(60 - 0.326 \times 75) + 0.5(60 - 0.326 \times 45)] + 0.3[0.5(30 - 0.326$$
$$\times 37.5) + 0.5(60 - 0.326 \times 22.5)] = 28.308 + 6.066 = 34.374 \qquad \cdots ㉒$$

## 会計情報（利益）の質の向上の影響

本節の最後に，経営者（エージェント）の業績評価・報酬決定に用いる「会計利益」の質が向上した場合に，どのようなことが起こるかを考えてみましょう。このため，今度の新たな会計システムにおいては，会社経営の成果が高い（$r_H =$ 60）場合，0.5（50％）の確率で「会計利益」は66に，0.5（50％）の確率で「会計利益」は54になると仮定します。また，会社経営の成果が高い（$r_H = 30$）場合，0.5（50％）の確率で「会計利益」は33に，0.5（50％）の確率で「会計利益」は27になるとしましょう。先ほどの設例（会計利益あり①，図表11 − 6参照）においては，真の会社経営の成果に対して，たとえば$r_H =$ 60に対して75から45までのように

上下「25％」（60×25％＝15）の幅があったところ，今度の新たな会計システムは，$r_H = 60$に対して66から54までのように上下「10％」（60×10％＝6）というより狭い幅で真の会社経営の成果を測定可能となっており，こうした事実を「会計利益」の質の向上であるとここではとらえていることになります。その他，モデルの時間の流れには変更はありません（**図表11－7**）。なお，ここでは「会計利益」の測定値の幅のみを考えていますが，ある会社経営の成果，すなわち$r_H$や$r_L$となる場合に，より高い確率でもってある「会計利益」が実現することになる会計システムを考えても，より質が高く，よって情報有用な会計情報であると考えられうるでしょう。

**図表11－7 ■エージェンシー・モデルの時間の流れ（会計利益あり②）**

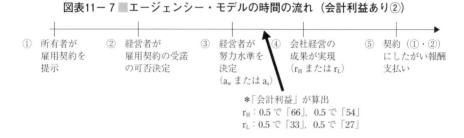

① 所有者が雇用契約を提示　② 経営者が雇用契約の受諾の可否決定　③ 経営者が努力水準を決定（$a_w$または$a_s$）　④ 会社経営の成果が実現（$r_H$または$r_L$）　⑤ 契約（①・②）にしたがい報酬支払い

＊「会計利益」が算出
$r_H$：0.5で「66」，0.5で「54」
$r_L$：0.5で「33」，0.5で「27」

このとき，経営者（エージェント）に懸命に働く（$a_w$）よう動機づけるには，所有者（プリンシパル）は「会計利益」の「0.322（32.2％）」を報酬とするような雇用契約の提示が必要となります（㉓式と㉔式参照）。

$$EU_{経}(a_w) = 0.7[0.5\sqrt{66 \times 0.322} + 0.5\sqrt{54 \times 0.322}] + 0.3[[0.5\sqrt{33 \times 0.322}$$
$$+ 0.5\sqrt{27 \times 0.322}]] - 2 = 2(2.0042\cdots) \quad\cdots㉓$$

$$EU_{経}(a_s) = 0.2[0.5\sqrt{66 \times 0.322} + 0.5\sqrt{54 \times 0.322}] + 0.8[[0.5\sqrt{33 \times 0.322}$$
$$+ 0.5\sqrt{27 \times 0.322}]] - 1.5 = 1.8613\cdots \quad\cdots㉔$$

なお，こうした「会計利益」に基づく雇用契約のもと，所有者（プリンシパル）の期待効用は，㉕式から，34.578となります。先ほどのケースよりも，0.204（＝34.578－34.374）だけ増加していることから，ここでの「会計利益」の質の向上は所有者（プリンシパル）の経済厚生を高めることがわかります。

$$EU_{所}(a_w) = 0.7[0.5(60 - 0.322 \times 66) + 0.5(60 - 0.322 \times 54)] + 0.3[0.5(30 - 0.322$$
$$\times 33) + 0.5(60 - 0.322 \times 27)] = 28.476 + 6.102 = 34.578 \quad\cdots㉕$$

## 利益マネジメントの可能性の導入

　本節の最後に，会計情報のモデル化の考え方をさらに推し進めて考えてみましょう。具体的にそれは，「会計利益」を考える場合，その数値の操作，すなわち利益マネジメントが可能であれば，結果はどのように影響を受けるかというものです。「会計利益」を算定し，報告するのに主体的な役割を果たすのは，経営者（エージェント）の側であるのが一般的です。自らの業績評価・報酬決定が「会計利益」に基づいてなされるならば，このとき，経営者（エージェント）にとって当該利益数値を操作しようとする誘因があってしかるべきかもしれません。したがって，ここでは，業績評価・報酬決定にとって有利となるようにと，起こりうる「会計利益」の実現（値の集合）のなかから，経営者（エージェント）が報告数値を選べるものと仮定しましょう。このとき，たとえば本節の設例の「会計利益あり①（図表11‐6参照）」について考えると，経営者（エージェント）は，実際にはどんな「会計利益」が実現するにせよ，「75」という数値を報告することになるでしょう。また，経営活動と「会計利益」との関連性も切断されることから，懸命に働く（$a_w$）インセンティブは消え，コストの低い怠業（$a_s$）を選択するようになるとも考えられます。さてこのとき，どのようなことが起こるでしょうか。解答導出のためのヒントとしては，所有者（プリンシパル）側も上記のような事情を知っているということになります。

## 利益マネジメントの経済的帰結

　解答ないし予測される行動は，会計情報が適切に機能しない状況では，懸命に働く（$a_w$）ように経営者（エージェント）を動機づける雇用契約は提示できないことから，怠業（$a_s$）が起こり，かつ「75」という「会計利益」が常に報告されることを前提にして，所有者（プリンシパル）は契約条件を考えるというものになるでしょう。このとき，たとえば「会計利益」のうちの一定の割合「k」を経営者（エージェント）に与えるような雇用契約は，㉖式をみたす必要があり，よってk＝0.1633…となります。

$$EU_{経}(a_s)=0.2\sqrt{75\times k}+0.8\sqrt{75\times k}-1.5=2 \qquad \cdots㉖$$

　さらに，所有者（プリンシパル）の期待効用は，㉗式から，23.75となります。これは，怠業する（$a_s$）のがわかっている経営者（エージェント）に対する相応の固定給の支払いを考えた2‐1節と同じです（⑺式参照）。

$$\mathrm{EU}_{\text{所}}(a_s) = 0.2(60 - 0.1633 \cdots \times 75) + 0.8(30 - 0.1633 \cdots \times 75) = 0.2(60 - 12.25)$$
$$+ 0.8(30 - 12.25) = 9.55 + 14.2 = 23.75 \qquad \cdots (27)$$

　ここでみた設定は，経営者（エージェント）の行動を知る手がかりとなる情報が存在しないのと同じことになりますから，かような経済的な帰結は当然ともいえるでしょう。

## 4　本章のまとめ

　本章は，会計の目的，または会計（数値）の一機能ともいえる，「契約支援」や「利害調整」に関してみてきました。第1節において議論の概要を説明したあと，スコットとオブライエン（Scott and O'Brien 2019, Ch. 9）などを参考にしながら，エージェンシー問題の基本モデルを第2節ではみました。彼らは，エージェンシー理論（agency theory）に関し，以下のように定義しています（Scott and O'Brien 2019, 362）。

> **エージェンシー理論**とは，ゲーム理論の一分野であり，受託者（エージェント）の利害が委託者（プリンシパル）のものと相反しうる場合，合理的な委託者（プリンシパル）のために行動するよう，合理的な受託者（エージェント）を動機づけるための契約の設計を研究するものである。

　ここでの契約のタイプには，会社の所有者（プリンシパル）と経営者（エージェント）の間の雇用契約や，資金の提供者（プリンシパル）と会社（エージェント）との間の貸付契約などが想定されるでしょう。第2節では，このうち雇用契約を主たる対象として，(1)経営者（エージェント）が自らの利益を最大化すべく所有者（プリンシパル）の利益を犠牲にして怠業するモラル・ハザードが生じること，とはいえ(2)経営者（エージェント）の行動が観察できない場合には，所有者（プリンシパル）の効用を最大化する効率的な契約が締結されえないこと，さらに(3)固定額のレンタル料と引き換えに会社の経営権を引き渡す小作農システムも非効率性を伴うことなどをみました。相当数の仮定や数式が出てきて面食らったかもしれませんが，具体的な数値例を用いたことから，計算結果を確認しつつ順を追って読み進めていただけたなら理解できたものと考えます。第3節は，経営者（エージェント）の努力を測定するノイズのある指標として会計情報をモデル化し，

第2節でみた基本モデルに新たに組み込んで分析し，会計情報を利用して業績評価・報酬決定をする契約により所有者（プリンシパル）の効用を高めうる可能性をみました。さらに，当然のこととはいえ，経営者（エージェント）が会計情報を操作することができる場合，会計情報の有用性が低下することも確認しました。

　会社という組織の管理・運営にあたり，適切な情報すべてを網羅的に保有する関係者は誰もいません。各人は，職務（権限）上必要とされる情報の多くに対して優先的・排他的にアクセスし，自らの有利なように利用できるかもしれません。本章でみてきたのは，かような情報の非対称性と私的利益の追求が合わさった環境における経済的帰結，および会計情報の役割であるといえるでしょう。もっとも，会社に限ることなく，組織は，個々人と比較して，ずっとより多様な思考・嗜好，情報や動機などを包含しており，問題の解決は容易ではないことは，指摘するまでもありません。

 ### 確認クイズ（考えてみよう／調べてみよう）

1. 2－3節で触れたように，経営者（エージェント）の行動が観察できない場合でも，努力の選択と起こりうる結果との関係が特殊なとき，経営者（エージェント）に懸命に働く（$a_w$）ことを動機づける雇用契約［$w_H$, $w_L$］が存在します。小倉・椎葉（2010，図表4－2，96頁）を参照した以下の**図表11－8**のようなゲームについて，そのような契約を考えてみてください。

　図表11－8のゲームにおいては，第一段階において，所有者（プリンシパル，P）が雇用契約［$w_H$, $w_L$］を提示します。$w_H$は会社の最終的な利得が高い場合の利得を，$w_L$は会社の最終的な利得が低い場合の利得をそれぞれ表わしています。契約の提示を受けて，第二段階において，経営者（エージェント，A）は，それを承諾するか，あるいは拒否するかを決定します。拒否した場合には，所有者（プリンシパル）と経営者（エージェント）の利得は，それぞれ20と2となります。経営者（エージェント）は，契約を承諾した場合，自らの行動を決定します。選択できる行動は，懸命に働く（$a_w$），あるいは怠業する（$a_s$）のいずれかです。経営者（エージェント）が怠業する（$a_s$）を選んだ場合，会社の成果は必ず（確率100％で）低利得（30）となる一方，懸命に働く（$a_w$）を選んだ場合，確率70％で会社の成果は高利得（60）となり，残る確率30％で低利得（30）となります。図表11－8の右端の括弧内は，左側が所有者（プリンシパル），右側が経営者（エージェント）の利得となっています。

【ヒント】　経営者（エージェント）が契約を受け入れ，かつ懸命に働く（$a_w$）ために

は，どのような条件が必要となるかを考えてみてください。

**図表11－8■展開型によるゲームの表現：行動が観察不能な場合**

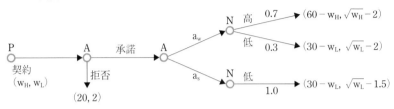

(注)　Pは所有者（プリンシパル），Aは経営者（エージェント），Nは自然を表記
　　　矢印の最終の到達点の括弧内の利得は，左側が所有者，右側が経営者の効用
(参照)　小倉・椎葉（2010），96頁，図表4－2

2．会計情報がモニタリングに利用される実務局面を思い浮かべ挙げてください。その
　　さい，委託者（プリンシパル）と受託者（エージェント）がどのような関係者であり，
　　会計情報の利用のされかたを考えてみてください。

3．関心のある会社の組織図やウェブサイトの記事を見て，内部の統治（ガバナンス，
　　governance）の機構がどのようになっているのかを調べてみよう。

4．本文中では触れていませんが，わが国は，英国の制度を範として，2015年に上場会
　　社の経営に関するルールをまとめたコーポレートガバナンス・コード（企業統治指針）
　　を導入しました。当該コードに関し，導入の経緯，および内容についてまとめてみて
　　ください。

**■注**

1　会計利益の増加が株式の価格（株価）の上昇につながるとするならば，株価上昇による投
　資資産の価値増大によるキャピタルゲインを得たい株主の利益とも一致することになります。
　もっとも，会計利益の増減と株価の上下変動の間にある関係については，それ自体が会計学
　の重要な論点の1つとなっています。

2　「期待」効用と表現していますが，固定額の報酬であることから，経営者（エージェント）
　の効用は自らの行動によって確定することになります。

3　したがって，固定報酬を「12.25」よりも低くすると，経営者（エージェント）は雇用契約
　を拒否することになります。

4　ところで，単なる本文中の数値例といえばそうなのですが，懸命に働く（$a_w$）を選んだと
　しても，0.3（30％）の確率で低い方の会社経営の成果（$r_L=30$）となり，このときの経営者
　（エージェント）の期待利得は，$\sqrt{30-29.75}-2=-1.5$と負（マイナス）の値になってしまい
　ます。もちろん，0.7（70％）の確率で高い方の会社経営の成果（$r_H=60$）となり，このとき
　の経営者（エージェント）の期待利得は，$\sqrt{60-29.75}-2=3.5$と正（プラス）になります。

5　たとえば，成果で出るまで長期間がかかるような投資は，支出（費用）が先に認識される
　一方で，収入（収益）の認識が後になってしまいます。
　　このため，収益から費用を差し引いて求められる「会計利益」が短期的には低くなり，長
　期的な会社の競争力の維持・向上について誠実に考えて実行した経営者（エージェント）の

報酬にとって不利に働くかもしれません。別の例をもう1つ挙げるならば，法的な，また環境上の債務の認識も，一般的には遅れてなされることから，該当するような事情があるとすれば，現在の「会計利益」は会社の真の業績よりも高いものであるかもしれません。

**制度会計の政治的側面**

第**12**章

■**本章の目的**■

　本章は，制度会計の「政治的」な側面を取り扱うことになります。

　第1節では，「政治的」ということばの意味を説明するとともに，会計制度・基準の制改訂にあたっては，「政治的」な動機が発現し，結果的に何らかの「政治的」な活動が生じるのは自然な状況ともいえることを述べています。議論の流れをたどりつつ，制度会計のこうした「政治的」な側面の存在と，それと対比させて，「会計の政治化（politicization of accounting）」とも言及されるような社会的に問題視されるべき事象との間にある相違を認識していただければと考えています。

　第2節では，わが国の会計基準の制改訂の過程（プロセス）と手続をみることにしましょう。ここで鍵となる用語は，デュー・プロセス（適正手続）であり，関係者の参加・関与の機会が確保され，所定の段階（ステップ）が踏まれたうえで新たな会計基準が開発・設定されるという現行制度の概要について確認します。

　第3節と第4節は，米国とわが国において生起したと思しき「会計の政治化」の事例のうち，それぞれ1つずつ紹介しています。「会計の政治化」という事象の生起の事実をどのように捕捉し，あるいは類推するのかという方法やアプローチも含め，1970年代後半の米国の石油・ガス会計基準の設定（第3節），さらには1990年代と2000年代におけるリース取引に関するわが国の会計基準の制改訂（第4節）について，経緯と帰結をみていただければと考えています。

　最終の第5節は，本章全体のまとめと議論の補足をすることになります。

## 1　はじめに

### 財務報告の経済的影響の波及過程

　本章は，主に「経済学的（economic）」な観点から議論してきた他の章とは趣を変え，制度会計の「政治的（political）」な側面を取り扱います。ここで「政治的」という言葉は，広義には，利害が必ずしも一致しない状況・集団において意思決定がなされるさい，利害調整のための話合いや交渉の機会がもたれ，場合によっ

ては，ある程度の妥協を伴う帰結に至るという状況を指しています。もっとも，会計基準の新設・改訂（以下，本章においては制改訂と言及）を例にとった場合，**図表12－1**に示されるような経済的影響の波及過程<sup>プロセス</sup>が考えられるでしょう。すなわち，会計基準の制改訂は，認識・測定される会計情報に影響を及ぼし，それら情報を伝達される利害関係者の判断・意思決定を変化させ，もって資源配分ないし富の分配を変えることになります。さらに，これら経済的影響はまた，ある経済主体から別の経済主体へと連鎖的・波及的に生じることもありえるでしょう。たとえば，ビーバー（Beaver 1998, 169, 邦訳242頁）は，財務報告[1]規制の経済的影響の可能性につき，(1)投資家その他の間での富の再分配，(2)負担するリスクの全体量と個人間でのリスク・シェアリング，(3)資本形成率への影響，(4)企業間での資源の配分，(5)開示情報の作成，証明，提供，処理分析，および解釈のための資源の利用，(6)ディスクロージャー規制の作成，準拠，実施，および訴訟のための資源の利用，および(7)プライベート・セクターでの非公開情報探索のための資源の利用の7つを挙げています。財務報告は，これら多岐にわたる領域に対して経済的影響を及ぼしうるものといえます。

### 図表12－1 ■会計基準の制改訂の経済的影響の過程

## 経済的影響と政治的な動機の現出

　ある会計基準の制改訂により正（プラス）・負（マイナス）の経済的影響を受けると考える利害関係者は，基準設定機関や基準設定のプロセスに働きかけ，自らにとってより有利な，あるいは負（マイナス）の経済的影響は避けえないとしても最小化する基準にしたい動機をもつでしょう（**図表12－2参照**）。政府・規制機関へのかような働きかけは，**ロビー活動**（lobbying）と一般によばれます。会計規制のいかんに少なからぬ経済的影響がつきまとい，関係者間で中立的ないし一様ではないとすれば，濃淡を伴うこうした「政治的」な動機の生起は必然であるともいえ，したがって，ここにいう広義の「政治的」ということば自体は，何らかの価値判断を伴うものではないことには注意が必要です。さらに，会計情報は，社会・経済システムに組み込まれ，利害調整機能をもつことから，複数の関係者の間の利害の調整のためには，話合いや交渉といった「政治的」な手続はつきも

のであるといっても過言ではありません。

### 図表12－2 ■■■「政治的」な動機の発現過程

| 経済的影響を受ける産業・会社（群）と利害関係者 | → | 基準設定機関　基準設定のプロセス | → | 自らにより有利な，あるいは負（マイナス）の経済的影響のより小さな基準 |

　しかしながら，政治的な動機があるがゆえに，利益団体（interest groups）が基準設定機関・プロセスに対して激しいプレッシャーをかけ，あるいは，たとえば大石（2015，328頁）がいうように「複数の規制目的で会計基準が設定されるときに，証券規制以外の目的を優先させるべく（あるいはそれを口実として），会計基準設定に圧力が加えられる」までとなるならば，そうしたいわば狭義の「会計の政治化」については，問題視されてしかるべきものとなるでしょう。あるいは，基準設定機関の側がこうした外部利害関係者の経済的影響や，政治的な圧力の行使を事前に予測し，それらに忖度して判断・意思決定をなすならば，それもまた「会計の政治化」のもたらす問題であるといえるでしょう。

## デュー・プロセスと本章の構成

　上記のような導入のための議論を受けて，本章においては第1に，「現在」どのようにして会計基準が制改訂されているかに関して，わが国の企業会計基準委員会（ASBJ）による企業会計基準等の設定の過程をみることにしましょう（第2節）。ここで鍵となる用語は，第3章でも触れた**デュー・プロセス**であり，議論に先立って内容を再び述べれば，それは会計基準の原案の作成，草案の公表，意見募集や公聴会の開催，そして再検討など一連の所定の手順が踏まれ，さまざまな利害関係者の意見が反映されるような政策策定の仕組みのことをいい，欧米を中心として国際的に標準的な方式といえるものです。第2節のポイントは，デュー・プロセスという基準作成の方式と政治的な動機との関連ということになるでしょう。第3節と第4節においては，米国およびわが国で過去に生起したとされる「会計の政治化」の事例をそれぞれ紹介したいと考えています。ここでは，1970年代後半の米国における石油・ガス会計基準の設定（第3節），および1990年代と2000年代のわが国におけるリース取引に関する会計基準の制改訂（第4節）が取り上げられます。最終の第5節は，議論のまとめと補足をすることになるでしょう。

## わが国の会計基準設定機関のなりたちと構成

　本節の最後に，わが国の現在の会計基準設定機関のなりたちをみておきましょう。わが国では，第3章第1節で確認したように，2001年7月以降は，民間団体である財務会計基準機構（FASF）を母体とする企業会計基準委員会（ASBJ）によって，企業会計に関する基準が主として議論，開発・設定されています。企業会計基準委員会（ASBJ）の設立以前にわが国の会計基準の制改訂を1949年以降長らく一手に担った企業会計審議会については，構成員たる委員は学者や実務家等の民間人であるとはいえ，組織としては政府・行政当局（現在は金融庁）の諮問機関となっています。すなわち，企業会計審議会はいわゆるパブリック・セクター（公的部門）に属しており，会計基準設定主体が備えるべきとされる独立性や即時性等に一般的にいえば劣るとされる[2]ことから，「激変する内外の経済環境の動きに迅速かつ効率的に対応できる我が国の会計制度を確立し」，「国際的な信頼を勝ち取」り，「国際会計基準の審議にも主体的に参加する体制を整える」べく，企業会計基準委員会（ASBJ）が創設された経緯があるとされます（日本公認会計士協会2000）。確かに，さまざまな利害関係者（の集団）の代表を多数参加・議論させて利害調整を図る審議会の方式よりも，少数の参加者の手による原案を叩き台として，デュー・プロセスを用いて基準を制改訂する方式のほうが，結果的にかかる時間を短縮できるとはいえるでしょう。

　さらに，企業会計基準委員会（ASBJ）の初代の副会長であり，2007年4月から2014年3月まで2代目の会長を務められた西川郁生先生のインタビュー記事によれば，(1)国際会計基準委員会（IASC）から2001年に改組した常設の組織である国際会計基準審議会（IASB）と連携を深めるためという形式的な目的に加え，(2)「市場のディスクロージャー制度における経験を通じて」形成される「一般に公正，妥当と認められる会計基準」は，市場参加者たる民間人の合意によって制改訂されるべきものである，というより本質的な目的があったとされます（西川2003）。後者の(2)でいう市場参加者たる民間人としては，財務諸表の作成者と利用者，公認会計士などが該当し，現実にも，それらの代表者が企業会計基準委員会（ASBJ）の委員を歴任されています。こうしてできた財務会計基準機構（FASF）や企業会計基準委員会（ASBJ）の構成は，現在（2022年1月）では，第3章第1節でみた図表3－1のようになっています。

## 2 デュー・プロセスとわが国の企業会計基準の設定

### デュー・プロセスと基準設定の政治性

　本節は，欧米やわが国の会計基準の設定において標準的であるデュー・プロセスという基準の開発・策定の方法を扱います。本家たる米国においては，合衆国憲法修正第5条および修正第14条が，「何人も法のデュー・プロセスによらずしてその生命，自由もしくは財産を剥奪されない」と定めています（松井 2018，369頁）。デュー・プロセスのもとでは，一般に，新たな基準の(1)公開草案（exposure drafts）が作成・公表され，(2)関係者から広く意見が求められ，あるいは関係者を交えた会合がもたれ，(3)寄せられた反応を分析・検討したうえで新たな基準の改訂版が出されることになります。参考資料や結論に至った根拠などについても，基準策定の経緯を関係者に説明するために公表されることになるでしょう。さらに，新たな基準が可決されるためには，審議委員の過半数を超える，すなわち過半数よりもさらに多くの賛成を要件とする特別決議（super-majority voting）が一般に求められており，デュー・プロセスを構成する要素となっています。

　上記のデュー・プロセスに関する説明からも，新基準の制改訂が高度に「政治的」なものであることが理解できます。すなわち，検討・審議のためにさまざまな段階が設けられ，かつ多種多様な利害関係者の参加・関与が各段階では想定されているのです。新基準の策定が経済学的に，あるいは純粋に理論的に考察できるならば，時間や手間がかかるこれら手順を踏むことなく，社会・経済目的に照らして適切な基準を理論的に導きうるかもしれません。

### 経済規制の理論—公益説と利益団体説

　経済規制の理論としては，公益説（public interest theories，公益理論・公共利益説）や利益団体説（interest group theories，圧力団体競争説・利益集団理論）などがあります。前者の公益説では，規制者は，本質的に慈善的（benevolent）であり，よって社会のニーズに応え，または市場の失敗（第3章参照）に対処するべく，私情を挟まず，公共の利益にとって望ましい制度や基準を創出しようと尽力する主体であると想定することになります（Baldwin et al. 2012, 40-43）。しかしながら，経済規制に関するかようなとらえかたは，(1)規制はかくあるべし，具体的には公共の利益のために行うべきであるという規範性をもつと同時に，(2)規制はこのよう

に行われている，具体的には公共の利益のためになされていることについても言及してしまっているというきらいがあります。よって，経済規制の1つのあるべき姿や達成目標を示してはいても，現実を説明する理論としては，妥当性に問題があるといえるでしょう。

　もう1つの利益団体説は，規制をある種の「財（商品・サービス）」ととらえて需給の観点から説明しようとし，したがって，規制により経済的影響を受ける特定の利益団体は，自ら（の集団）に有利になるように規制者に対して圧力をかけると考えます（Ibid. 43-49）。ここでは，規制者自身もまた利益団体の1つであるとされ，より上位の，よって自ら（の団体）を管轄する他の政府・中央機関を含む利害関係者に対して，自ら（の団体）の権力と正統性の維持や増進という目的に沿うような規制を供給することになります。また，利益団体説によれば，(1)規制による経済的影響が大きいと予想される利益団体ほど激しいロビー活動を行うこと，(2)団体（集団）としての活動が困難な個人は規制設定過程に参画する誘因が乏しいこと，(3)少数の個人・利益団体に大きな便益がある一方で個人・利益団体の多くに対しては相応の小さな費用を課すような経済規制への風当たりは比較的に弱い[3]ことなど，現実の事象が説明しやすいところはあります。われわれの目下の関心事である会計制度や財務報告規制についても，デュー・プロセスに付随する「政治的」な性質を適切に説明するためには，利益団体説のほうが優れているといえるかもしれません。

　いずれにしても，会計基準の制改訂が「政治的」であるがゆえに，適切な過程や手続にしたがうことが求められ，具体的には，関係者らの意見を聞き話し合う，あるいは実際にそうするかどうかはともかくとして聞いて話し合う「機会」は最低限設けることにより，関係者らが新基準を受容する可能性は高まると考えられるでしょう。加えて，規制者の側は，詳細な関連情報を適時に公開することも要求されることになります。民主的な経済社会において，相応のコンセンサス（consensus，意見の一致）を得るため，デュー・プロセスが果たす役割は非常に大きいといえましょう。

## わが国の会計基準の制改訂におけるデュー・プロセス

　それでは，わが国の会計基準の制改訂におけるデュー・プロセスについてみていくことにしましょう。企業会計基準委員会（ASBJ）は，「企業会計基準等ができるまで」を公表しており，そこでは，企業会計基準等の開発は，財務会計基準

機構（FASF）の定める「企業会計基準及び修正国際基準の開発に係る適正手続に関する規則（以下，「規則」と言及）」にしたがうものとされます。なお，ここで企業会計基準等とは，企業会計基準，企業会計基準適用指針および実務対応報告の3つをいい，適正手続とは，デュー・プロセスを指すことが明記されています。これによれば，わが国の企業会計基準等の制改訂は，**図表12−3**の①から⑤のような手順でなされることがわかります。

**図表12−3 企業会計基準等の制改訂プロセス**

①審議テーマの決定 → ②企業会計基準委員会の開催 → ③公開草案等の（再）公表 → ④企業会計基準等の公表 → ⑤適用後レビュー

　第1に，財務会計基準機構（FASF）の基準諮問会議の提言を受けて，企業会計基準委員会（ASBJ）が審議テーマを決定します（図表中の①）。あるいは，企業会計基準委員会（ASBJ）は，基準諮問会議に対して審議テーマの検討を要請し，また緊急性のある場合には自らの審議においてテーマを決定することもできます。企業会計基準委員会の会合は，原則として毎月開催され，一般に，その議事や審議資料は公開されることになります（②）。公開草案やそれに先立って出される論点整理は，一般的に，2か月以上の間公開され，広く一般公衆からの意見が募られます（③）。寄せられた意見と提出者名は，企業会計基準委員会（ASBJ）による検討結果とともに，財務会計基準機構（FASF）のウェブサイトで公表されます。企業会計基準等が最終的に公表される前には，公開草案を再公表する必要性の有無に関して企業会計基準委員会（ASBJ）が検討することになっています（④・③'）。原則として，企業会計基準等の制改訂の2年後から適用後レビューが実施され，そこでは投資家，財務諸表作成者，および監査人に対する新たな基準等の影響が評価され，結果として企業会計基準等の改正がなされることがあります（⑤）。なお，基準開発の過程における諸手続が規則にしたがいなされたことを監督・監視する組織として，財務会計基準機構（FASF）により適正手続監督委員会

が設置されており，遵守状況について企業会計基準委員会（ASBJ）は適宜報告する必要があるとされています。

　企業会計基準等，公開草案と論点整理の公表，あるいは特定の項目について暫定合意に至るには，出席委員の5分の3以上の，すなわち過半数を超える賛成をもって議決する特別決議を経ることが要求されています。さらに，たとえば企業会計基準の公表に際しては，賛成・反対の委員の名前，および反対した委員の反対の理由も付記されることになります。

## わが国の会計基準等の制改訂の手順のまとめ

　以上，本節は，会計基準等の制改訂に関するデュー・プロセスにつき，わが国の規定をみてきました。少数の代表者による会合・審議により原案・草案を作成・公表し，一般公衆から広く意見を募集し，検討を繰り返しつつ，企業会計基準等が開発される過程が理解できたでしょうか。上記のほかにも，「規則」は，専門家や関係者の意見の聴取や専門委員会の設置に関する規定を設けています。過程<sub>プロセス</sub>全般を通じた透明性の向上のための情報公開の規定とも併せ，これらすべては，公平性の毀損や偏向を回避し，幅広い関係者層の利害を調整するための仕組みであるといえるでしょう。それでもなお，誰が，換言すればどのような関係者（の集団）の代表者が委員となるのかというポスト配分や，どのような専門家や関係者（の集団）から意見が優先的に聴取されるのかなどにより，当然のこと，企業会計基準等の内容は変わってくると予想されます。

　さらに，デュー・プロセスの採用が利害の対立を解消するとはもちろんいえません。第3節と第4節では，米国とわが国における「会計の政治化」の事例を簡単にみてみることにしましょう。

## 3　米国における「会計の政治化」の事例

### 石油・ガス会社の事業特性と会計基準

　米国における「会計の政治化」の事例としては，1970年代後半の石油・ガス会計基準の設定がよく知られています。本節では，エネルギー危機という当時の社会・経済状況とともに，同基準をめぐる論争を簡単にみていくことにしましょう。最初に，手塚（2016, 43頁）を参照して述べておくと，石油・ガス会社の行う事業は，社会生活に必須のエネルギー資源を扱うことから，「開発した石油・天然

ガスは相当の価格で販売できる蓋然性が高いというポジティブな性格がある一方で，開発プロジェクトは，ライフサイクルが長く，投資額は多額であり，また，地政学的な影響を受けやすいという，大きなリスクにも直面している」といわれます。さらに，「鉱区権益の取得から探査・炭鉱および評価活動が終わるまでは，10年以上の長期に及ぶこと」（同43頁）があるとされ，その間の支出額の会計処理をどうするか，具体的にいえば，いったん資産計上して適宜償却するか，あるいは即時に費用処理するのかは，会社の各年度の財務諸表に対して大きな影響を及ぼすことになるのです。以上につき，この後の説明を読むさいに留めておいていただければと考えます。

## 財務会計基準書（SFAS）第19号公表までの経緯

　1973年末に起きた第1次石油ショックにより，原油価格が1バレル当たり2ドル弱から12ドル程度へと急騰して高止まりしました。1975年12月，当時のフォード（G. R. Ford）米国大統領が「エネルギー政策・保護法（Energy Policy and Conservation Act：EPC法）」を制定したことにより，緊急用の備蓄計画や原油価格統制等の政策目的のため，米国エネルギー省（United States Department of Energy, DOE）は，大統領と議会に報告書を提出することになりました。当該報告書の作成のため，石油・ガス採掘業を営む会社（以下，石油・ガス会社と言及）が米国エネルギー省に業績報告をするための会計基準が必要となったのです。連邦政府の管轄する米・証券取引委員会（U.S. Securities and Exchange Commission, SEC）は，通例にしたがい民間の会計基準設定機関である財務会計基準審議会（Financial Accounting Standards Board, FASB）に基準設定を委任しました。そして1977年7月，財務会計基準審議会（FASB）は，約2年間にわたる研究の末に公開草案「石油・ガス採掘会社による財務会計および財務報告」を公表し，同公開草案は若干の修正のあと同年12月に財務会計基準書（Statement of Financial Accounting Standards, SFAS）第19号（以下，SFAS第19号と言及）として公表され，翌1978年12月に発効することになりました。

## 財務会計基準書（SFAS）第19号の概要

　ところが，SFAS第19号は，石油・ガスの試掘費用（exploration costs）の会計処理方法に関して，利害関係者から強烈な反響を引き起こしました。すなわち，SFAS第19号では，以前に認められていた会計処理方法である(1)成功部分原価法

（successful efforts method, SE 法，他に成果方式や成功原価法などと訳出）と(2)全部原価法（full-cost method, FC 法）のうちの後者を廃し，前者の成功部分原価法（SE 法）を統一的に適用するよう義務づけました。ここで，(1)成功部分原価法（SE 法）では，石油・ガスの埋蔵資源の探査にかかる支出額はいったん資産として計上されたあと，(i)埋蔵が確認され産出した場合は将来収益に対応させて償却しますが，(ii)試掘の失敗が判明した油井の支出額の部分は即時費用処理されます。(1)成功部分原価法（SE 法）では，埋蔵資源の探査が失敗に終わった場合，そのコストは資産であるとはいえないと考えるからです。これに対し，(2)全部原価法（FC 法）は，あるエリアの探査にかかる支出額はすべて資産計上され，原則として，埋蔵が確認され産出した油井から得られる将来の収益と対応させて償却されることになります。すなわち，(2)全部原価法（FC 法）では，埋蔵資源の探査が成功したある油井のコストには，失敗した当該エリアの探査のコストも含まれると考えるのです。

**図表12−4 ■成功部分原価法（SE 法）と全部原価法（FC 法）**

| | | 1年目 | 2年目 | 3年目 | 4年目 | 5年目 | 合計 |
|---|---|---|---|---|---|---|---|
| (1) 成功部分原価法（SE 法） | 収益 | 60 | 60 | 60 | 60 | 60 | 300 |
| | 費用 | 100 | 0 | 0 | 0 | 0 | 100 |
| | 利益 | −40 | 60 | 60 | 60 | 60 | 200 |
| (2) 全部原価法（FC 法） | 収益 | 60 | 60 | 60 | 60 | 60 | 300 |
| | 費用 | 20 | 20 | 20 | 20 | 20 | 100 |
| | 利益 | 40 | 40 | 40 | 40 | 40 | 200 |

　たとえば，あるエリアの探査コストが「100」であり，当該油井からの埋蔵は確認されなかった，すなわち探査が失敗したものの，同エリアの他の油井からの資源の産出から5年間にわたって毎期「60」のネットの（純）収益が出るとしましょう。

　このとき，**図表12−4** からわかるように，5年間を通じた収益，費用および利益など業績数値の合計額は，それぞれ300，100および200といずれの方法を採用したとしても同じです。また，これら2つの会計処理方法からの会社の選択は，会計的裁量行動（第7章第3節参照）の範疇にあり，キャッシュ・フローには影響を及ぼしません。しかしながら，(1)成功部分原価法（SE 法）を採り，失敗油井への支出額「100」を1年目の費用として全額処理するのと，(2)全部原価法（FC

法）を採り，失敗油井への支出額「100」を5年間にわたって均等に20ずつ償却
するのとでは，1年目から5年目までの各事業年度の業績数値は変わってくるこ
とになります。ここで，財務会計基準審議会（FASB）が強制適用しようとした
(1)成功部分原価法（SE法）では，失敗油井への支出額「100」を早期に損失処理
することにより，石油・ガス会社の採掘活動の成否いかんが財務諸表上により適
時に反映される効果があるとされました。しかしながら，(2)全部原価法（FC法）
を採用していた石油・ガス会社にとって，会計処理方法の切替えに係るコスト
（スイッチング・コスト）に加え，埋蔵資源が発見される成功確率のさほど高くな
い試掘・探査にかかる費用が失敗によりすべて損失となることは，会社の存続に
もかかわる重大問題でした。さらに，全部原価法（FC）法を主として採用してい
たのは，一般に経営的な基礎体力に劣る独立系の中小の石油・ガス会社であった
ことも，問題を深刻化した要因の1つでした。

## 財務会計基準書（SFAS）第19号に対する反発

　このため，従来から(2)全部原価法（FC法）を採っていた中小独立系の石油・
ガス会社にとって，成功部分原価法（SE法）への一本化は死活問題であると捉
えられ，猛烈な反対運動を展開することになったとされるのです。財務会計基準
審議会（FASB）と米・証券取引委員会（SEC）に対してだけではなく，議会や行
政機関に対してもなされたロビー活動における反対派の主張は，以下のようなも
のでした。
　すなわち，(1)成功部分原価法（SE法）の強制により，会計上の利益と自己資
本の数値が大幅に低下することに加え，利益の期間変動の幅も著しく増大するこ
とになり，特に中小の石油・ガス会社の資金調達能力を毀損しかねない。その結
果，中小の石油・ガス会社が新たな試掘活動に消極的になるならば，業界内の競
争関係や勢力図に影響を及ぼし，場合によっては，大規模な石油・ガス会社によ
る独占を招来し，ひいては国家のエネルギー政策にとって妨げになるかもしれな
い。云々。このようなストーリーは，(2)全部原価法（FC法）をこれまで通りに
採用し続けたいという本音を背後に隠し，社会や国家の全体に及ぼすマクロの影
響という公共の利益に訴えるという意味において，一般大衆や政府・議会にとっ
ては説得力のある，その主張に対して支持を打ち出しやすいものだったかもしれ
ません。このため，新基準に対する当時の批判としては，第7章でみた利益マネ
ジメントの一手法となる，すなわち(1)成功部分原価法（SE法）では，試掘活動

の時期を変えることにより利益操作が可能となるというものもあったようですが，こうした反論ついてはいまとなってはあまり顧みられていないようです。

## その後の展開―財務会計基準書（SFAS）第19号発効の無期延期

　その後，批判や論争は拡大の一途を遂げ，発効年となる1978年2月には，米国エネルギー省（DOE）が公聴会を開催し，産業内の公正な競争を阻害しない会計処理の方法が連邦取引委員会（Federal Trade Commission, FTC）や連邦電力委員会（Federal Power Commission, FPC）といった政府機関からも要求されるようになりました。米・証券取引委員会（SEC）は，当初の1977年8月には証券法通牒を公布し，財務会計基準審議会（FASB）の公開草案の結論を支持していましたが，激しいロビー活動と政府機関による介入という政治的圧力を受け，成功部分原価法（SE法）の強制適用に反対する立場へと転換しました。結果として，米・証券取引委員会（SEC）が1978年8月に公表した会計連続通牒（Accounting Series Release, ASR）第253号は，成功部分原価法（SE法）と全部原価法（FC法）ともにそのもとで作成される情報は十分なものではないとして，財務会計基準書（SFAS）第19号の一部を無効とし，第3の方法として埋蔵量認識会計（reserve recognition accounting, RRA）の開発を新たに提案するものでした。埋蔵量認識会計（RRA）とは，埋蔵物が確認されたさいにその価値を「収益」認識し，試掘・開発のコストは発生時点に「費用」認識するものであり，公正価値に基づく現在価値法に近い処理方法であるといえます。会計連続通牒（ASR）第253号は，埋蔵量認識会計（RRA）が開発されるまでは，成功部分原価法（SE法）と全部原価法（FC法）双方の選択適用を暫定的に認めました。このため，米・証券取引委員会（SEC）への報告書における全部原価法（FC法）の利用は可能となりましたが，株主に向けた年次報告書においてそれを適用すると財務会計基準書（SFAS）第19号から逸脱し，監査報告書にその旨が記載されるという大きな問題が発生しました（Kelly-Newton 1980, 邦訳87頁）。事態の収拾のため，財務会計基準審議会（FASB）は，新たに財務会計基準書（SFAS）第25号を1978年12月に公表し，財務会計基準書（SFAS）第19号の発効について無期延期することにしました。

## 石油・ガス会社の会計基準の制定の事例のまとめ

　以上，1970年代後半における石油・ガス会社の会計基準の制定の結末は，「政治的」な圧力の存在ゆえに，プライベート・セクター（民間部門）の基準設定機

関である財務会計基準審議会（FASB）による結論，すなわち財務会計基準書（SFAS）第19号による成功部分原価法（SE法）の強制について，より上位のパブリック・セクターである監督機関の米・証券取引委員会（SEC）が否定したということになります。米・証券取引委員会は，財務会計基準審議会（FASB）による基準書や会計実務などに対し，その誕生のさいの1973年の会計連続通牒（ASR）第150号において，「実質的に権威のある支持（substantial authoritative support）」を付与すると確認し，会計基準等の制改訂の権限を委譲しています。かような権限の移譲ないしアウトソーシングは，当時はもちろん現在に至るまで続いており，石油・ガス会計基準の事例は，「FASBの歴史において，その決定がSECによって明確にオーバールールされた唯一の事例」（大石2015，174頁）とされています。

以上，本節では，史上著名な「会計の政治化」の例として，1970年代後半の米国における石油・ガス会計基準の設定をみてきました。詳細な検討・分析については，たとえば大石（2015，第7章，173-211頁）を参照いただくとして，ここでは，ある会計基準の設定に反対する利害関係者（の集団）による公共の利益を盾に取った主張と政治的な活動により，公表済の会計基準の発効が停止された史実を確認していただければと考えています。なお，その後，1982年11月になり，財務会計基準審議会（FASB）は，財務会計基準書（SFAS）第69号「石油・ガス採掘活動の開示」を公表し，米・証券取引委員会（SEC）はそれを支持しました。財務会計基準書（SFAS）第69号の内容は，埋蔵量認識会計（RRA）の情報を含めた補足的な開示を条件として，(1)成功部分原価法（SE法）および(2)部分原価法（FC法）の選択適用を認めるものでした。大山鳴動して鼠一匹とは，まさにこのことかもしれません。

## 4　わが国における「会計の政治化」の事例

本節では，対象をわが国へと移し，佐藤（2017）を参照しながら，リース会計基準に関連する「会計の政治化」を簡単に議論します。佐藤（2017，23頁）においても，制改訂（改正）時における話合いや説得，調整や妥協の産物として最終的な会計基準があるのは「ごく普通の状況」であるとしています。したがって，会計の「政治化」と言い切るには，これら以外の何か特別の事象を伴うことが必要となるのではないかと指摘してもいます。以下，この点も確認しつつ，リース会計基準の制改訂に関する問題の概要をみていきましょう。

## リース（特にファイナンス・リース）取引とは

　リース会計基準における最大の論点は，ファイナンス・リース（finance lease）—米国では，キャピタルリース（capital lease）—取引，特に所有権移転外ファイナンス・リース取引の処理であるといってよいでしょう。リース取引とは，「特定の物件の貸手（lessors，レッサー）が，ある物件の借手（lessees，レッシー）に対し，合意された期間（リース期間）にわたりこれを使用収益する権利を与え，借手は，合意された使用料（リース料）を貸手に支払う取引」（企業会計基準第13号「リース取引に関する会計基準」，4項参照）のことをいいます。また，ファイナンス・リース取引とは，「リース契約に基づくリース期間の中途において契約を解除することができないリース取引又はこれに準ずるリース取引で，借手が，当該取引に基づき使用する物件（リース物件）からもたらされる経済的利益を実質的に享受することができ，かつ，当該リース物件の使用に伴って生じるコストを実質的に負担することとなるリース取引」（同5項参照）のことです。これらはそれぞれ，解約不能（noncancelable，ノン・キャンセラブル）の条件，およびフルペイアウト（full payout）の条件とよばれます。これら条件を充足しないリース取引は，オペレーティング・リース（operating lease）取引に分類されます（同6項参照）。さらに，ファイナンス・リース取引のうち，「リース契約上の諸条件に照らしてリース物件の所有権が借手に移転すると認められるもの」（同8項）以外の取引が，所有権移転外ファイナンス・リース取引とよばれることになります。リース取引には，一般的にいって，資金調達機会の拡大や陳腐化リスクの回避，さらに節税効果など，利用者側のメリットがあることから，情報通信・事務用・輸送機器の調達手段として急速に発展してきました[4]。

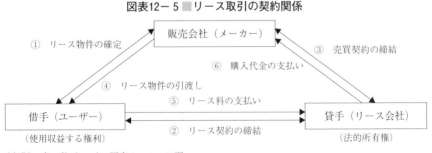

図表12−5 ■リース取引の契約関係

（出典）　角ヶ谷（2021），図表3−1，69頁

## ファイナンス・リース取引の経済的実質と現行基準の処理法

　以上，会計処理に関するやや専門的な説明となりましたが，リース取引とは，われわれの馴染みのことばでいえば，要するに賃貸借やレンタルといった取引の一種であるともいえます。しかしながら，**図表12−5**のような契約関係がみられる場合，金融機関からの借入れや設備手形の振出し，あるいは分割払い（割賦取引）による取得と同様の経済的実質（economic substance）を有していることがわかります。すなわち，一般に，リース物件の選定をし，かつ販売会社（メーカー）と売買条件等を交渉する（図表12−5①）のは借手（ユーザー）の役割であり，貸手（リース会社）はそこで決定された条件にしたがい契約を締結し，代金を支払う（図表12−5③・⑥）のみです。リース物件の所有権（ownership）は貸手（リース会社）側にありますが，リース物件を占有して使用収益権あるいは実質的な支配（control）を有するのは借手（ユーザー）のほうであり，保守・修繕の義務も借手（ユーザー）が負うほか，原則的に，期間の中途ではリース契約の解除はできないことになっています。このため，法的には賃貸借であるといっても，経済的・実質的には，借入（ローン）で購入しその借入（ローン）の元本と利子とを長期分割払いするのと同じであるといわれるのです。このため，わが国の現行の企業会計基準第13号「リース取引に関する会計基準」と企業会計基準適用指針第16号「リース取引に関する会計基準適用指針」においては，いわゆる実質優先思考（substance over form，実質優先主義）により，ファイナンス・リース取引はす̇べて通常の売買取引に係る方法に準じて会計処理され，原則として，リース資産とリース債務が貸借対照表に計上されることになります[5]（**図表12−6の左図**）。また，リース資産については，他の固定資産と同様に減価償却がなされることになります。

### 図表12−6 ■所有権移転外ファイナンス・リース取引の会計処理

| 現行基準（2007年3月公表） | 旧基準（1993年6月公表）の例外処理 |
|---|---|
| 貸借対照表 | 貸借対照表 |

（\*）　損益計算書に支払賃借料（費用）計上

## 旧基準（1993年）の例外処理の規定と「政治的な何か」

　ところで，1993年6月に企業会計審議会が公表した以前の会計基準である「リース取引に係る会計基準」（以下，旧基準と言及）も，ファイナンス・リース取引については売買処理することを原則としていました。しかしながら，この旧基準では，所有権移転外ファイナンス・リース取引については，関連事象の一定の補足的な開示を条件として賃貸借処理，正確には，賃貸借取引に係る方法に準じた会計処理をすることも例外的に容認されていました。したがって，図表12－6の右図のように，資産・負債として貸借対照表に計上せず，支払ったリース料を支払賃借料や支払リース料として費用計上することもでき，税務上も損金として認められました。また，旧基準のもとでも可能であった図表12－6の左図の会計処理と比べると，右図の方法によれば負債総額が少なくなることから，支払能力や資産利用の効率性等を示す流動比率や自己資本比率，また総資産利益率などの財務比率の悪化を招くことがありませんでした。このように，費用管理も税務上の処理も非常に簡便であり，さらに財務諸表の「外観」上も望ましいと考えられたことから，所有権移転外ファイナンス・リース取引については，原則的な売買処理ではなく例外的な賃貸借処理が大半の会社によって採用されることになりました。佐藤（2017，24頁）が指摘するように，旧基準により「会計実務への影響はほとんどなかった」わけであり，そのような実務を変えることが予想もされない会計基準が作成・公表された意味を考えると，「「政治的な何か」を感じる」ことができるかもしれません。

　さらに，佐藤（2017，24-25頁）は，ここでの「政治的な何か」に関し，リースの借手・貸手双方にとって都合のよい例外処理の規定であったことに加え，1993年当時のマクロの経済事情を挙げています。すなわち，対米貿易黒字縮減のための日米構造協議が1989年から始まり，その施策の1つとして，米国からの航空機の輸入が考えられました。このとき，わが国の航空会社が航空機の購入を増大しやすくするには，所有権移転外ファイナンス・リース取引について例外処理を容認することが求められ，そうでないことは「国益に反する」状況であったともいえると指摘しているのです（同25頁）。

## 現行基準の開発と「政治的な何か」

　佐藤（2017，25-26頁）ではまた，現行基準（図表12－6の左図参照）の開発手続においても，第2節（図表12－3参照）でみたような通常の制改訂プロセスには

ない事態が生じたとし，やはり「政治的な何か」を感じ取っています。すなわち，2002年7月に審議が開始され，2007年3月に現行基準が公表されるまで，4年半を超える期間のうち，「リース会計専門委員会」の中断が2年半近く―第9回の2003年7月8日（火）から第10回の2005年12月7日（火）―にわたっていたり，また通常の制改訂プロセスにはない2つの文書，「所有権移転外ファイナンス・リース取引の会計処理に関する検討の中間報告」および「試案：リース取引に関する会計基準（案）」が企業会計基準委員会（ASBJ）からそれぞれ2004年3月と2006年7月に公表されていたりすると指摘するのです。現行基準の「結論の背景」にある「経緯」においては，これら2文書を公表した審議の過程では，「関係各方面からの意見聴取も行い，我が国のリース取引の実態を踏まえ議論を行ってきた」（企業会計基準第13号，第33項）とされ，わが国のリース取引の賃貸借取引的な特異な性質や確定決算主義を採る税制との関係に配慮している姿もみてとれます（同第32項）。第2節で述べたように，会計基準の制改訂において適切な過程や手順にしたがうことは重要であり，それらから外れる事態があるとすれば，なんとかして議論を収束に向かわせるための一般的な方策であるとしても，「政治的な何か」の存在が感じ取られたとしても不思議ではないかもしれません（佐藤2017，23頁）。

## リース会計基準の制改訂のまとめ

　以上，本節では，わが国のリース会計の基準の制改訂を例にとりながら，⑴リース会計の定義づけ，⑵ファイナンス・リース取引の割賦購入との経済的・実質的な類似性の説明，⑶2007年3月公表の現行基準に準拠する場合，また1993年6月公表の旧基準が容認する例外的な扱いをする場合それぞれの会計処理の差異，さらに⑷現行・旧基準の制改訂に付随する「政治的な何か」の指摘という流れにより，議論を進めてきました。ここでは，第3節の米国における石油・ガス会計基準の制定の事例とは異なり，関係者や研究者による詳細な検討・分析がなく，よって佐藤（2017）の思考法の枠組みを参考にし，会計基準の制改訂に伴う通常とは異なる過程や手続，さらに帰結の存在をもって「政治的な何か」を感じ取ろうとするアプローチを採用しました。その意味では，本節の冒頭に述べた「リース会計基準に関連する「会計の政治化」」というよりむしろ，「会計の政治化」の兆候という表現のほうがしっくりくるかもしれません。しかしながら，そうあることが原則的には望まれる，「同様のものは類似する見た目とし，異なる

ものは違った外観とする会計実務（accounting practices which make like things look alike, and unlike thing look different）」（Trueblood 1966, 189）とはならない帰結があり，改訂のために通常とは異なる過程や手続が踏まれたという事実は，当然のこと，考慮されなければならないと考えます。なお，2016年初めの国際会計基準審議会（IASB）と米・財務会計基準審議会（FASB）による新たなアプローチに基づくリース会計基準の公表を受けて，わが国の企業会計基準委員会（ASBJ）は，リースに関する会計基準の開発に着手することを2019年3月に決定しました。国際的な動向を踏まえ，オペレーティング・リース取引も含め，すべてのリース取引について資産と負債を認識する基準改訂の検討が続いています（企業会計基準委員会2021，1頁）。今後の展開を注視したいところです。

## 5　議論のまとめと補足

　本章では，主として「経済学的」な観点から議論を展開してきた他の章とは異なり，制度会計の「政治的」な側面を扱いました。第1節において最初に断ったように，会計基準の制改訂に付随する経済的影響の過程が存在し，さらに関係者間で中立的ないし一様でないとすれば，自ら（の集団）にとって有利な，あるいは負（マイナス）の影響がなるべく小さい会計の制度・基準が希求され，「政治的」な動機がそこに発現し，それがロビー活動等の実際の行動につながることは，なんら不思議なことではありません。とはいえ，現実世界における会計基準の制改訂に際して，われわれは「政治的な何か」（佐藤2017）を実際に感じ取れ，また大石（2015）が指摘するような「会計の政治化」，すなわち政治的な圧力行使やその期待によって証券規制の目的が背後に押しやられるような事態になるとするならば，その是非を問う必要があると考えます。

　上記のような冒頭の議論に続き，第2節では，わが国の会計基準の制改訂の過程や手続をみました。そこでは，欧米と同様に，いわゆるデュー・プロセスがわが国においても採用され，「規則」として明文化されていることが確認されました。デュー・プロセスのもとでは，検討・審議のための諸段階が設けられ，多種多様な利害関係者の参加・関与の機会が保証されています。これもまた，会計基準の制改訂が「政治的」であるがゆえに要求される過程や手続といえかもしれません。さらに，第2節では，会計制度や財務報告規制に関する理論的な観点としては，利益団体説が現実を説明するうえで妥当かもしれない旨も指摘しました。

　本章の第3節と第4節は，米国とわが国の「会計の政治化」の事例をそれぞれ1つ簡単に紹介しました。具体的には，第3節は，1970年代後半における米国の石油・ガス会計基準の設定を取り上げており，そこでは，試掘・探査プロジェクト期間全体を通じた費用の合計額，よって会計利益の総額に変わりはなくとも，各期にそれをどのように配分するかに関して異なる2つの会計手法のうちのどちらを選択するかが論点となりました。公共の利益を盾に取ったともいえる政治的な圧力の行使により，ある会計手法に一本化するという基準設定機関たる財務会計基準審議会（FASB）の結論が覆され，最終的には，「両」手法とも容認されることになりました。

　また，第4節では，1990年代と2000年代におけるリース取引に関するわが国の会計基準の制改訂を取り上げ，そこでは，経済的・実質的に同等と考えうる取引につき，法的実態に基づき，あるものは貸借対照表に資産・負債を計上するのに対し，また別のものについては貸借対照表の本体には記載されない，すなわちオフバランスとする会計処理がなされていたことが論点となりました。政治的な圧力が会計基準の設定に影響を及ぼしたとわかる第3節の米国とは異なり，第4節でみたわが国の事例では，政治的な圧力行使の事実や影響の判定はより困難なものでした。このため，通常とは異なる過程や手続が会計基準の制改訂に介在するならば，「政治的な何か」の兆候を間接的に示しているかもしれないとする，佐藤（2017）のアプローチを参照しました。もちろんのこと，通常とは異なる過程や手続が採られてしかるべき状況というものも想定できる[6]ことから，より慎重な考察が必要であることはいうまでもありません。しかし，かようなアプローチは，物事の見方として，非常に興味深いものであると考えられます。特に，原則的であるとされた会計処理の方法が無視され，大半の会社が例外的な方法を採るとすれば，一般的には奇妙な事態であるというべきでしょう。

　サンダー先生（Sunder 2016, 32, 邦訳35頁）は，「政治的問題では，誰も間違っていないが意見は異なっている，ということがありうる」と述べられています。なるほどと首肯できるものと考えます。

 **確認クイズ（考えてみよう／調べてみよう）**

1．「会計の政治化」が起こりうる理由やその過程について説明してください。
2．わが国以外の他の国の会計基準，あるいは国際財務報告基準（IFRS）が開発・設

定されるさい，どのようなデュー・プロセス（適正手続）が採られるかについて調べてみよう。

3．あなたにとって関心のある会計基準を1つ—もちろん，どれでも構いません—取り上げ，その制改訂の過程や手続を調べてみよう。

**■注**

1　さきにみた会計基準の制改訂と財務報告の規制はそれぞれ，対象となる範囲の異なる別次元の話とすべきかもしれません。しかしながら，ここでは，両者，さらには会計規制ということばについても明確に定義ないし区別することをせずに，経済的影響の具体例を示しています。なお，広瀬（2015，第13章）は，財務報告とは，一般目的外部財務情報の伝達であるとし，それは「現行の会計基準によって開示が義務づけられる外部財務情報と News & Information などのその他の外部財務情報とに大別できる」（同781-782頁，原著にある部分的な強調については省略）としています。同書には，財務報告やディスクロージャーという用語は，論者によってさまざまに用いられるとの指摘もある（同780頁）のですが，一般的にいって，会計基準の制改訂と財務報告の規制の経済的影響の範囲に関して比べるならば，後者の「財務報告の規制」のほうが大きいことになります。

2　民間機関・政府機関による会計規制の策定の特質，および問題点については，中村（1992，第4章）において詳しく分析されています。また，本文中でも参照した日本公認会計士協会（2000）でも，パブリック・セクター（公的部門）による会計基準の設定の長所と短所（ないし問題点）が簡潔に議論されているところです。一般的にいえば，パブリック・セクター（公的部門）による会計基準の長所には，権威を後ろ盾とした公衆からの信認が得られやすい点があり，短所としては，現実との適合性やそれが低下したさいの機動的な改訂の容易さがあるといわれています。

3　合理的無知（rational ignorance）（Downs 1957）とも称されるものであり，行動を起こすことにより得られる便益よりも費用の方が大きい場合，一般に，ある利害関係者（の集団）は表立った動きをしないでしょう。反対に，自ら（の集団）の存亡がかかるような重大なマイナスの経済的影響の発生が予想される場合，そのような規制の設定過程に非常に積極的に関与することになります。なお，合理的無知が選択されることから，多くの利害関係者（の集団）と政府・規制機関の間には情報の非対称性が発生し，結果的に，政府・規制機関による機会主義的な行動がもたらされる可能性が生まれることになるといわれることがあります。さらにいえば，単に関心のない利害関係者（の集団）も賛否を示すことはありません。このとき，反対意見がないことをもって「良し」とすべきではないのも，いうまでもありません。

4　公益社団法人リース事業協会が出しているリース統計の「2020年度＆2020年4月」号（2021リ事協　第123号，2021年5月28日）によれば，1978年以降のリース設備投資額（A），民間設備投資額（B），およびそれらの除算（A/B）で求められる（C）リース比率は，**図表12－7**のようになります。

図表12－7からは，過去数十年にわたって，リース取引を利用した設備投資は数兆円に上り，民間設備投資に占める割合も5％から9％あることがわかります。なお，直近の2020年度においては，リース設備投資額は4兆2,903億円，民間設備投資額が84兆7,886億円（ともに速報値）であり，リース比率は5.06％となっています。

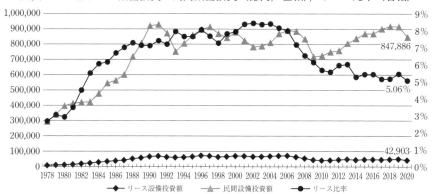

図表12－7 ■リース設備投資・民間設備投資（億円，左軸），リース比率（右軸）

5　2016年1月に公表され，2019年1月1日以降開始年度から適用されている国際財務報告基準（IFRS）第16号「リース」では，使用権（right-of-use）モデルが適用されており，借手側におけるリースの分類は廃止されました。すなわち一般に，短期・少額のものを除き，本文中でみたファイナンス・リースとオペレーティング・リースを含むほぼすべてのリースについて，一定期間リース物件を利用可能な権利は使用権資産として認識され，当該期間のリース料支払義務は負債として認識されることになりました。オペレーティング・リース取引は賃貸借（オフバランス）処理，ファイナンス・リース取引は売買（オンバランス）処理という二者択一的な会計基準では，更新オプションを付したり，変動的なリース料を設定したりすることにより，本来的にはファイナンス・リース取引となるリース取引についてオペレーティング・リース取引として処理可能なように仕組まれることによるものです。

6　当然あるべきものがないという事実から，異常を感じ取ることがあるかもしれません。たとえば，アーサー・コナン・ドイルの『シャーロック・ホームズの回想』（1893）収録の「名馬シルヴァー・ブレイズ」には，シャーロック・ホームズとグレゴリー警部との次のような会話があります。

警　　部　「ほかにも何か，注意すべき点はありますか？（"Is there any other point to which you wish to draw my attention?"）」
ホームズ　「あの夜の，犬の奇妙な行動に注意すべきです」（"To the curious incident of dog in the night-time."）
警　　部　「あの夜，犬は何もしませんでしたが」（"The dog did nothing in the night-time."）
ホームズ　「それが奇妙なことなんですよ」（"That was the curios incident,"）
—Sir Arthur Conan Doyle（1893），'Silver Blaze', in *The Memories of Sherlock Holmes*"（アーサー・コナン・ドイル著／日暮雅通訳（2006），「名馬シルヴァー・ブレイズ」収録，『シャーロック・ホームズの回想』，43頁，光文社文庫。）

　真夜中に闖入者がやってきたが，犬は騒ぎませんでした。なぜでしょうか。ホームズは，このとき，吠えなかったという事実から，闖入者は犬がよく知っている人物であるという推理を導いているのです。

# あとがき
## ―本書のまとめ―

## 本書のねらい

　本書は，大学生と一般のかたに向けた，制度会計，言い換えると会計関連の諸
制度および会計基準に関するテキストです。とはいえ，**はじめに**と第1章で断っ
たように，「制度会計（論）」を標榜する類書とは異なり，わが国の現行の会計関
連諸制度や会計基準自体の解説の分量は少なく，その代わりに，それらの社会・
経済的な役割，さらにそれらが関係者（＝ヒト）の行動や経済的厚生に及ぼす影
響について主たる論点として取り扱ってきました。筆者としては，会計関連の諸
制度や会計基準の制改訂が継続的になされる状況にある今，少なくとも短期的に
は，また恐らくは中期的にさえも，変わらない企業会計の構造なり本質なりを説
明したいと考えたからです。

　短期的・中期的に変わらぬ制度会計の基本的な構造や本質の理解はまた，現行
のものから別のものへと変えるとしたら，あるいは仮に今と異なるものであれば，
社会・経済はどのようなものとなるかを問うための端緒ともなりえるでしょう。

## 本書の構成と要約

　前段落のような問題意識にしたがい，本書は，**はじめに**の**図表0（再掲）**で示
した概要図にある章立てにより進展してきました。具体的には，本書で採用する
視角・アプローチや用語の定義づけをした導入部（**はじめに**・第1章）に続き，
制度会計，特に法制度に基づいてなされる会社（営利法人）の会計を対象にして，
現行のわが国の制度の概要の説明（第2章）から始め，かような法制度が要求さ
れる経済的な理由について議論し（第3章），さらに一般的な「財」として会計
情報をみた場合に起こりうる独占の問題や公共財的な特徴ゆえの「市場の失敗」
に関して説明しました（第4章）。第5章においては，今日の財務報告が具備す
べき第1の要件である意思決定有用性に関してみたあと，意思決定有用性を低め
る要因となりうる会社・経営者による利益マネジメントや粉飾という情報の意図
的な操作の行為，およびそれらに対する歯止めとして機能し情報の信頼性の程度
を調査・報告する会計監査という行為の2つに関して，第7章と第8章において
それぞれ取り扱いました。これら諸章，すなわち第4章と第5章，および第7章

と第8章の中間に置いた第6章では，会社の，あるいは経営者の，他と比較した
さいの自らの優秀性をアピールすべく，あるいは他と同じように低質であると評
価されないために，有する情報を自発的に進んで提供しようというインセンティ
ブの存在を明らかにする理論について説明しました。第6章は，第3章と第4章
でみた会計関連諸制度の必要性の議論とも，第5章の会計情報の意思決定有用性
の議論とも，それぞれ相応の関連性を有するものです。その後，第9章では税務
会計について，第10章では国家・法域間の会計基準の差異により相違する会計情
報の比較可能性を高めるためのコンバージェンス（収斂）の取組みについて，そ
れぞれみました。最終盤の第11章と第12章は，経済（学）的な視点から財務会計
を扱ってきた本書からすると趣を変え，会計情報を契約に組み込むことを通じた
ヒトの行動の統制（コントロール）について，さらには制度会計の政治的な側面
について，それぞれ取り扱うことになりました。もっとも，前者（第11章）は，
会計の契約支援機能や利害調整機能として以前から喧伝されてきており，後者
（第12章）についても，会計関連諸制度や会計基準が関係者の利害に経済的な影
響を及ぼすならば，影響を受ける関係者の意思決定に関して知るための経済学的
な考察の必要性は他の諸章と同様に高いものです。

**図表0（再掲）■本書の第1章から第12章までの構成（概要図）**

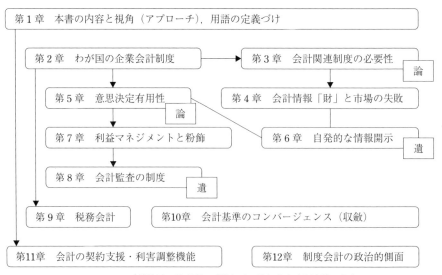

\*「論」は**補論**，「遺」は**補遺** { 補論は，該当章の「後」で，追加的な内容を述べたもの。
補遺は，章の「末尾」で当該章の補足的な説明をしたもの。

　上記12の章のいくつかでは，**補遺**や**補論**を置き，補足的な説明を供し，あるい
は本文と連動した経済実験を収録しました。経済実験を通した論点の解説は，会
計情報の提供とそれに続いてなされる利用をめぐる利害関係と帰結の本質に関し
て，読者に可能な限り当事者の身になって考えていただくための筆者なりの工夫
でした。制度会計は，制度であるがゆえに法令により強制的になされる（べき）
会計をいいますが，会社・経営者による財務報告は，直接的にまた間接的に関係
者の経済厚生にさまざまな正負の影響を及ぼすがゆえに，実際の帰結を正しく予
想するためには相互作用を考える必要があります。受け手の反応を考えない送り
手の行動や，反対に送り手の行動の意図・インセンティブを考えない受け手の反
応は，現実には存在しないナイーブに過ぎるものといえます。これは，読者のか
たも，そしてもちろん筆者にしても，周囲の他者の存在を意識して日々の生活を
送っているのと同じです。このように，本書が解説してきた制度会計（論）を学
ぶさいには，関係者間の**戦略的な相互作用**（strategic interactions）の分析が特に重
要となり，経済実験の実施は，その理解を扶助する潜在的な能力があるのです。

## 実証的（事実解明的）な視点の重要性

　本書の内容に関する講義を開始したさい，決して多くはなかったものの，「こ
れが会計（学）なのか」という疑念を抱かれるかたもいたようです。確かに，本
書においては，簿記の仕訳は出てきませんし，会計制度や会計基準自体について
も，無条件にしたがうべき「規範的な」ものして取り扱うのではなく，経済学の
視点からの「**実証的**（事実解明的）な」議論に努めてきました。このとき，「会計
学習」<sub>イコール</sub>＝「現行の会計制度や会計基準の理解や暗記」という固定観念が事前にあ
ると，戸惑いが出たとしても不思議はありません。しかしながら，現状はこうあ
るべきという事実は，実態がそうなっていることを即座に意味するものではあり
ませんし，もしかすると，そのようになっていないからこそ逆説的に，かくある
べしと規定・誘導している可能性すらありえるでしょう。さらに，関与する多数
のヒトの行為の集合の行く末としての経済的な帰結を問いたい，あるいはどこか
に異なる箇所のある複数の会計制度や会計基準間の比較をしたいという場合には，
本書のようなアプローチにこそ優位性があると確信しているところです。もっと
も，本書においては，会計関連の諸制度に関わる基本的な論点を扱ったにすぎま
せん。読者のかたは，本書の視角・アプローチによる分析を推し進めつつ，制度
のさらなる改善のための施策を考えていただければと考えています。現存する制

度や基準は，歴史的な産物であり，気の遠くなるような極小の確率の経路をたどって構築されたといえるでしょうが，ベストなものではありえませんし，なによりもまた，社会・経済の環境は否が応にも変化し続けることになるのです。いま正常に機能している制度や基準が将来にわたってそうあり続ける保証は，まったくありません。

## 言い残したこと・付言

　是非とも書き留めておきたいのですが，会計（学）と社会・経済の変遷に関する忘れられない記述が筆者にはあります。それは，パーカー（Parker 2013）先生によるものであり，2010年代に入りソーシャルメディアが隆盛を極め始めているのに，会計学者による関連分野の真摯な研究の取組みが少ないと指摘し，「インターネットの勃興を扱うのに多くが失敗したのと同様に，この発展に劣後するのだろうか」(18) としたのです。インターネットは，もちろんのこと会計も含む，われわれの社会・経済を劇的に変革しましたが，パーカー先生がおっしゃるように，会計学研究における扱いは極小であり，その規模に見合う適切なものであったとは思えません。よって，われわれ，特に筆者には，どうしてなのかと理由を問い続けることに加え，いかなるものにせよ社会・経済の変化を見逃さない眼力をもつよう鍛錬する責任があると考えるのです。

　もう1つ，指摘しておきたいことがあります。経済学の視点による説明をしていると，行動科学的なあるいは心理学的な観点からの考察をしているさいに比べると少ないとはいえ，自分はそこで仮定されるようには考えない，あるいは行動しないという意見も聞かれます。たとえば，「わたしは利益マネジメントしない」であるとか，「わたしなら隠蔽はしないで必要な情報はすべて明らかにする」などという指摘です。なるほど，ミクロの，すなわち個人の考えとしてはそうかもしれません。倫理感や責任感の強さは，会計に携わる者であろうとなかろうと，決定的に重要な，かつ貴い個人の資質であるといえます。さらにまた，ソール（Soll 2014）などを読むまでもなく，会計という行為を根っこから議論すると，**アカウンタビリティ**あるいは邦訳でいえば**会計責任**こそが古来決定的に重要な用語であるといつも痛感させられます。希少な「資金」を資本や税金として拠出した者に対して，会社や国家は使途や成果を明らかにする責任があります。とはいえ，本書が議論の対象としてきたのは，マクロの，すなわち社会・経済全体の実際の動向であり，経済的インセンティブや多数派の心理状態こそが重要な決定要素と

なります。あるいは，制度や基準にいわゆる抜け道や裏技的な悪用手段があるとしたら，経済学的な視点からはそれも問題となるかもしれません。さきに挙げたソール（Soll 2014）においても，適切な会計行為の重要さと並び，時の為政者や会社・経営者による不適切な会計行為，すなわち隠蔽や歪曲が連綿と続けられてきたさまが描かれています。適正な会計報告をする責任があることと実際になされる行為との差は，決して小さくはありません。

　したがって，読者には，経済的インセンティブに基づく意思決定をし，その意味で代表的であると仮定される個々人の，すなわちミクロのレベルの信念や行動をまずは予測しつつも，それらを集計した後の社会・経済全体の，すなわちマクロのレベルの帰結や大勢に対して常に思索を巡らせていただければと考えています。そのさい，個々人の資質がどうこうという局所を問うよりむしろ，どのような制度や基準であるならば，不当に利益を害されるヒトが守られ，社会・経済全体の厚生の水準が高まるのかという視点をもっていただければと願います。

## 謝辞と今後のこと

　以上，本書のねらい，構成，さらに簡単なまとめと補足事項に関して，3つのキーワード，すなわち「**戦略的な相互作用**」，「**実証的**」および「**アカウンタビリティ（会計責任）**」に触れながら振り返ってきました。全12章にわたって，筆者の伝えたいことは書き連ねてきたため，さらに付け加えることはありません。

　ところで，本書のいくつかの章の参考文献に掲げたスコットとオブライエン（Scott and O'Brien 2019）を初めて知ったのは2003年の夏のことであり，その後邦訳も出版された第4版の1つ前の第3版，当時はスコット（W. R. Scott）先生の単著でした。そこでは，ファイナンス論と経済学に基盤を置いた考察や分析により，財務会計・報告が社会・経済において果たす役割が活写されており，興奮しながら読んだのを覚えています。研究会にお誘いいただいた木村史彦先生（現在は，東北大学大学院経済学研究科・会計大学院）には，当時の他の個人的な事項も含め，感謝の念しか浮かんできません。ところで，その序文において，同書は，カナダの会計士協会（CGAAC: Certified General Accountants' Association of Canada）の財務会計理論のコースの講義ノートに端を発するものであるとされており，非常に驚かされました。筆者自身の日本の公認会計士の資格取得の学習では，当時（1990年代半ば）の会計制度と会計基準の内容の詳細を理解して覚え，短い試験時間内に正確に記述することが第1に求められていると感じられたためです。どち

らが良いとか悪いとか言いたいわけではなく，相当のアプローチの違いが厳然と存在しており，日本の公認会計士の資格取得の学習を最初に経験した筆者には，カナダの会計士協会の教示内容は斬新なものとして映ったというのが正しい表現といえましょう。

　ところで，大学・大学院時代の指導教官であり，以降もずっとお世話になっている高尾裕二先生に本書の執筆を伝えたさい，ほどなくして「財務会計の本ではないのか」という返答が戻ってきました。会計（学）を他と弁別されるべき固有の学問としているのは，確かに，取引の認識や測定，さらに記録の方法であるといえ，そのような観点からは，会計処理の方法の機微をほとんど扱わない本書のアプローチには欠損があります。高尾先生の短文からは，会社に関する何でもよい情報ではなく会社の「会計」情報のいかんこそが問われるべき，あるいは会計「情報」ではなく「会計」情報こそに議論や教育の重心が置かれるべきであろうという，まさにその通りとしか答えようのないメッセージが込められているように読み取られました。もちろん，これらは筆者の当て推量にすぎませんが，いつしかこのことばは，あるいは自らによる勝手な解釈は，心中で拡大し身に染みて離れなくなりました。このため，執筆も半ばに差しかかるころには，次は財務会計の本を書こうと考えるようになっていました。本書の原稿の執筆がほぼ終わったいま，すぐにでも取りかかることになるでしょう。とはいえ，本書でも何度か触れたように，会計制度や会計基準自体の制改訂は世界的に激動期にあり，どのような内容をどのような切り口で取り扱うのがよいのか，出来上がるまでにはいましばらくの熟慮・研鑽期間が必要ではあります。さらにその後にもう1冊，長期的な話ですが，書いてみたい本があります。それは，会計関連の判断や意思決定をする環境にある個々人の実際の行動を問う行動科学研究（behavioral research in accounting）とよばれる学問領域のテキストです。10年ほど前に当該論点を扱う優れた書籍であるボナー（Bonner 2008）を数名で翻訳したさい，監訳者の田口聡志先生（同志社大学）は，理論的な基盤を捉えて『心理会計学』という邦訳語を考案しました。翻訳書が2012年に出版されてから，筆者は，「制度会計論」という大学の学部上級生向けの講義を半期（半年）ごとに分け，4月から9月までの前期の「制度会計論Ⅰ」（現在は「制度会計論A」へと名称変更）では経済学的な観点からの制度会計を，残る10月から翌3月までの後期の「制度会計論Ⅱ」（現在は「制度会計論B」）では心理学的な観点からの制度会計を，それぞれ取り扱ってきました。後者の心理学的な観点からの制度会計では，ヒトであるがゆえの認

知の制約や心理的なバイアスに起因して起こりうる会計環境における判断や意思決定の特徴を問題とし，質の改善のための施策を探ることになります。ある個人の考えや行動を社会・経済全体の動きの予測に用いることには慎重でありたいものの，ヒトであるならば誰でももちうる考えや行動の傾向は，社会・経済全体の動きに大きな影響を及ぼすことになりえるでしょう。このとき，主として経済的インセンティブに基づいた予測に加え，心理学的な観点からの社会・経済の帰結の予測も有用なものとなります。このため，筆者なりに，会計学における行動科学研究や「心理会計学」の方法論や歴史的展開，さらに最新の知見をまとめてみたいと考えているのです。まだ1行も書かれていない書籍について，「取らぬ狸の…（皮算用）」ということばがまさに該当するような最後の記述とはなりましたが，本書を第一部とする三部作の執筆と公刊を通じて，読者のかたと再びコミュニケーションがとれることを願っています。

　最後に，本書の出版にあたっては，田邉一正氏（中央経済社学術書編集部編集長）にたいへんお世話になりました。深甚なる感謝の意を表します。

　また，「制度会計論A（I）」を受講し，さまざまな示唆をもたらしてくれた数百名の青山学院大学の学生さんなくしては，本書は誕生しえませんでした。逐一名前を挙げることはできませんが，心より御礼を申し上げます。

　お読みいただき，まことにありがとうございました。


　2022年1月

上枝正幸

## ≪引用・参考文献≫

安藤至大（2021），『ミクロ経済学の第一歩（新版）』，有斐閣。

飯野利夫（1993），『財務会計論（三訂版）』，同文舘出版。

伊藤邦雄（2020），『新・現代会計入門（第4版）』，日本経済新聞社。

伊藤秀史（2012），『ひたすら読むエコノミクス』，有斐閣。

上枝正幸（2010），「実験経済学の手法を用いた会計・監査教育—Boylan（2000）の教室実験から—」，『追手門経営論集』，第16巻第2号，19-78頁。

上枝正幸（2013），「会計基準の国際的な統一の経済分析—ゲーム理論を援用した先行研究の再検討とモデルの将来的帰結—」，『青山経営論集』，第48巻第2号，221-246頁。

薄井彰（2015），『会計制度の経済分析』，中央経済社。

大石桂一（2015），『会計規制の研究』，中央経済社。

太田康広（2020），「会計監査はペニー合わせ」，『企業会計』，第72巻第8号（2020年8月号），75-79頁。

大矢知浩司（1992），『監査論概説（新訂版）』，白桃書房。

岡部孝好（2009），『最新 会計学のコア（三訂版）』，森山書店。

小倉昇・椎葉淳（2010），「業績管理会計の経済学的分析」，谷武幸・小林啓孝・小倉昇責任編集，『業績管理会計（体系現代会計学第10巻）』，中央経済社，第4章，87-124頁。

音川和久（2000），「IR活動の資本コスト低減効果」，『會計』，第158巻第4号，543-555頁。

大日方隆（2013），『アドバンスト財務会計（第2版）』，中央経済社。

企業会計基準委員会（2006），『討議資料 財務会計の概念フレームワーク（改訂版）』（2006年12月）。

企業会計基準委員会（ASBJ）（2021），「現在開発中の会計基準に関する今後の計画」（2021年8月12日）。

倉田幸路（1995），「ドイツにおける会計基準の国際的調和化に関する最近の議論について」，『立教経済学研究』，第49巻第2号，1-24頁。

斎藤静樹（2010），『企業会計とディスクロージャー（第4版）』，東京大学出版会。

斎藤静樹（2011），「会計基準開発の基本思考とコンバージェンスのあり方」，『金融研究（日本銀行金融研究所）』，第30巻第3号（2011年8月），1-17頁。

桜井久勝（2019），『財務会計の重要論点』，税務経理協会。

桜井久勝（2021），『財務会計講義（第22版）』，中央経済社。

佐藤淑子（2008），『IR戦略の実際（第2版）』，日経文庫。

佐藤信彦（2017），「日本におけるリース会計の政治化問題」，『企業会計』，第69巻第3号，21-28頁。

椎葉淳・高尾裕二・上枝正幸（2010），『会計ディスクロージャーの経済分析』，同文舘出版。

須田一幸（2000），『財務会計の機能—理論と実証—』，白桃書房。

須田一幸・首藤昭信・太田浩司（2005），「ディスクロージャーが株主資本コストに及ぼす影響」・「ディスクロージャーが負債コストに及ぼす影響」，須田一幸編著，『ディスクロージャーの戦略と効果』，森山書店，第1章・第2章，9-68頁。

須田一幸・花枝英樹（2008），「日本企業の財務報告—サーベイ調査による分析—」，『証券アナリストジャーナル』，2008年5月号，51-69頁。

高寺貞男（1988），『可能性の会計学』，三嶺書房。

田中建二（2021），『財務会計入門（第6版）』，中央経済社。

田村威文（2011），『ゲーム理論で考える企業会計』，中央経済社。

角ヶ谷典幸（2021），「リース」，佐藤信彦・河﨑照行・齋藤真哉・柴健次・高須教夫・松本敏史編著，『スタンダードテキスト財務会計論—Ⅱ応用論点編—（第14版）』，中央経済社，第3章，65-91頁。

手塚大輔（2016），「石油・天然ガス開発事業に関する重要会計論点」，『石油開発時報』，第189号（2016年9月号），43-52頁。

中村宣一朗（1992），『会計規制』，税務経理協会。

西川郁生（2003），「世界の会計基準の動向と企業会計審議会の課題」，『法律文化（LEC東京リーガルマインド）』（2003年1月），12-15頁。

日本公認会計士協会（2000），「我が国の会計基準設定主体のあり方について（骨子）」（平成12年3月22日）。

広瀬義州（2015），『財務会計（第13版）』，中央経済社。

藤井秀樹（2021），『入門財務会計（第4版）』，中央経済社。

松井彰彦（2020），「経済学がおもしろい（ゲーム理論と制度設計）」，市村英彦・岡崎哲二・佐藤泰裕・松井彰彦編著，『経済学を味わう—東大1，2年生に大人気の授業—』，日本評論社，第1章，1-21頁。

松井茂記（2018），『アメリカ憲法入門（第8版）』，有斐閣。

森川八洲男（1998），「ドイツ会計の国際的調和化と国際企業の対応」，『明大商学論叢』，第80巻第3・4号，321-343頁。

山本昌弘（2006），『会計制度の経済学』，日本評論社。

Agenti, P. A. (2016), *Corporate Communication* (7th), New York, NY: McGraw-Hill（ポール・A・アージェンティ著，駒橋恵子・国枝智樹監訳（2019），『アージェンティのコーポレート・コミュニケーション』，東急エージェンシー。）

American Accounting Association (AAA)(1966), Committee to Prepare a Statement of Basic Accounting Theory, *A Statement of Basic Accounting Theory*, AAA.（飯野利夫訳（1980），『アメリカ会計学会・基礎的会計理論』，国元書房。）

Amihud, Y., and H. Mendelson (1986), "Asset Pricing and the Bid-Ask Spread," *Journal of*

*Financial Economics* 17(2), 223–249.

Baldwin, R., M. Cave, and M. Lodge. (2012), *Understanding Regulation*: *Theory, Strategy, and Practice* (2nd), UK: Oxford University Press.

Ball, R. J., and P. Brown (1968), "An Empirical Evaluation of Accounting Income Numbers," *Journal of Accounting Research* 6(2), 159–178.

Barth, M. E., W. R. Landsman, and M. H. Lang (2008), "International Accounting Standards and Accounting Quality," *Journal of Accounting Research* 46(3), 467–498.

Beaver, W. H. (1968), "The Information Contents of Annual Earnings Announcements," Supplement to *Journal of Accounting Research* 6, 67–92.

Beaver, W. H. (1998), *Financial Reporting*: *An Accounting Revolution* (3rd), Saddle River, NJ: Prentice-Hall. (ウイリアム・H・ビーバー著，伊藤邦雄訳 (2010)，『財務報告革命（第3版）』，白桃書房。)

Bonner, S. (2008), *Judgment and Decision Making in Accounting*, Hoboken, NJ: Prentice Hall (サラ・E・ボナー著，田口聡志監訳，上枝正幸・水谷覚・三輪一統・嶋津邦洋訳 (2012)，『心理会計学―会計における判断と意思決定』，中央経済社。)

Botosan, C. A., and M. A. Plumlee (2002), "A Re-Examination of Disclosure Level and the Expected Cost of Equity Capital," *Journal of Accounting Research* 40(1), 21–40.

Boylan, S. J. (2000), "Using Experimental Assets Markets to Illustrate the Value of Auditing," *Issues in Accounting Education* 14(1), 11–39.

Brandeis, L. D. (1914), *Other People's Money and How the Bankers Use It*, Chapter 4, "What Publicity Can Do", New York, NY: Frederick A. Stokes Company.

Christensen, P. O., and G. A. Feltham (2002), *Economics of Accounting/Volume I–Information in Markets*, Norwell, MA: Kluwer Academic Publishers.

Christensen, J. A., and J. S. Demski (2003), *Accounting Theory*: *An Information Content Perspective*, New York, NY; McGraw-Hill. (ジョン・A・クリステンセン／ジョール・S・デムスキ著，佐藤紘光監訳，奥村雅史・川村義則・大鹿智基・内野里美訳 (2007)，『会計情報の理論―情報内容パースペクティブ―』，中央経済社。)

Cooper, R., D. DeJong, R. Forsythe, and T. Ross (1994), "Alternative Institutions for Resolving Coordination Problems: Experimental Evidence on Forward Induction and Preplay Communication," In Friedman, J. (eds.), *Problems of Coordination in Economic Activity*, The Netherland: Kluwer, Chapter 7, 129–146.

Dechow, P. M., and D. J. Skinner (2000), "Earnings Management: Reconciling the Views of Accounting Academics, Practitioners, and Regulators," *Accounting Horizons* 14(2), 235–250.

Diamond, D. W., and R. E. Verrecchia (1991), "Disclosure, Liquidity, and the Cost of Capital,"

*Journal of Finance* 46(4), 1325-1355.

Downs, A. (1957), *An Economic Theory of Democracy*, Boston, MA: Harper and Row.（吉田精司監訳（1980），『民主主義の経済理論』，成文堂。）

Fama, E. F. (1970), "Efficient Capital Markets: A Review of Theory and Empirical Works," *Journal of Finance* 25(2), 383-417.

Financial Accounting Standards Board（FASB）(1978), *Statement of Financial Accounting Concepts No. 1, Objectives of Financial Reporting by Business Enterprises*, Norwalk, CT: FASB.（平松一夫・広瀬義州訳（2002），『FASB 財務会計の諸概念（増補版）』，中央経済社，1-43頁。）

Financial Accounting Standards Board（FASB）(1980), *Statement of Financial Accounting Concepts No. 2, Qualitative Characteristics of Accounting Information*, Norwalk, CT: FASB.（平松一夫・広瀬義州訳（2002），『FASB 財務会計の諸概念（増補版）』，中央経済社，45-144頁。）

Financial Accounting Standards Board（FASB）(2010), Statement of Financial Accounting Concepts No. 8, *Conceptual Framework for Financial Reporting, Chapter 1, The Objective of General Purpose Financial Reporting, and Chapter 3, Qualitative Characteristics of Useful Financial Information*, Norwalk, CT: FASB.

Goolsbee, A., S. Levitt, and C. Syverson. (2019), *Microeconomics* (3rd), New York, NY: Worth Publishers.（スティーヴン・レヴィット／オースタン・グールズビー／チャド・サイヴァーソン（2017・2018），『レヴィット　ミクロ経済学（基礎編・発展編）』，東洋経済新報社。）

Graetz, M. J., J. F. Reinganum, and L. L. Wilde (1986), "The Tax Compliance Game: Toward an Interactive Theory of Law Enforcement," *Journal of Law, Economics, and Organizations* 2(1), 1-31.

Graham, J. R., C. R. Harvey, and S. Rajgopal (2005), "The Economic Implications of Corporate Financial Reporting" *Journal of Accounting and Finance* 40(1), 3-73.

Healy, P. M., and J. M. Wahlen (1999), "A Review of the Earnings Management Literature and Its Implications for Standard Setting," *Accounting Horizons* 13(4), 365-383.

International Accounting Standards Board（IASB）(2018), *The Conceptual Framework for Financial Reporting 2018, IASB*.（IFRS 財団編，企業会計基準委員会・財務会計基準機構監訳（2019），『IFRS®基準〈注釈付き〉』，中央経済社。）

Kelly-Newton, L. (1980), *Accounting Policy Formulation: The Role of Corporate Management*, Boston, MA: Addison-Wesley.（L・ケリー・ニュートン著，大石桂一訳（1999），『ケリー・ニュートンの会計政策論』，九州大学出版会。）

Kim, O., and R. E. Verrecchia (1994), "Market Liquidity and Volume Around Earnings Announcement," *Journal of Accounting & Economics* 17（1-2）, 41-68.

Kothari, S. P.（2001）, "Capital Market Research in Accounting," *Journal of Accounting and Economics* 31（1-3）, 105-231.

Kübler, D., W. Muller, and H.-T. Normann（2008）, "Job-Market Signaling and Screening: An Experimental Comparison," *Games and Economic Behavior* 64(1), 219-236.

Lazear, E. P.（2000）, "Economic Imperialism," *Quarterly Journal of Economics* 115(1), 99-146.

Leftwich, R.（1980）, "Market Failure Fallacies and Accounting Information," *Journal of Accounting and Economics* 2(3), 193-211.

Licht, A. N.（1999）, "Games Commissions Play: 2×2 Games of International Securities Regulation," *The Yale Journal of International Law* 26(6), 61-125.

Nelson, M., J. Elliot, and R. Tarpley（2003）, "How are Earnings Managed? Example from Auditors," Supplement to *Accounting Horizons* 17, 17-35.

Parker, L.（2013）, "The Accounting Communication Research Landscape," in Jack, L., J. Davison, and R. Craig（eds.）, *The Routledge Companion to Accounting Communication*, UK: Routledge, Chapter 2, 7-25.

Prakash, P., and A. Rappaport（1977）, "Information Inductance and Its Significance for Accounting," *Accounting, Organizations and Society* 2(1), 29-38.

Pratt, J., and M. Peters（2017）, *Financial Accounting in an Economic Context*（10th）, Hoboken, NJ: John Wiley & Sons, Inc.

Reinganum, J. F. and L. L. Wilde（1986）, "Equilibrium Verification and Reporting Policies in a Model of Tax Compliance," *International Economic Review* 27(3), 739-760.

Schwartz, S. T., E. E. Spires, and R. A. Young（2004）, "Experimental Learning in Auditing: Four Experiments for the Classroom," in Schwartz, B.N, and J.E. Ketz（eds.）, *Advances in Accounting Education*: *Teaching and Curriculum Innovations*, Vol. 6, UK: Emerald Group Publishing, Chapter 2, 19-43.

Scott, W. R., and P. C. O'Brien（2019）, *Financial Accounting Theory*（8th）, Canada: Pearson Education（ウィリアム・R・スコット著，太田康広・椎葉淳・西谷順平訳（2008），『財務会計の理論と実証』，中央経済社。）

Shannon, C. E., and W. Weaver（1949）, *The Mathematical Theory of Communication*, Champaign, IL: University of Illinois Press.（クロード・E・シャノン／ワレン・ウィーバー著・植松友彦訳（2009），『通信の数学的理論』，筑摩書房。）

Soll, J.（2014）, *The Reckoning*: *Financial Accountability and the Rise and Fall of Nations*, New York, NY: Basic Books.（ジェイコブ・ソール著，村井章子訳（2015），『帳簿の世界史』，文藝春秋。）

Sunder, S.（2016）, "Rethinking Financial Reporting Standards, Norms and Institutions,"

*Foundations and Trend*® *in Accounting* 11（1-2），1-118.（シャム・サンダー著，徳賀芳弘・山地秀俊監訳，工藤栄一郎・大石桂一・潮﨑智美訳（2021），『財務報告の再検討―基準・規範・制度―』，税務経理協会。）

Taguchi, S., M. Ueeda, K. Miwa, and S. Mizutani（2013），"Economic Consequences of Global Accounting Convergence: An Experimental Study of a Coordination Game," *The Japanese Accounting Review* 3, 103-120.

Trueblood, R. M.（1966），"Accounting Principles: The Board and Its Problems," Empirical Research in Accounting: Selected Studies 1966, Supplement to *The Journal of Accounting Research* 4, 183-191.

Ueeda, M., and H. Takao（2003），"Voluntary Disclosure with or without an Antifraud rule," 『管理会計学』，第11巻第 1 号，25-41頁。

Wolk, H. I., J. L. Dodd, and J. J. Rozycki（2016），*Accounting Theory*: *Conceptual Issues in a Political and Economic Environment*（9th），Newbury Park, CA: Sage.

日本経済新聞

2019年12月13日付朝刊・「会計の未来―国際会計基準10年㊤―高い自由度　混乱招く」。

# 索　引

《著者紹介》

上枝　正幸（うええだ　まさゆき）

1973年　香川県高松市生まれ
1995年　大阪大学経済学部経営学科卒業
2003年　大阪大学大学院経済学研究科博士後期課程単位取得退学
　　　　公認会計士第3次試験合格（公認会計士・第18207号）
　　　　名古屋商科大学総合経営学部（2004年　会計ファイナンス学部）専任講師
2005年　追手門学院大学経営学部専任講師・助（准）教授（2006（2007）年〜）
2006年　博士（経済学）（大阪大学）
2011年　青山学院大学経営学部准教授
2014年　青山学院大学経営学部教授，現在に至る
（主要著作等）
『心理会計学—会計における判断と意思決定—』（サラ・E・ボナー著），中央経済社，2012年（共訳）
'Voluntary disclosure with or without an antifraud rule：An experimental study'，『管理会計学』，第11巻第1号，2003年（共著）
「開示関連コストと経営者の情報開示—実験市場での検証—」，『現代ディスクロージャー研究』，第7号，2007年
「経営者の情報開示・開示規制と投融資決定—コーディネーション・ゲームを用いた分析—」，『現代ディスクロージャー研究』，第14号，2014年（共著），など

# 経済学で考える制度会計

2022年3月25日　第1版第1刷発行

著　者　上　枝　正　幸
発行者　山　本　　　継
発行所　㈱中央経済社
発売元　㈱中央経済グループ
　　　　パブリッシング

〒101-0051　東京都千代田区神田神保町1-31-2
　　　　　　電話　03（3293）3371（編集代表）
　　　　　　　　　03（3293）3381（営業代表）
　　　　　　https://www.chuokeizai.co.jp
　　　　　　印刷／昭和情報プロセス㈱
　　　　　　製本／誠　製　本　㈱

© 2022
Printed in Japan

＊頁の「欠落」や「順序違い」などがありましたらお取り替えいたしますので発売元までご送付ください。（送料小社負担）

ISBN978-4-502-41801-3　C3034

# 監査法規集

中央経済社編

本法規集は，企業会計審議会より公表された監査基準をはじめとする諸基準，日本公認会計士協会より公表された各種監査基準委員会報告書・実務指針等，および関係法令等を体系的に整理して編集したものである。監査論の学習・研究用に，また公認会計士や企業等の監査実務に役立つ1冊。

《主要内容》

**企業会計審議会編**＝監査基準／不正リスク対応基準／中間監査基準／四半期レビュー基準／品質管理基準／保証業務の枠組みに関する意見書／内部統制基準・実施基準

**会計士協会委員会報告編**＝会則／倫理規則／監査事務所における品質管理　《**監査基準委員会報告書**》　監査報告書の体系・用語／総括的な目的／監査業務の品質管理／監査調書／監査における不正／監査における法令の検討／監査役等とのコミュニケーション／監査計画／重要な虚偽表示リスク／監査計画・実施の重要性／評価リスクに対する監査手続／虚偽表示の評価／監査証拠／特定項目の監査証拠／確認／分析的手続／監査サンプリング／見積りの監査／後発事象／継続企業／経営者確認書／専門家の利用／意見の形成と監査報告／除外事項付意見　他《**監査・保証実務委員会報告**》継続企業の開示／後発事象／会計方針の変更／内部統制監査／四半期レビュー実務指針／監査報告書の文例

**関係法令編**＝会社法・同施行規則・同計算規則／金商法・同施行令／監査証明府令・同ガイドライン／内部統制府令・同ガイドライン／公認会計士法・同施行令・同施行規則

**法改正解釈指針編**＝大会社等監査における単独監査の禁止／非監査証明業務／規制対象範囲／ローテーション／就職制限又は公認会計士・監査法人の業務制限

●実務・受験に愛用されている読みやすく正確な内容のロングセラー!

# 定評ある税の法規・通達集 シリーズ

## 所得税法規集
日本税理士会連合会 編
中央経済社 編

❶所得税法 ❷同施行令・同施行規則・同関係告示 ❸租税特別措置法(抄) ❹同施行令・同施行規則・同関係告示(抄) ❺震災特例法・同施行令・同施行規則(抄) ❻復興財源確保法(抄) ❼復興特別所得税に関する政令・同省令 ❽災害減免法・同施行令(抄) ❾新型コロナ税特法・同施行令・同施行規則 ❿国外送金等調書提出法・同施行令・同施行規則・同関係告示

## 所得税取扱通達集
日本税理士会連合会 編
中央経済社 編

❶所得税取扱通達(基本通達／個別通達) ❷租税特別措置法関係通達 ❸国外送金等調書提出法関係通達 ❹災害減免法関係通達 ❺震災特例法関係通達 ❻新型コロナウイルス感染症関係通達 ❼索引

## 法人税法規集
日本税理士会連合会 編
中央経済社 編

❶法人税法 ❷同施行令・同施行規則・法人税申告書一覧表 ❸減価償却資産の耐用年数省令 ❹法人税法関係告示 ❺地方法人税法・同施行令・同施行規則 ❻租税特別措置法(抄) ❼同施行令・同施行規則・同関係告示 ❽震災特例法・同施行令・同施行規則(抄) ❾復興財源確保法(抄) ❿復興特別法人税に関する政令・同省令 ⓫新型コロナ税特法・同施行令 ⓬租特透明化法・同施行令・同施行規則

## 法人税取扱通達集
日本税理士会連合会 編
中央経済社 編

❶法人税取扱通達(基本通達／個別通達) ❷租税特別措置法関係通達(法人税編) ❸連結納税基本通達 ❹租税特別措置法関係通達(連結納税編) ❺減価償却耐用年数省令 ❻機械装置の細目と個別年数 ❼耐用年数の適用等に関する取扱通達 ❽震災特例法関係通達 ❾復興特別法人税関係通達 ❿索引

## 相続税法規通達集
日本税理士会連合会 編
中央経済社 編

❶相続税法 ❷同施行令・同施行規則・同関係告示 ❸土地評価審議会令・同省令 ❹相続税法基本通達 ❺財産評価基本通達 ❻相続税法関係個別通達 ❼租税特別措置法(抄) ❽同施行令・同施行規則(抄)・同関係告示 ❾租税特別措置法(相続税法の特例)関係通達 ❿震災特例法・同施行令・同施行規則(抄)・同関係告示 ⓫震災特例法関係通達 ⓬災害減免法・同施行令(抄) ⓭国外送金等調書提出法・同施行令・同施行規則・同関係告示 ⓮民法(抄)

## 国税通則・徴収法規集
日本税理士会連合会 編
中央経済社 編

❶国税通則法 ❷同施行令・同施行規則・同関係告示 ❸同関係通達 ❹租税特別措置法・同施行令・同施行規則(抄) ❺新型コロナ税特法・令 ❻国税徴収法 ❼同施行令・同施行規則・同告示 ❽滞調法・同施行令・同施行規則 ❾税理士法・同施行令・同施行規則・同関係告示 ❿電子帳簿保存法・同施行令・同施行規則・同関係告示 ⓫行政手続オンライン化法・同国税関係法令に関する省令・同関係告示 ⓬行政手続法 ⓭行政不服審査法 ⓮行政事件訴訟法(抄) ⓯組織的犯罪処罰法(抄) ⓰没収保全と滞納処分との調整令 ⓱犯罪収益規則(抄) ⓲麻薬特例法(抄)

## 消費税法規通達集
日本税理士会連合会 編
中央経済社 編

❶消費税法 ❷同別表第三等に関する法令 ❸同施行令・同施行規則・同関係告示 ❹消費税法基本通達 ❺消費税申告書様式等 ❻消費税法等関係取扱通達等 ❼租税特別措置法(抄) ❽同施行令・同施行規則(抄)・同関係通達 ❾消費税転嫁対策法・同ガイドライン ❿震災特例法・同施行令(抄)・同関係告示 ⓫震災特例法関係通達 ⓬新型コロナ税特法・同施行令・同施行規則・同関係告示・同関係通達 ⓭税制改革法等 ⓮地方税法(抄) ⓯同施行令・同施行規則(抄) ⓰所得税法・法人税法省令(抄) ⓱輸徴法令(抄) ⓲関税法令(抄) ⓳関税定率法令(抄)

## 登録免許税・印紙税法規集
日本税理士会連合会 編
中央経済社 編

❶登録免許税法 ❷同施行令・同施行規則 ❸租税特別措置法・同施行令・同施行規則(抄) ❹震災特例法・同施行令・同施行規則(抄) ❺印紙税法 ❻同施行令・同施行規則 ❼印紙税法基本通達 ❽租税特別措置法・同施行令・同施行規則(抄) ❾印紙税額一覧表 ❿震災特例法・同施行令・同施行規則(抄) ⓫震災特例法関係通達等

# 中央経済社